河北省社会科学基金项目

王秀希 著

新时代『心』父母

本书为2020—2021年度河北省社会科学基金项目"全面二孩政策背景下家庭教养方式对同胞关系的影响"（项目批准号 HB20JY041）的研究成果

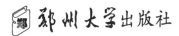

郑州大学出版社

图书在版编目(CIP)数据

新时代"心"父母 / 王秀希著. -- 郑州：郑州大学出版社, 2025. 6. -- ISBN 978-7-5773-1162-3

Ⅰ. G782

中国国家版本馆 CIP 数据核字第 20255BG114 号

新时代 "心"父母
XIN SHIDAI "XIN" FUMU

策划编辑	宋妍妍	封面设计	陈 青
责任编辑	宋妍妍	版式设计	王 微
责任校对	吴 静	责任监制	朱亚君

出版发行	郑州大学出版社	地 址	河南省郑州市高新技术开发区
经 销	全国新华书店		长椿路 11 号(450001)
发行电话	0371-66966070	网 址	http://www.zzup.cn
印 刷	郑州尚品数码快印有限公司		
开 本	710 mm×1 010 mm 1 / 16		
印 张	14.25	字 数	227 千字
版 次	2025 年 6 月第 1 版	印 次	2025 年 6 月第 1 次印刷

| 书 号 | ISBN 978-7-5773-1162-3 | 定 价 | 69.00 元 |

本书如有印装质量问题,请与本社联系调换。

随着我国社会经济的快速发展与生产力水平的不断提升,过去的人口红利已经逐渐减弱。新中国成立后,中国的计划生育政策几经变化和调整。在第七次人口普查开展前,中国政府就已经敏锐地捕捉到了我国人口结构即将发生的重大变化,也就是人口老龄化现象越来越严重,人力资源出现短缺局面,并对这个变化趋势感到了担忧。由此,尽早规划、部署与调整生育政策成为中国政府重点着力完成的大事。

2013年12月,中国共产党第十八届三中全会发布"单独二孩"政策,并在第十二届全国人大常委会第六次会议上表决通过《关于调整完善生育政策的决议》。2016年1月1日,中国独生子女政策正式宣告终结,我国开始"全面实施一对夫妇可生育两个孩子的生育政策"。2021年5月31日,中央政治局发布了《关于优化生育政策促进人口长期均衡发展的决定》,以改善现行的生育政策,并在全国范围内实施一对夫妻可以生育三个子女的政策,同时提供更多的支持措施,以促进人口长期均衡有序发展。同年8月,全国人大常委会会议经过投票,正式批准国家提倡适龄婚育与优生优育,一对夫妻可以生育三个子女,这是全面放开的人口和计划生育决议。随后,国家医疗保障局办公室《关于做好支持三孩政策生育保险工作的通知》等一批配套性措施文件也随之推出,从中央表述与政策文件的推出顺序可知,中央政府已将配套支持措施视为促进三胎生育政策落地的必要条件。

在中央生育政策的调整和推动下,我国的家庭结构逐渐呈现多样化特点,双子女与多子女家庭日益成为社会的重要组成部分,由此,关于双子女和多子女家庭教育问题的探讨也逐渐受到社会各界的广泛关注。在这个持续更新变化的时代,从家庭系统以及心理学角度入手,探讨和研究多子女家庭的新型教养模式、同胞关系、父母身份的转型等内容,引导新生育政策下二孩或多孩父母做好自身心理建设、完善和优化教育方式、开展头胎子女的心理建设、平衡子女间的竞争与协作以及家庭资源的再分配等，全面探讨家庭教育对家庭多子女成长的深远影响等，都具有重要且积极的意义，这是本书撰写的主要目的，更是笔者社会责任意识的重要展现。

本书共分为六章。第一章主要探讨多子女家庭教育的相关理论，系统梳理和阐述生态系统理论、家庭系统理论、家庭危机观与生态过渡观四种重要家庭教育理论，这些理论是科学开展多子女家庭教育的重要依据，本章将深入探讨这四种家庭教育理论在多子女家庭教育过程中的精准落实与灵活应用；第二章主要探讨父母教养方式的基础理论，进一步厘清权威型、溺爱型、忽视型以及专制型等四种主要家庭教养方式各自的优势与局限，并从多维视角论述了各类家庭教养方式对青少年身心发展的不同影响，为新时代父母选择与构建适合自身家庭特点的家庭教养方式提供重要参考和现实指导；第三章主要阐述多子女家庭中同胞关系保持良性发展的主要影响因素与教育应对策略，为父母提升多子女家庭教育实效提供理论基础与多视角引导；第四章主要阐述家庭在孕育二胎或多胎过程中，父母与头胎子女需要提前展开的身心与物质等各项准备，为家庭顺利迎接二胎或多胎出生提供全方位的行动指南；第五章主要阐述家庭在孕育二胎或多胎后多子女家庭的教育策略，从全面发展亲子关系、积极促进同胞关系、有效融合夫妻关系以及合力拓展社会关系等四个方面进行系统说明，为解决多子女家庭的同胞各类教育难题以及构建良好家庭氛围与家庭成员融洽关系提供智慧支持；第六章主要阐述了八类特殊二孩及多孩家庭的同胞教育策略，将科学的家庭教育理论灵活应用在各类特殊多子女家庭中，对于缓解父母诸多育儿焦虑以及提升同胞关系质量有着非常现实的教育指导价值。

全书既系统阐述了经典的家庭教育相关理论及其与当前新时代家庭教育的有机结合方式与结合点，全面比较了父母不同教养方式的优势与局限，深入探讨了多子女家庭中发展和提升同胞关系质量的科学教育策略，着力倡导在新时代发展背景下父母要积极进行角色转变与教育观念的更新。本书能够为准备孕育二孩及多孩的家庭提供多子女家庭教育的方法参考和行动指南，切实增强父母的内在控制感与子女教育效能感，提升父母开展家庭多子女同胞教育的科学性、规范性、灵活性与实效性，为每个家庭成员的顺利发展创设良好的家庭内部秩序与心理环境,助力家庭和谐美满与个体幸福安康。

　　本书由王秀希总体策划、统稿与审校。各章作者分工为:王秀希负责本书第一章、第四章、第五章与第六章,金光华负责本书第二章,王雪负责本书第三章。本书在写作过程中引用并借鉴了国内外学者诸多研究成果,在此一并表示诚挚感谢。由于作者水平有限,书中疏漏与错误在所难免,敬请广大读者能够批评指正!

王秀希

2025 年 3 月

目录

第一章 | 多子女家庭教育的相关理论

　　随着时代的快速发展变迁以及国家生育政策的适时调整,我国很多家庭从单孩家庭逐步演变为二孩或多孩家庭。作为个体发展最早接触的外部环境,家庭环境发生重要变化,原有独生子女家庭系统最初的平衡也因为更多的孩子加入而逐步被打破,新的二孩或多孩家庭系统如何和谐运行,新晋级的父母如何转换家庭角色与更好地平衡工作、如何科学教养双子女或多子女、如何调整和平衡多子女间的关系、如何做到公平有序与张弛有度的教育管理、如何挖掘各子女的优势与资源使他们都能充分自由的发展,家庭成员的心理特点与家庭的整体环境是如何相互作用来影响个体的适应与发展的,都成为教育研究者以及多子女父母格外关注的重要议题。多子女家庭教育相关问题的理论研究是家庭教育中对多个子女实施科学管理和教导的重要依据和参考,可以为晋级的父母提供及时和全面的教育参考和指导,进而促进良好家庭氛围的构建与家庭成员的和谐发展。目前国内外关于多子女家庭教育的相关理论主要包括生态系统理论、家庭系统理论、家庭危机观以及生态过渡观四种。

第一节　生态系统理论

一、生态系统理论概述

　　生态系统理论是发展心理学领域的引领性理论,也被称作背景发展理论或者人际生态理论,是社会科学和自然科学交叉领域的重要理论之一,其提出者是美国著名心理学家布朗芬布伦纳。该理论将生物体看作生态系统中的一个组成部分,生物体与其所处环境之间是相互联系与相互依赖的关系,即生物因素和环境因素交互影响着个体的发展。

生态系统理论系统探讨生物体与其所处环境之间的相互关系和相互影响,旨在理解和解释生态系统中各个组成部分之间的相互作用以及各部分如何影响整体系统的发展。这对于理解生物体与其所处环境之间的复杂关系,探讨生物体的行为和发展以及研究环境因素对个体健康的影响机制等方面都具有重要意义。同时,生态系统理论也提供了一种全面而系统的思维视角,有助于我们更全面与更深刻地认识环境的重要性。它跳出了过往研究没有能够清晰描述外在环境在个体发展过程中的作用的局限,着重对个体所处环境对个体发展的影响做出了深入分析。

总之,生态系统理论是一种强调生物体与其所处环境之间相互关系和相互影响的理论。它对于理解生物体的行为和发展以及研究环境因素对个体健康成长的影响等方面都具有重要意义。

二、生态系统理论的主要观点

生态系统理论认为,每个生物体都处于一个复杂的生态环境中,这个复杂环境主要包括生物环境和非生物环境两大类。生物环境是指其他生物体对某一个生物体的影响,而非生物环境则主要包括物理、化学和社会等因素形成的外在环境。在这个生态系统中,每个生物体都扮演着各自特定的角色,执行着各自的功能,并且与其他生物体和环境因素相互影响与相互依赖,生物体总体呈现出互动性、整体性、适应性、发展性四个特点。

(一)互动性

生态系统理论强调生物体与其所处环境之间的互动关系。这种互动是双向而非单向的,也就是环境因素会影响生物体的行为和生理状态,反过来生物体的行为和生理状态也会引发周遭环境稳态的变化。

(二)整体性

生态系统理论认为生物体与其所处环境共同构成一个整体系统。在这个系统中,各部分之间并不是割裂分开的,而是相互联系和相互影响的,并形成一个有机的整体来共同维持着生态系统的稳定和平衡。

（三）适应性

生物体在生态系统中需要不断主动适应环境的变化从而得以生存延续并更好地发展自身。这种适应性包括行为适应、生理适应和遗传适应等多个方面，环境适应效果的好坏是个体发展质量高低的重要影响因素。

（四）发展性

生态系统理论认为生物体的发展是一个动态的过程，并且会持续受到所处环境的广泛影响。因此，在不同的发展阶段，生物体需要发展出相应的能力以适应不同的环境和需求。

三、生态系统理论与家庭教育

近年来，生态系统理论得到了许多学者的广泛关注和系统研究。该理论也在社会学、生态学、经济学、医学与教育心理学等多个领域得到广泛应用，尤其是在家庭教育领域，生态系统理论更是产生了深远的影响。

（一）生态系统理论对家长教育方式的影响

生态系统理论不仅会影响青少年发展心理学的理论研究，在实践中对家长教育方式的选择与构建也有深远的影响和重要的指导意义，主要表现在它能够促使家长更加关注孩子的全面发展，而非注重孩子某一领域比如学习成绩的发展，它还能够促使家长更加注重家庭良好氛围的营造，并且开始聚焦家庭—学校—社会合作教育模式的构建以及各类社会资源的充分利用等。生态系统理论对家长教育方式的影响具体表现在以下几个方面。

1. 关注环境系统的整合

家长开始更加重视孩子所处的整体环境系统，包括家庭、学校及社区等微系统，以及这些环境微系统之间的相互联系和影响。该理论让人们逐渐意识到孩子的成长和教育不仅受到家庭内部因素的直接影响，还受到学校、社会等外部环境的间接影响。只有协调好各方环境的积极力量与有利资源，形成家庭—学校—社会三方共建的教育共同体，才能形成教育合力，真正助力孩子的顺利成长。

2.注重孩子的全面发展

生态系统理论的普及与推广促使家长更加关注孩子的全面发展,而不仅仅是聚焦在孩子的学业成绩或者其他某一领域的发展。他们开始重视培养孩子的身心健康、社会交往能力、情感智力、创造力和解决问题的实践智慧等多方面的素质,鼓励孩子全面参与各类体育活动、艺术创作、生活体验与社会实践等,进而培养和提升他们的综合素质和高效应对未来挑战的能力。

3.强调良好家庭氛围的构建

家长会逐步认识到家庭这个微系统是子女成长的重要初始环境,家长是孩子的第一任老师和身边的榜样。因此,在日常生活中,家长需要身体力行,通过自身的恰当言行与人格魅力给孩子示范良好的个性品德和行为习惯,引导孩子形成正确的价值取向和积极的生活态度。另外,家庭氛围对孩子的成长极为重要,由此他们需要努力营造温馨、和谐、积极向上的家庭氛围,为孩子提供足够的情感支持以及充分的安全感与归属感,让孩子感受到爱、尊重、包容与支持,从而促进孩子身心的健康成长。

4.加强家庭和学校的沟通与合作

生态系统理论让更多的家长意识到,孩子的教育不是单打独斗的过程,而是需要家庭与学校等不同微系统开展通力合作。这必然会促使他们更加积极地与学校保持密切沟通,全面、及时且客观了解孩子在校的各种表现和现实需求,与学校管理者、老师及孩子同伴等不同角色协同起来,共同为孩子发展排忧解难,有效协助孩子应对发展困境。同时,家长也会积极参与到学校的多项教育活动当中,与学校形成良性的沟通互动及有效的教育合力,共同关注和促进孩子的健康成长。

5.充分利用丰富的社会教育资源

家长开始充分挖掘与合理利用社区、博物馆、图书馆、科技馆以及体育场馆等社会资源,通过组织和带领孩子参加志愿服务、科技创新、游学研学以及文化展览等各种社会活动,切实拓宽孩子的生活视野和知识面,为孩子提供更多的学习空间与机会,不断增长他们的生活体验与实践经验。此外,家长还可以引导孩子科学筛选与充分利用丰富的网络资源进行自主学习,培养和提升他们的综合信息素养。当然,家长还可以积极寻求专业规范的教育咨询辅导和帮助,形成与时俱进的家庭教育理念,不断提高自己开展家庭教育的科学性与创新性。

综上所述,生态系统理论在家庭教育领域有着非常广阔的研究方向与拓展空间,具有重要而现实的借鉴意义。

(二)生态系统理论对儿童成长的影响

生态系统理论的创立者布朗芬布伦纳认为,自然环境是人类发展的主要影响源,它就是"一组嵌套结构,每一个嵌套在下一个中,就像俄罗斯套娃一样"。换句话说,每一个发展中的个体都处在从直接环境(比如家庭)到间接环境(比如宽泛的某种社会文化)的几个环境系统的中间或是嵌套于其中。每一个系统都与其他系统以及个体形成复杂的交互作用,影响着个体发展的许多重要领域。依照该理论的观点,影响个体发展的外部环境系统包含微观系统、中间系统、外层系统、宏观系统、时间维度(历时系统)等五个子系统。

1.微观系统

微观系统处在环境系统的最里层,是个体活动和交往最直接的环境,是人们日常的生活场景,并且这个环境是随时间不断变化和发展的。家庭环境本身就可以视为一个微观系统,对于大多数婴儿来说,受限于各方面能力发展水平的不足,他们的微系统仅限于家庭环境内部。随着婴儿的不断成长,他们的认知能力不断提升,活动范围得以不断扩展,幼儿园、学校和同伴关系逐渐被纳入婴幼儿的微系统当中。因此,微系统也逐步由单一的家庭内部系统扩充到包含学校与同伴等元素在内的多元系统中。在微观系统中,所有关系均是双向的,也就是家庭中的成人会影响着儿童的诸多行为反应,反过来儿童决定性的生物和社会特性也同样影响着成人对孩子的行为反应。例如,母亲如果能及时给婴儿哺乳则可以满足婴儿的生理与心理需要,就可以让孩子产生满足感和安全感;反之,婴儿在饥饿的时候也会以哭泣或其他方式来引起母亲的注意,进而促成母亲哺乳行为的发生。如果母亲能及时给婴儿喂奶,则会很快消除婴儿的哭泣行为,母亲与婴儿之间就会形成良好的互动。当儿童与成人之间的交互反应可以很好地建立并能够经常发生时,会对儿童的健康发展产生持久的作用。但是当成人与儿童之间的关系受到第三方因素影响时,这种关系发展会有不同的走向。如果第三方因素的影响是积极的,那么成人与儿童之间的良好关系会得到更进一步发展和巩固。相反,如果第三方因素的影响是消极的,那么儿童与成人之间的良好关系就会遭到干扰与损害。例如,夫妻的婚姻状态作为第三方因素会深刻影响儿童与父母的关系。当父母互相鼓励在育儿过程中承担各自角色时,每个人都能更有效地履行家长职责。相反,夫妻间的婚姻冲突往往与纪律规则的不坚守以及对儿童的敌对反应相关联。总体来说,家庭成员相互关系的质量会影响到家庭系统中的每一个成员。

2. 中间系统

中间系统是在各个微系统之间起到联结或建立相互关系的关键系统。如果微观系统之间有较强的积极的联系,那么个体的发展可能实现最优化。反之,微观系统间如果形成非积极的联系则会产生消极的后果,个体的发展也会因此受阻,甚至错过发展关键期。儿童在家庭中与兄弟姐妹的相处模式和他在学校中与同学的相处模式是相互影响的。通常来说,在学校与家庭环境中,成员的很多生活习惯与行为模式会呈现出更高的一致性。如果儿童在家庭中长期处于被溺爱的地位,在玩具和食物分配上总是享有优先权,那么一旦在学校无法获得这种特殊待遇,就易产生强烈的心理失衡状态,不仅难以与同学建立和谐亲密的友谊关系,还会影响教师教育指导的方式和效果。另外,对于多子女家庭中的头胎孩子来说,如果他能够在学校与同学相处很融洽的话,那么他与那些比他小的同胞也能很好地相处,建立比较好的同胞关系。相反,如果他在学校很难与同伴建立良性关系,那么在家庭中他与其他同胞的关系也会比较差,更容易出现恶性的同胞竞争。

3. 外层系统

外层系统是指儿童并未直接参与或卷入但却会对他们的发展产生影响的系统。例如,父母的工作环境或工作感受就是外层系统影响因素。儿童与父母的情感关系可能会受到父母对工作的满意度及其感知到的工作压力程度的影响。对于二孩或多孩家庭，第二个或更多个孩子的出生本身就是一个巨大的压力情境，如果此时家庭中的成人在工作中又倍感压力，需要投入更多时间与精力来应对工作，那么他们对于家庭的关注就会变少，对于子女的教育与引导也会变得艰难，尤其对于头胎孩子尽快适应二胎进入家庭的情况表现出无暇顾及或是爱莫能助，这种客观上的忽视对子女的发展将产生消极的影响。当然还有一些家庭会因为外层系统的影响，选择让父母中的一方留在家中做全职先生或太太，或者主动减少工作时间以便更好照顾孩子们。因此第二个孩子或更多个孩子进入家庭后，就会改变父母与第一个孩子的互动环境，他们对于家庭的关注程度以及关注点都会发生一定变化。

4. 宏观系统

宏观系统是一个广阔的意识形态，主要包括那些存在于以上三个系统中的文化、亚文化和社会环境，这可能包含一些地域政治因素、地区经济发展状况以及各种有差异的文化习俗等。宏观系统会规定家长要如何对待儿童、要教给儿童什么以及儿童应该努力实现的目标。在不同文化中这些观念是不同的，但是这些观念存在于微观系统、中间系统和外层系统中，都会直接或间接地影响儿童对于知识经验的获得。比如社会文化的差异对同胞竞争会产生不同的影响，相较于个人主义优先的西方主流文化，集体主义优先的非西方主流文化中同胞竞争的激烈程度就会稍逊一筹。而相较于家庭观念比较薄弱的群体，家庭观念比较厚重的家庭同胞之间的关联会更为密切和亲近。

5. 时间维度（历时系统）

时间维度是以时间作为参照体系，将时间和环境相结合来考察儿童心理发展的动态过程。婴儿一出生就置身于一定的环境之中，并通过自己本能的生理反应来影响外在环境。通过某些行为比如哭泣来获得生存所必需的物质。另一方面，婴儿也会根据外界环境来调节自己的行为，比如冷暖适宜时会微笑。随着时间的推移，儿童生存的微观系统环境不断发生变化。

再加上个体知识经验的不断积累,在主观能动性的推动下,个体力争自由地选择适合自己的外部环境。这种环境的变化称为"生态转变",大致包括正常的转变(如入学、青春期、参加工作、结婚、生育子女、离退休等)和非正常的转变(如亲人病重或离世、婚姻解体、乔迁新居、生意失败、彩票中奖等)两类,每次转变都是个体人生发展的一个重要时间节点,并为个体后期发展提供动力和基础,而这种转变将贯穿于人的一生。

因此,生态系统理论探讨了各个微系统成分之间的相互作用,以及它们如何共同维持生态系统的稳定。家庭作为社会最基本的单元,是一个能发挥整体功能的系统,由相互关联的多个因素组成,这些因素之间会相互影响,每一个家庭成员的顺利发展和每一种关系的和谐共存,都有助于家庭总体功能的顺利发挥。以我国传统的核心家庭为例,即使只有父亲、母亲、孩子组成的三人互动模式也是相当复杂的。比如从母亲和婴儿的交往中就可以看出一个家庭成员相互影响的完整过程。我们可以观察到婴儿的微笑可以由母亲的微笑所引发,而母亲焦虑的表情通常也会使孩子的言行变得谨小慎微,这是两个人互动带来的微妙结果。而如果此时父亲参与进来,母婴之间的双向沟通过程就转变成了由夫妻关系、母子关系和父子关系组成的家庭系统,形成三人综合互动的状态。在这个三人系统中,父母的言行与情绪会影响婴儿的行为表现和情绪状态等,反过来婴儿也会影响父母以及他们之间的夫妻关系。当然,夫妻关系也影响着婴儿的养育情况与婴儿的行为等。而当家庭中出现第二个孩子的时候,这个家庭系统的互动就变得更为复杂。第二个孩子的个性特点也会影响家庭环境,比如易养型与难养型的孩子对于父母来说意味着不同的教育方式与教育投入,又或是第二个孩子不同的发展阶段也要求父母不断调整教养方式以适应这种发展阶段的变化。而且在这个过程中第一个孩子也在不断成长与发展,也影响着家庭环境的变化。由此可见,随着多子女的家庭越来越普遍,更要考虑各个成员和家庭总体的关系,在多元互动关系中寻求一种动态的家庭平衡。

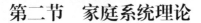

第二节　家庭系统理论

一、家庭系统理论概述

家庭系统理论起源于20世纪六七十年代,由美国心理治疗师默里·鲍恩首先提出。默里·鲍恩在给精神病患者进行心理治疗的过程中常常会与患者的家庭成员接触,通过观察精神病患者与其家庭成员的互动模式,他发现每个家庭包括精神病患者的家庭都有很多相似之处,患者与他的家庭成员尤其是父母之间的情绪与情感存在相互影响和相互依赖的关系。据此,他提出了以系统视角理解家庭与家庭成员的家庭系统理论。

二、家庭系统理论主要观点

(一)基本概念

家庭系统理论在后续研究中被研究者逐步完善和系统化,其理论核心可以具体细化为八组关键概念。

1. 家庭是一个系统

这是家庭系统理论的核心观点,家庭成员彼此之间通过不断的交流和互动形成了一个复杂的相互影响的系统。它包括若干个子系统,比如夫妻的婚姻关系系统、父母与孩子的亲子关系系统、孩子之间的同胞关系系统以及父母共同养育孩子过程中形成的协作关系系统等。在这个系统中,每个家庭成员的角色和地位都是相互依存的,他们在互动过程中会形成一些无形或有形的运行规则,据此构成成员间特定的交往模式、社会关系与工作联盟。家庭系统理论认为家庭不是家庭成员的简单叠加,而是强调家庭的整体性和家庭的功能,想要全面理解一个人就不能忽略或脱离其家庭背景。在这些关系当中,夫妻关系质量一方面会影响家庭氛围与生活质量,另一方面对子女的发展也有重要影响。夫妻关系的发展构成整个家庭稳定运行的重要基础,处于核心地位。在夫妻关系紧张或婚姻冲突不断的家庭中,子女

在适应能力、认知能力、情感发展以及人际关系等社会性发展方面都会受到
不同程度的干扰与削弱。

2. 家庭结构与互动模式

家庭结构指的是家庭成员之间相对固定的相处模式以及构成的关系网
络,这些结构通过成员间的互动模式得以体现。家庭系统中的能量(比如情
绪情感、各类信息、外部资源等)需要在每个家庭成员之间持续流动,并保持
相对平衡,以维持家庭系统的稳定和家庭功能的切实发挥。但是这种结构
并非一成不变,而是会随着时间延续而发生动态变化。家庭各个成员、各个
子系统以及家庭整体的协同性都是相互关联的要素,它们都会影响家庭功
能的实现,我们在理解一个家庭成员的情况时需要把他放到家庭系统这个
整体的视角来进行。家庭治疗师会特别关注家庭内在结构要素及其稳定
性,通过详细分析各个家庭成员间的互动状态与关系模式,探讨并尝试引导
成员改变彼此间的交流、互动与协作模式来调整家庭秩序,促进家庭成员建
立新的关系模式,恢复家庭系统的功能,从而解决很多家庭困境。

3. 系统边界和角色

每个家庭系统都有着明确的边界,每个家庭成员也都扮演着特定的角
色和承担着各自的责任,他们既相互关联构成家庭整体,同时又彼此独立具
有独特的个性。家庭内部是由多个子系统组成的复杂系统,这些子系统之
间有着明确的边界,并且家庭系统与外界环境也存在一定的界限。这些边
界决定了哪些家庭成员可以在什么情况下采取何种方式来参与什么样的活
动,保持清晰的边界有助于子系统成员在不受到不当干扰的情况下正常执
行其功能。如果夫妻子系统过多干涉同胞子系统内部的活动,也就是突破
了同胞子系统的边界,则可能影响同胞子系统自身的正常运转,造成同胞子
系统功能的紊乱或者同胞良好互动关系的损害,进而破坏整个家庭系统的
稳态。

4. 家庭与社会的相互作用

尽管家庭是一个相对独立的系统,但它并非孤立存在,而是与更大的外
在社会系统相连接,并且相互影响。例如,父母的职业系统(工作环境、工作

特征、工作压力水平及工作与家庭的平衡状况等)以及社会经济收入状况
(社会地位、收入水平、总体收支平衡状况等)都可能对家庭系统产生显著影
响。尤其是家庭有了第二个孩子或更多个孩子后,父母可能要做出适当减
少工作量、避免频繁或长时间出差,或者主动调整工作岗位甚至辞职等举措
以应对家庭需要更多时间照顾养育更多孩子的新情况,当然因为孩子数量
增加造成家庭支出的增加,有的父母可能为了获得更多收入而选择做更多
的工作或延长工作时间,这种对家庭与工作进行重新平衡的行为就是家庭
与社会相互作用的典型表现。另外,经济社会的快速发展、生活环境的变迁
以及多元文化价值观的碰撞等也都会对家庭系统的有序运转产生不同程度
的影响。

5. 自我分化

自我分化是家庭系统理论中的一个基础概念与核心理论。从心理发展
层面来看,自我分化是指一个人的理智与情感在心理上的有效分离,也就是
在某些特定情境下个体究竟是受理智控制还是情感支配的能力;从人际关
系层面来看,自我分化是指个体在与他人(或家庭)交往互动过程中既能体
验亲密感又能保持自身独立性的水平,它更强调自我可以独立于他人之外
的能力,反映出个体与原生家庭的分化水平。自我分化程度高的个体能够
更好地平衡情感与理智的关系,从而在人际沟通中维持独立自主,保持清晰
的自我感,能够在面对压力时秉承自己的观点,而不随波逐流迎合别人的愿
望或屈从他人的舆论压力。自我分化程度低的个体更容易产生情绪化反
应,独立性较差,容易将自身感受与他人感受混淆,在行为决策中更依赖他
人的引导和督促,缺乏理性成熟的判断力和独立见解,呈现出较明显的依赖
型人格特征。

6. 三角关系与投射历程

在家庭中,三角关系是一种常见的互动模式。当家庭中出现第一个孩
子,源于婚姻而形成的夫妻关系就会进一步从一种双向关系发展出两种新
的双向关系,即父亲与孩子的关系以及母亲与孩子的关系,三口之家就会出
现三种双向关系。在由一对父母和一个孩子组成的三口之家存在一种三角

关系,这是包含了父亲、母亲、孩子三者在内相对稳定的最小的情感联结系统。夫妻双向关系的质量可能因为第一个孩子加入家庭而朝不同的方向变化。如果孩子的出现使夫妻双方变得手忙脚乱甚至引发更多的日常冲突,原本比较融洽的夫妻关系就遭到了破坏,失去了既有的平衡与秩序;有的夫妻因为第一个孩子的加入会把更多时间和精力转移和聚焦在养育和照看孩子的事务上,使两个人之前的旧有矛盾暂时被搁置起来,紧张的夫妻关系也会出现一定的缓和,但是在这两种情况下,家庭中的三角关系都是不稳定的,都存在被破坏的潜在风险。当家庭中出现第二个孩子后,家庭成员新的角色与新的关系会逐步建立起来,家庭中的三角关系就可能出现四种,家庭成员原有的互动方式会出现新的变化与调整,家庭中的关系模式会变得更为丰富和复杂,并且会发展出新的占主导性的家庭关系模式。当某个家庭成员出现问题时,其他家庭成员可能会形成某种工作联盟来共同应对这个问题,从而构成一种积极的三角关系。总体来看,家庭中的三角关系越稳定,家庭系统就越稳定,家庭功能越能得以正常实现。

投射历程是指父母将自己未分化的情绪或焦虑投射到子女身上的过程。这个投射历程可以暂时减轻父母的焦虑情绪,但却会让子女形成更多的情绪混淆,对子女的后续发展造成深远的影响。父母对子女表现出的担忧和秉持的消极想法会对子女的自我分化和心理发展产生负面影响,但实际上子女很多时候在客观上并没有真正表现出值得父母焦虑的言行,父母的焦虑更多来自他们的主观臆断。由此可见,某个家庭成员的情感状态、认知取向以及思维模式都会对其他家庭成员起到潜移默化的作用。

7. 多世代传递历程

家庭系统理论还特别强调家庭问题的跨世代传递性。一代父母与子女在自我分化水平上的差异可以影响到后续多代家庭成员的自我分化程度。一个家庭成员当下呈现出的问题可能来自他的祖先没能顺利解决的冲突或未分化的负性情绪,而这些冲突或焦虑情绪会跨过几代家庭通过系统传递给后代家庭成员,这在本质上可以看作是家庭焦虑的代际迁延。总体来看,那些与家庭情感融合程度更高的个体会对家庭其他成员的言行更为敏

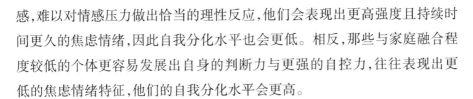

感,难以对情感压力做出恰当的理性反应,他们会表现出更高强度且持续时间更久的焦虑情绪,因此自我分化水平也会更低。相反,那些与家庭融合程度较低的个体更容易发展出自身的判断力与更强的自控力,往往表现出更低的焦虑情绪特征,他们的自我分化水平会更高。

8.适应与调节

家庭系统具有主动适应和调节的能力,能够根据外部环境的变化和内部需求来调整其运作方式。比如家庭内部增加了新的成员或者是社会发生了重大变革,家庭系统都会根据这种新情况及时做出整体的调整,逐步建立新的系统运行规则与构建新的成员关系模式,进而更好地适应家庭内部与周遭环境发生的变化,有助于家庭保持动态平衡和相对稳定。

这八组关键概念构建了一个全面而深入理解家庭系统的理论框架。这些概念不仅有助于探讨家庭问题的本质特征及其形成根源,还为应对和解决家庭教育与管理问题提供了有效方法和策略的理论依据。

（二）主要观点

1.互动性

家庭成员之间的互动关系是随时间或成员不同发展阶段而不断变化的,这种动态的变化会影响到每个家庭成员的行为和情感。家庭系统理论的提出者把家庭看作一个相对独立而完整的系统,这个系统由各家庭成员共同组成,每个家庭成员的活动都会对彼此产生直接或间接的影响,每个成员的角色和地位都是相互依存的。比如某个家庭成员的负面情绪会通过家庭交往直接影响到其他家庭成员,反过来,其他家庭成员的消极应对可能会加深个体负面情绪的感知程度。由此可见,当探究某个家庭成员的心理状态或行为特征时,需要站在整个家庭系统的视角来考虑,而不是孤立和片面地站在单个成员自身的维度来理解,这样才能全面而科学地了解某个家庭成员的心理特点和行为规律。

2.整体性

家庭系统的运作是整体性的,一个成员的行为或情感变化会影响到整个系统的平衡。家庭运作方式并非各个家庭成员行为的简单相加,而是存在复杂的相互作用和相互影响。家庭整体的功能和状态大于家庭成员的部分之和,且家庭系统内部存在循环因果的关系。该理论认为,家庭成员之间的互动不仅影响个体的心理和行为,还会影响整个家庭的运行和发展。家庭由多个子系统组成,如夫妻关系、亲子关系以及兄弟姐妹之间的同胞关系等,这些子系统之间也是相互影响和相互依存的。只有各子系统协调平衡,才能保证家庭的稳定和功能的正常发挥。此外,家庭系统还与外部环境(如社会、文化、经济等)系统存在相互影响,它们共同构成了一个复杂的生态系统。

3.适应性

家庭系统具有广泛的适应性,能够有效应对家庭内部和外部的变化以保持平稳。当面临压力或挑战时,家庭系统会通过调整成员的角色和关系来适应这些变化。根据该理论的观点,家庭系统自身是动态变化的,会随家庭成员及家庭与外部环境关系的变化而变化。在日常互动中,家庭内逐渐形成了决策权归属、个人隐私范围及自由度等问题的隐含共识。这些共识作为不成文的规范,保障了家庭系统的正常运行。当家庭成员或家庭环境发生变化时,家庭系统内原有的秩序被打破,家庭成员间旧有的互动方式不再有效,在适应这种变化建立新型关系以重新恢复平衡之前,家庭会暂时处于不稳定的不均衡状态。

三、家庭系统理论与家庭教育

家庭系统理论自提出以来,在学术界引起了广泛的关注和讨论。在理论研究的继承发展过程中有大量实证研究表明,家庭系统理论在解释家庭内部关系、个体心理和行为等方面具有重要价值。它提供了一种全面和系统的视角来理解和处理家庭关系。这一理论的应用可以帮助家庭改善成员之间的关系,解决成员之间的冲突,提高家庭正向功能的实施效果。良好的家庭关系有助于个体形成积极的自我认知和情感体验,促进个体的心理健康和社会适应能力;而不良的家庭关系则可能导致个体出现心理问题,如焦虑、抑郁等。此外,学者们还发现,家庭系统对儿童发展具有长期而深远的

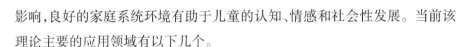

影响,良好的家庭系统环境有助于儿童的认知、情感和社会性发展。当前该理论主要的应用领域有以下几个。

(一)家庭治疗领域

家庭系统理论被广泛应用于家庭治疗中。由家庭系统理论可知家庭是一个完整的单位,家庭系统功能不良并非单纯源于家庭成员个人的不良行为,更多在于家庭成员之间在传递信息过程中出现偏差,又或者是因为他们使用的家庭运行规则不够妥当以及回馈出现问题。因此家庭治疗师不会对家庭成员个人的内在心理架构和状态做过多处理,而是会把整个家庭作为一个治疗对象或单位,通过理解和分析家庭系统的运作方式,探讨和澄清家庭成员间互动关系模式的优势与局限性,从家庭系统视角帮助家庭成员改善人际沟通模式,化解家庭成员的内在心理冲突与隔阂,优化家庭成员彼此的情感关联,从而改善家庭功能。

(二)亲子教育领域

家庭系统理论也可以广泛用于亲子教育实践领域。由家庭系统理论可知家庭成员间的行为是相互影响的,子女的行为和情绪会影响父母的角色状态与功能发挥,父母的行为和情绪反过来也会影响孩子的适应与发展。系统与系统之间是相互关联的,夫妻首先归属于家庭系统,家庭系统又归属于社区系统,因此父母开展亲子教育过程中需要实践家庭教育理论与知识,转换和调整沟通方式,提高沟通效率,学会辩证理解孩子的行为和情感是如何受到家庭系统和社区系统的影响,从而更好地支持和引导孩子健康发展。

(三)婚姻咨询领域

在婚姻咨询中,通过咨询师站在家庭系统理论视角下的引领和澄清,接受婚姻咨询的夫妻可以明晰彼此在家庭系统中的性别角色期待与婚姻运行模式,进一步反思和明确自身需要承担的责任与执行的功能,促进夫妻双方形成合理角色分工与良好合作,减少和避免婚姻内在的各种冲突,维系和改善婚姻关系,促进家庭功能的良好实现。

综上所述,家庭系统理论是一个具有重要价值的理论框架,为我们理解家庭内部关系以及家庭成员个体心理和行为提供了全新和全面的视角。学者们采用多种研究方法对家庭系统理论进行了广泛深入地研究,也取得了较为丰富的成果。然而,该理论仍有一些具体的现实问题值得进一步探讨。未来的研究可以关注如何更准确地确定和测量家庭系统的结构和功能以及如何与其他理论框架相结合,另外,还可以聚焦多元文化背景下的家庭进行研究和应用,进而推动家庭系统理论的完善与发展。

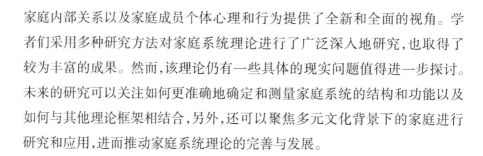

第三节 家庭危机观

一、家庭危机观概述

家庭危机观的概念最早在 20 世纪 30 年代由美国社会学家鲁本·希尔率先引入,伴随着家庭压力理论而逐步进入大众的视野。家庭压力理论研究者尝试将物理学和工程学中的"压力"概念引入社会科学领域,用来研究外在的各种力量可能对个体产生的影响,以及由此形成的有关个体心理方面与生活方面的负担,也包括外在力量可能带来的各种潜在危害与家庭困境。家庭压力理论将家庭看作一个有机的社会系统,外部社会环境各种形式的变动,包括社会结构的变化、经济的持续发展以及人际环境方面的变化,都会对家庭造成不同程度的压力。这种压力具有双重性,如果家庭能够有效应对和平衡这些压力,家庭系统可能会变得更加稳定和更有韧性,家庭成员有更强的家庭归属感,彼此关系会更为融洽;反之,如果这些压力是家庭无法及时有效应对的,这些压力就会对家庭造成一系列不确定的负面影响,使得家庭成员间的关系受到干扰和破坏,进而导致家庭危机。

还有研究者认为家庭危机是指因某种决定性变化而造成家庭成员在心理与情感上无法接受以及行为不能很好适应环境的情况,家庭危机可能会造成家庭成员间的亲密关系受到损害,成员间的信任度持续降低,家庭成员也会因此感受到焦虑、失落、懊丧与无助等诸多负面情绪,从而对他们的身心健康、社会交往和工作绩效产生一定程度的冲击,甚至会损害整个家庭社会功能的实现。还有研究者认为家庭危机观是指家庭成员在面对家庭出现的各种问题和挑战后所持有的认知和看法,其核心在于家庭成员在应对和处理这些问题时的表现。鲁本·希尔不仅列举出各种社会压力事件以及那些令人厌烦的危机事件,还系统总结了家庭危机形成的 ABC-X 公式以及家庭应付危机的过程,也就是 A(原始危机事件或潜在的压力源)通过与 B(家庭应对危机过程中所具有的资源与优势)的相互作用,以及与 C(家庭对原始危机事件本身的认知与评定)的相互作用,最终形成 X(家庭危机)。家庭危机本身具有复杂性与双面性,既有导致家庭结构巨大创伤和家庭功能损害的可能,也可能转化为引领家庭成长的重要机遇。该理论为全面而系统地理解家庭如何应对压力事件和家庭危机提供了重要的框架和参考。

二、家庭危机观主要观点

家庭危机观认为家庭是社会的基本单元,每个家庭都会面临各种挑战和困境。常见的家庭危机往往发生在家庭成员沟通不畅、经济压力较大、子女教育管理不当以及婚姻价值观存在较大差异等方面。该理论概括总结了家庭危机的主要类型及其带来的各种影响,并给出了积极应对家庭危机的科学策略。

(一)家庭危机的影响因素

造成家庭危机的因素可能来自家庭内部,也可能来自家庭外部,常见的影响因素有以下几个方面。

1.经济问题

良好的经济基础是家庭平稳运行的重要保障,家庭经济出现困难状况是导致家庭危机的主要原因之一。随着生活成本的不断上涨和就业市场中不确定性因素的增加,部分家庭会面临总体经济收入下降、家庭成员失业或需要偿还房贷车贷等各类贷款的压力,导致家庭开支持续攀升,极易陷入财政入不敷出的困境。这种经济压力很容易引发家庭成员的焦虑、不满和冲突,并加剧对未来的不确定感。例如,当一个家庭的财务出现困难时,父母可能因工作压力增加而产生糟糕的负面情绪,这些负面情绪还会进一步延伸到家庭中,使得双方的日常沟通变得低效,而且更容易发生言语冲突,子女也可能会因被父母迁怒而遭受情绪困扰。另外,子女可能因家庭经济条件受限而缺乏物质支持,从而对自己的未来产生担忧,甚至产生一定程度的自卑感。如果家庭的经济压力持续较长时间,还可能引发家庭生活的窘迫,家庭资源的分配可能出现不公平,造成家庭成员间的信任危机,破坏家庭关系的和谐发展。为有效缓解和科学应对经济压力带来的家庭危机,家庭成员需要共同探讨制定出切实可行的家庭年度经济预算方案,确保家庭的整体收支平衡。同时,家庭成员需要积极寻求增加经济收入的途径,比如酌情增加工作时间、努力提高工作技能与实效、控制和减少不必要的家庭支出、寻求适度的兼职或者开展二次创业等,进而实现开源节流,有效减轻家庭经济负担。此外,家庭成员之间更要做到相互理解与支持,共同面对经济困境,增强家庭凝聚力。

2. 沟通问题

家庭成员之间出现沟通障碍是导致家庭危机的又一个重要原因。沟通基础薄弱、沟通路径不畅、沟通目标模糊或沟通方式低效,容易导致信息传递效率低下和内容传达不清晰,进而引发沟通偏差与障碍。家庭成员之间如果不能创造良好的沟通环境或是不能准确理解对方的需求和想法都可能导致更多的误解和冲突产生,甚至造成家庭成员之间的情感淡漠和信任危机,破坏家庭系统的平稳运行。

3. 亲子关系

父母在教育管理子女的过程中,双方家庭教育观念的差异或不当的教育方式都可能引发家庭危机。例如,父母其中一方坚持控制管理的教育模式,另一方倡导民主管理的教育模式,就可能导致家庭教育危机;父母对子女有不切实际的过高期望或者对子女有过于严格的要求和限制,抑或对子女有一定程度的忽视与疏远,或者对子女过于纵容,都可能引发亲子矛盾和冲突,导致父母与子女之间的关系变得紧张。亲子沟通一旦出现偏差就可能引发家庭成员的更多冲突,造成家庭成员更多的心理困扰,形成恶性循环。

4.婚姻关系

夫妻间若缺乏相互包容理解与有效倾听,无法共情并接纳对方观点,且缺失换位思考,不能尊重对方的意见和建议,总是先看到对方的缺点和弱点,用完美的眼光苛责对方,用传统落后的家庭观念控制对方,夫妻缺乏共同的家庭目标和生活情趣,易致使双方在日常沟通中出现否定、指责与埋怨,接纳、信任和尊重却越来越少。当矛盾激化至出现婚内越轨等违背婚姻道德的行为时,不仅会引发婚姻关系破裂,更会使其他家庭成员产生情感伤害与心理压力,成为家庭危机的重要原因。

5.子女问题

由于社会、学校、家庭以及个体自身等多方面原因,子女在不同成长阶段可能会出现学业困难、人际交往障碍、网络成瘾、违反校规校纪、早恋、自伤行为、青春期逆反,或者厌学、拒学等发展性心理问题,甚至还可能出现说谎、偷窃、霸凌以及破坏公物等品行问题。这些问题的产生与干预过程易导致家庭成员尤其是父母陷入严重精神内耗,亲子间的沟通冲突可能引发家庭关系紧张,甚至酿成家庭危机。

6.外部压力

外部压力通常指的是某些家庭成员不得不面对的职场或学业压力、家庭财产的重大损失、法律纠纷、亲人罹患疾病或离世、生活环境的巨大变迁、社交关系变得复杂紧张等外部环境变化带来的冲击。这些都可能会对整个家庭产生负面影响,增加家庭危机发生的风险。

(二)家庭危机的双重影响

家庭危机一旦产生又持续存在,就会对家庭成员的身心健康和家庭功能带来复杂的影响。一方面,它可能产生很大的破坏作用,对家庭成员尤其是子女的心理层面、行为层面以及价值观层面带来一系列负面影响。另一方面,它可能带来一些难得的机会,对家庭成员的发展带来动力或起到推动作用。

1.心理层面

家庭危机的出现往往伴随着家庭成员焦虑不安甚至恐惧等负面情

绪,这些情绪会直接影响到子女的身心健康。如果家庭不能及时、妥善处理这些危机,子女可能会感到无力、无助和无望,甚至会感到绝望,从而干扰他们日常的学习节奏和效率以及人际交往的积极性与效果。当然,家庭危机并非只有破坏性,也孕育着一些特殊的机遇。它可能成为激励子女成长的动力,协助子女在逆境中寻找发展的突破口,也会在应对危机过程中同步训练子女,使他们变得更加坚韧、独立、有担当和有勇气,这些可贵心理品质的培养对他们未来的健康发展至关重要。

2. 行为层面

家庭危机可能导致家庭成员之间的有效沟通和积极互动变少,甚至产生各种心理冲突与人际矛盾,家庭和谐氛围被打破,融洽关系被破坏,这种氛围非常不利于子女的健康成长,可能导致他们出现叛逆、攻击性行为、逃学以及人际交往障碍等问题。不过,因各种外部压力所致的家庭危机也可能让家庭成员变得更加团结友爱和互帮互助,形成家庭合力共同应对困境和挑战。这种团队合作氛围有助于培养子女的责任感和团队协作精神,对他们的个性发展与心理成长具有积极意义。

3. 价值观层面

家庭危机观会影响甚至决定家庭成员对价值观的理解和认同。如果家庭在应对危机过程中表现出愈挫愈勇、乐观自信与坚韧不拔的精神以及不畏困难勇往直前的行动力,子女也会被这种精神所鼓舞,更容易形成积极向上和迎难而上的人生价值观,敢于面对生活、学习和工作中的各种挑战,并且相信自己可以通过持续的努力改变逆境。相反,如果家庭在处理危机过程中表现出消极悲观、畏缩不前和逃避推诿的态度,子女也会因此逐渐形成消极的人生价值观,不能积极有效应对生活的压力,对生活也会慢慢失去信心和热情。

(三)积极应对家庭危机的策略

家庭危机的形成通常在时间维度上具有突发性和不确定性,在破坏程度上具有严重性和广泛性,在影响领域上具有复杂性和双重性,在压力感受上具有紧急性和压迫性等特点,会对家庭成员的身心健康和家庭功能产生一定的负面影响,甚至可能导致家庭功能失调和家庭结构解体。因此面对和解决这些问题时,家庭成员如何认知和理解问题至关重要。个体表现出不同的认知和态度可能最终会导致截然不同的应对结果。一个科学、健康而全面的家庭危机观通常应该包括勇于正视问题、保持积极高效沟通、互助支持与理解、主动寻求帮助和重视预防等方面,只有以积极主动解决问题的态度来应对家庭危机,注重家庭成员间的情感沟通与相互理解,优化家庭成员间的各种关系,并在必要时寻求各种外部资源以获得信息、物质和情感上的社会支持,才能保持家庭的平稳运行,才能有利于各家庭成员的身心健康与成长。总体来讲,家庭危机的积极应对策略通常包括以下几个方面。

1. 保持冷静和理性

发生家庭危机时,家庭成员首先要保持冷静和理性,不要轻易让负性情绪控制自己,更不要将负性情绪随意传递给子女以免造成更大的家庭心理恐慌。其次要做到理性而系统地思考,全面评估家庭危机的类型、性质与程度,积极寻求解决问题的方法与资源,充分展现出家庭成员的家庭责任感和敢于担当的精神。

2. 培养正确的价值观

在应对和处理家庭危机的过程中,家长应抓住关键时机积极引导子女,帮助其树立正确价值观,使其理解现实生活出现意外困难和挑战的必然性,认识到困难并非不可克服。同时,家长需以身作则,通过积极应对困境的实际行动,为子女树立坚韧不拔的榜样,从而有效培养其抗挫折能力与乐观心态,增强子女对未来生活的信心与热情。

3. 加强沟通和相互理解

家庭一旦出现危机状况,家庭成员之间要更加注重彼此间的沟通和理解。主动且有效地沟通可以澄清和明确各自的真实观点,开诚布公地表达和交流各自当下的感受,彼此形成坚实的后盾,从而形成家庭合力,有助于家庭成员抱团取暖。家庭成员通过求同存异减少和化解相互之间形成的误解和可能的冲突,增进彼此之间的信任度和亲密度。当家长与子女能够保持全面而密切的沟通,并深入了解子女的真实想法和心理需求后,一旦家庭面临危机,父母就能为子女提供更具针对性的关怀和支持,使其充分感受到家庭的温暖和父母的爱,从而为家庭顺利度过危机奠定良好基础。

4.培养子女的应对智慧

父母不应该低估和忽略子女共同参与应对家庭危机的重要意义。父母可以通过适度引导子女全程参与到家庭危机的处理过程中,培养其应对家庭危机的主动意识与科学态度,并通过典型示范、合理参与以及知行合一等方式来培养子女应对危机的技能和解决问题的智慧。更为重要的是父母还可以透过与子女共同应对家庭危机的机会,有意培养孩子良好的心性,培养孩子临危不乱、紧而不迫与危中寻机的稳定积极的心态与解决问题的智慧,时刻保持积极乐观和敢于接受命运挑战的人生态度。

5.共同谋划危机解决方案

家庭危机的有效应对并不是一蹴而就或一帆风顺的,也不是某一个家庭成员的专属任务,需要每个家庭成员都贡献自己独特的资源与固有的力量,通过集体的智慧来谋划制定家庭危机的应对方案,并努力付诸行动。这个解决方案包括制定与执行新的家庭运行规则、家庭责任的角色再分配、危机应对时间节点的设定、共同协商研讨的路径、确立可求助的资源等,还包括危机解决的程序、保障措施、人员分工以及效果评估的标准等诸多方面。通过解决方案的研讨制定以增强家庭成员的向心力与凝聚力,激发问题解决方法的创新,提升家庭成员执行方案的行动力,为成功应对家庭危机打下重要基础。

6.保持积极乐观的心态

家庭出现危机状况时,家庭成员要注重保持积极乐观的心态,不要轻易被眼前的危机状况所限制而出现过度紧张和忧虑的情况,而应秉持"方法总比问题多"以及"困难总是暂时的"信念,始终相信自己和家人能够齐心协力克服当下的家庭困境。保持积极的思维和心态有助于缓解重压之下的负性情绪,提升逆境下有效应对危机的能力。

7.寻求外在帮助和支持

家长并不是万能的,总有自身的盲区和局限性,解决家庭难题时不能完全脱离社会而独立完成。如果单靠自己已经无法有效摆脱家庭危机时，家长就需要及时寻求外部力量与资源的介入和支持。寻求帮助的方式可以包括求助专业规范的心理咨询、系统的婚姻家庭治疗、可靠的金融咨询、便捷的社区组织以及亲朋好友的帮助等；寻求支持的内容可以包括应对危机的信息、物质与情感等方面。通过主动寻求外在积极力量的介入和整合，可以协助家庭成员调整心态，更快走出危机困境，全面恢复家庭运行秩序与家庭生命活力。

　　综上所述，家庭危机观是对家庭危机发生与发展规律的一种全面而深入的理解和看法。通过系统梳理和掌握家庭危机的基本理论框架、核心概念、形成缘由、复杂影响以及科学应对策略等方面，有助于家长更好地理解、应对、解决和脱离家庭危机，减轻家庭危机对家庭成员的负面冲击以及对子女教育管理带来的负面影响，同时还能合理利用家庭危机以推动家庭秩序的再平衡以及家庭成员关系的再协调，促进家庭各成员尤其是子女的身心健康成长和发展，提高家庭成员责任感与家庭凝聚力，切实维护整个家庭的稳定与健康发展。

三、家庭危机观与家庭教育

　　家庭危机观对家长教育观的影响是多方面的，能促使家长更全面理解和更加珍视家庭教育的重要价值，推进家长快速转变不科学的亲子教育方式，积极探寻预防与应对潜在家庭危机的解决策略，同时也倡导社会、学校与家庭的教育协同，建立和谐有序的家庭教育生态环境。家长的努力改变将有助于培养孩子的综合素质和提升孩子科学应对未来挑战的能力。

（一）家庭危机观对家长的影响

1. 增强家长居安思危意识

　　每个孩子的成长和教育都是一个充满挑战和艰险的过程。家庭危机观可以切实促使家长更加重视教育方式的优化与教育过程的管理，增强家庭教育的紧迫感。家长在具备居安思危意识的情况下，会更为积极主动地参与孩子教育的全过程，用动态的发展的视角来关注孩子，不止关注孩子的学习情况,更会重视孩子的生活和情绪状态,能够更加敏锐地发现和捕捉到孩子发展过程中的潜在问题,比如人际交往困扰、情绪的波动与低落、学习效率的下降等异常行为,尽早发现并及时采取有效的家庭教育策略进行主动干预并高效解决。

2.优化家庭教育方式与方法

(1)注重亲子情感沟通。家长在意识到家庭危机带来的潜在风险后,会更加注重与孩子在情感方面的沟通。他们会尽力创造出良好沟通的家庭环境,肯花更多时间来认真倾听孩子的真实想法和切身感受,尊重、重视和理解孩子当下的情感需求和困惑,不跟孩子"不厌其烦"地陈述那些所谓的大道理,而是通过产生情感上的共鸣,从而为亲子之间建立彼此信任与和谐的关系打下坚实的情感基础。

(2)倡导家庭民主教育。家庭危机观促使家长反思传统的权威式教育方式的不合理之处,进而倡导更加民主平等的教育方式。他们不再打着"我们这么做都是为孩子好"的旗号执行"家长一言堂"的灌输型教育模式,而是尊重孩子的个性差异,认真倾听孩子的想法与感受,明晰孩子对于家庭与家长的期待与需求,根据孩子的不同个性采取更有针对性的教育策略,积极鼓励孩子勇敢表达自己的观点和想法,塑造民主、包容与开放的家风,着力培养孩子的独立思维意识和自主决策能力。

(3)适当开展挫折教育。为了增强孩子的心理复原力和应对困境的能力,家长可以酌情(首先要做好对挫折情境以及孩子应对能力之间匹配程度的评估)开展一定的挫折教育。家长可以主动而巧妙地去创造一些孩子成长过程中可能遇到的挑战和困难,让孩子在面对挫折时可以提升主动接纳、冷静思考、坚持承受和机智应变等可贵的心理品质。当然,这种挫折教育在实施过程中需家长的有效参与、真情陪伴、全力支持与实时跟进,避免挫折对孩子造成超出耐受性的心理冲击,甚至对孩子造成心理伤害,否则就会适得其反,与挫折教育的目的背道而驰了。

(4)提升耐心与包容心。家庭危机观让家长深刻意识到孩子成长过程中出现诸多问题和困扰是非常普遍和常见的,是孩子成长路上的必修课,进而在情绪上变得更为平和与稳定。家长可以依据孩子固有的成长规律更加耐心地看待孩子的各种表现,尤其是对待孩子当下还不能做到的或者还不能做得很好的部分能够给予更多的接纳、包容和理解,并从现实出发助力孩子设定符合孩子特点的成长计划,并逐步完善与提升计划的有效性。

3. 注重孩子全面发展

家庭危机观让家长认识到孩子的成长维度是多层次的,发展内涵是多指标的,因此对孩子的评估也要注重全面性。孩子的发展不仅仅是在学业上不断取得进步,还有身心健康状况、情绪调控能力、人际交往观念与技能、积极心理品质以及创新精神与创造力等多方面的发展。家长要注重对孩子健康生活习惯的早期培养,按照健康饮食和科学运动要求合理引导和安排孩子的饮食与锻炼,积极鼓励孩子养成和保持规律的作息时间,保障良好的个人卫生习惯与日常生活学习习惯,培养孩子良好而全面的健康意识和自我监控和管理的能力。家长还可以为孩子提供多元化的社会交往场景,尤其是创造孩子与同龄人交往的机会,比如引领孩子参加社区的志愿服务活动,鼓励孩子参加学校的课余兴趣小组等,借此来培养孩子交往的主动性,提升孩子的社会交往技能以及良好团队的合作精神。家长尤其要主动鼓励孩子打破因循守旧的固有思维,激发孩子勇于尝试新鲜事物的动力,不断追求新知识和新技能,使其对于未知的领域充满求知欲与好奇心,注重培养孩子敢为人先的创新精神与不拘一格的创造力。这也意味着家长的教育观念需要完成从传统侧重知识的灌输到侧重全面发展以及从应试教育到培养孩子终身学习能力的转变。

4. 主动向外寻求援助

家庭危机的发生敦促家长更加深刻地意识到教育对于孩子成长的重要性以及家长在教育中的重要角色与责任担当。然而教育孩子并不是一件容易的事情,没有谁是天生的教育家,家庭教育效果的好坏涉及诸多因素。有效的家庭教育需要先进家庭教育科学理论的指导,也需要家长在教育子女的实践中不断总结经验与规律,因此家长需要更加系统而全面地学习科学的家庭教育方法,比如积极参加各种形式的家庭教育培训课程,了解和更新先进的教育理念,练习和掌握科学的教育策略与方法,从而能够更好地指导孩子的全面发展。同时,家庭危机的出现也促使家长意识到即使自己拥有丰富的教育理论与实践经验,也有自己处理不了的教育难题,这种教育能力上的欠缺和教育资源的不足,促使家长眼睛向外,更加积极地寻求家庭外部的支持与可用的教育资源,比如充分利用大中小学校、居民社区或图书馆等社会资源,为家长和孩子提供更多的学习资源与机会,创造更广阔的成长空间,家长与孩子还可以向专业的心理咨询师以及其他家庭教育专家求助,从而获得更为专业的有针对性的教育建议和指导。这些危机解决方案可以有效帮助家庭度过危机状况,当然家长还是要结合自己的家庭现实情况提高自己的教育理念与和应对家庭危机的能力。

5. 强化家庭与学校教育的整合

家庭危机观不仅让家长认识到家庭内部环境对家庭教育的重要性,同时还认识到家庭内部环境与外部环境的整合对子女的教育也很有价值。家长不能单纯地将教育责任完全推给学校,更不能将教育孩子的空间局限在家庭内部,而是要努力将家庭与学校各自的优势资源进行有机整合,从教育意识上重塑家校共育的理念,从行动上全面了解学校的教育管理理念和教师的教育教学方法,更加主动地参与到学校的各项教育活动当中,与学校保持良好的沟通和合作,全面了解孩子在校的表现,发现孩子的优势与局限,与学校以及教师形成良好教育共同体,共同为孩子的成长提供养料与土壤,形成教育合力,推动孩子的全面发展。这意味着家长的教育观念需要完成从单一角色的教育到开放合作开展教育的转变。

(二)家庭危机观对子女的影响

家庭危机在改变家长教育观念与促进家长教育行为转变的同时,也对家庭子女的适应与发展带来了诸多影响,促成了孩子们的积极变化与正向成长。这些影响通常有以下几方面的体现。

1. 提升子女的危机意识

家庭危机观能够让子女在自我发展过程中更早地意识和感知到现实生活中存在的诸多不确定性和各种可能的挑战。这种低掌控感引发的危机感会促使他们更加谨慎地规划发展计划,引导他们学会在潜在风险中寻找发展的机遇与资源,从而培养子女的乐观心态与更为沉稳成熟的教育发展观念。比如,子女在现实学习与生活中会更为全面辩证地分析问题,充分考量自己可能遭遇的发展困境与风险,主动加强自我保护与风险控制,不会过度冒进犯险将自己置于危机当中。如果遇到一些不可避免的困难时,子女也能保持足够的冷静和理智,不会轻言放弃,而是从困境中积极探索解决问题的突破口和可行的策略,激发子女的发展潜能。

2. 培养子女的责任担当

家庭在应对危机的过程中,往往需要家庭成员之间的通力协作与共同努力,这种"众人拾柴火焰高"的经历可以让子女深刻感知到家庭责任感和担当精神的重要价值。他们会在家庭危机解除过程中学会厘清并承担属于自己的责任,为整个家庭的秩序稳定和健康发展贡献自己独有的力量。这种特别的人生经历孕育着丰富的责任担当和精神财富,可以促进子女在自己的学习与工作中更能兢兢业业,秉持高度负责的态度,敢于承担自己的责任。

3. 塑造子女的乐观品质

家庭危机观还能促进子女形成积极应对生活挑战的态度。在危机中,子女会看到家长和其他家庭成员如何勇敢地面对困难与寻求解决问题的方法。这种经历会让他们明白,生活中总会遇到各种各样的挑战和困难,但只要保持积极的心态和行动,就有机会攻坚克难取得成功。这种积极应对挑战的态度会成为他们教育观中的重要组成部分,使他们在未来面对学习和生活中的困难时更加坚定和充满自信。

4. 引导子女的正确"三观"

在危机中,家长可以通过自身的言传身教引导子女树立正确的人生观、价值观和道德观。例如,家长可以引导子女在困境面前不放弃、不否认、不畏缩、不逃避,而是敢于直面问题,并冷静分析和积极尝试各种方法去解决问题;还可以引导子女学会建立良好的情感联结,注重培养家庭成员间的亲情及朋友间的友情,让孩子理解情感的可贵并懂得知恩图报;还可以引导子女积极关注世界、关注社会、关注周围环境以及关心他人,学会主动奉献和付出,不能只是生活在以自己为中心的小圈子里,而是用开放、谦和、包容与热情的态度来理解和认知世界,并与世界和谐共处。这些正确的价值观会逐步渗透到子女的教育价值观中,使其更为侧重成长过程中个人修养的提升与积极人格的塑造。

5.提升子女的适应效能

家庭危机观能够为子女适应能力的提升带来契机。当家庭危机来临,比如家中第二个孩子的出生、转学或分班等情况,会给孩子带来短时或长期的冲击与干扰。作为年长的子女,需要快速评估环境变化承受能力及自身应对资源与有利条件,及时调整思维与行为模式,提升对生活挫折的承受能力,以灵活机智的方式应对这些波折,从而更好地化解家庭困境,并主动适应家庭运行的新态势。这种应对危机的重要经历可以像催化剂一样发挥作用,让子女的思维变得更具有变通性和创新性,促使其能够以更平和的心态及更成熟的策略主动迎接生活中的各种挑战。这种灵活的适应性与发展能力是子女教育观中重要的组成部分,可以让子女在未来的工作、学习和生活中变得更加从容与高效。

综上所述,家庭危机观在家庭教育领域产生了深远的影响,促使家长和子女的教育观念及行为模式均发生了有益的改变,家长可以顺势而为,积极引导子女科学理性地看待和处理家庭危机,让子女能够在实践中汲取生活的智慧与成长的力量。

第四节　生态过渡观

一、生态过渡观的概述

生态过渡阶段通常是指在家庭迎来第二个孩子后的适应期,这一时期家庭系统会发生结构性转变,可能会出现某些不连续或不规律的发展。在此过程中,包括长子女在内的全体家庭成员,都可能在家庭生命周期的转折

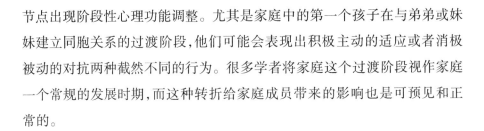

节点出现阶段性心理功能调整。尤其是家庭中的第一个孩子在与弟弟或妹妹建立同胞关系的过渡阶段,他们可能会表现出积极主动的适应或者消极被动的对抗两种截然不同的行为。很多学者将家庭这个过渡阶段视作家庭一个常规的发展时期,而这种转折给家庭成员带来的影响也是可预见和正常的。

二、生态过渡观的主要观点

(一)家庭变化对家庭成员是一个重要转折点

生态过渡观认为家庭环境发生重大改变对于家庭成员尤其是对相对年幼的长子女来说意味着挑战与机遇。一方面,家庭变化可能会给他们带来情绪压力与心理威胁,引发他们的心理波动与行为偏差;另一方面,这种家庭变化也可能会演变为促进长子女快速成长和发展的机遇,有效推动家庭新的平衡态的形成。因此家庭变化是一把双刃剑,也是家庭成员各自适应与发展过程中的重要转折点。

(二)家庭成员在家庭过渡期的行为表现是正常的

生态过渡观认为家庭成员在家庭出现新变化的过渡时期表现出一定的压力行为与反应是正常且可控的,不需要特别对其进行主动干预。家庭成员的不适应行为与反应可能会随着时间的推移而逐渐自然减少直至消失。

(三)只有少数家庭成员在应对家庭变化中出现偏差

生态过渡观认为并非所有家庭成员都会因为家庭环境发生转变而出现较大的心理波动与行为变化,对生活秩序造成较大干扰和破坏,只有一小部分或某一类家庭成员才会因此呈现消极情绪、分离焦虑、工作与学习效率下降以及睡眠困难等身心适应不良的状况。比如某些长子女对新出生的同胞可能会有攻击性行为或者嫉妒的表现等。

上述这些重要观点是生态过渡观的基本理论框架,这为家长更好地理解家庭成员在家庭转折阶段所表现出的行为反应以及全面评估和尝试解决部分家庭成员的心理困扰提供了重要的策略引导与行为改变方向。

三、生态过渡观与家庭教育

生态过渡观与家庭教育之间存在密切的联系,将生态过渡观有机融入家庭教育当中,将有助于家庭成员更好地理解家庭环境出现的变化。遵从应对家庭变化的基本规律与行动策略,家庭成员就可以顺利应对家庭的转折,快速建立新的家庭秩序,完成家庭发展新阶段的过渡与跃迁。比如,随着家庭第二个或更多个孩子的加入,家长对于长子女教育的重要性就凸显出来。生态过渡观强调将辩证的观点应用到家庭教育,更加注重整体、平衡和可持续发展的教育理念。

(一)家庭教育的整体性

家长要意识到二孩的到来意味着家庭发展进入到新的阶段,家庭旧有的整体平衡与运行模式会受到冲击,旧有秩序会被打破,家庭成员尤其是长子女会面临更大的扰动。在建立家庭新秩序的过程中,家长要注重建立良好的家庭教育理念,站在家庭整体发展的视角积极应对,发挥家庭成员集体整合的力量,不只针对某个家庭成员来开展教育引导,也不仅仅依靠某一个家庭成员来开展教育,而是发挥各个家庭成员的优势与资源,营造良好家庭教育氛围,注重从家庭整体视角为长子女的适应与发展奠定环境基础。

(二)家庭教育的平衡性

家长要在家庭出现变化后进行重新平衡,从教育资源分配以及教育方式上都要做出及时调整。比如,家庭有新成员加入,父母就需要对家庭资源进行重新梳理与评估,尤其在对长子女以及次生子女教育资源的调配上要提前做好准备,同时对长子女进行适当的引导性教育,让长子女做好应对弟弟或妹妹出生的准备,降低大宝对二宝的怨恨以及感觉不公平的情况,这样就更有利于家庭建立新的秩序,达成新的平衡状态。

(三)家庭教育的可持续性

生态过渡观让家长意识到家庭教育的可持续性,家长需要运用动态和全面的视角来看待子女的身心发展,对于子女出现阶段性的发展困扰或危机予以充分地接纳和理解;孩子开始进入幼儿园或者小学等新学习与生活阶段可能出现一些阶段性的适应困扰，比如，家庭生育二胎后形成对头胎以及家长造成的阶段性冲击，都需要家长能够对家庭以及家庭成员在新阶段出现的新情况有充分的心理准备，对可能出现的挑战与困难有一定的预案来有效应对，保持家庭有序发展的可持续性与家庭环境的相对稳定性，避免家庭出现发展断层。另外，父母还要注重对子女的情感发展、认知发展、环保意识、社交技能以及良好学习与生活习惯等方面的教育引导，为子女可持续发展创设良好家庭教育氛围，培养他们良好的适应能力和灵活性，协助他们更好地应对未来的挑战与发展。

综上所述，生态过渡观对家庭教育的理念与家庭教育的方式都带来了有价值的参考，为家长更好地关注家庭发展阶段以及做好家庭过渡阶段的适应提供了非常有意义的指导，最终为实现协助家庭子女的健康成长奠定了深厚的基础。

生态系统理论、家庭系统理论、家庭危机观以及生态过渡观等发展心理学的核心观点都可以为家庭教育的有效实施提供重要的参考与借鉴，有着举足轻重的指导作用。但任何单一理论都无法涵盖家庭动态发展的全部复杂性，都有其局限性。因此，对于多子女家庭来说，家长需要付出更多的时间、精力与智慧，充分发挥和融合各个理论的优势，通过具体分析与灵活运用这些理论，根据家庭的实际情况和子女的个性特点，深入而广泛地开展家庭教育实践，方能收获理想的教育效果。

第二章 | 父母教养方式

　　不管在哪一个国家,也无论处于何种社会形态或发展阶段,父母始终扮演着子女第一任教师的独特角色。然而,子女对于父母履行教育职责的具体方式,却无法进行主动选择。鉴于亲子间天然的血缘关系,家庭作为儿童生命历程持续发展的第一场所,对儿童发展的影响可谓是举足轻重,因此父母对子女的教育会比学校教育、社会教育及其他形式的教育有着更持久、更深远与更深刻的影响。在家庭中,亲子关系是维系孩子成长的重要基石,在所有影响亲子关系的家庭环境因素中,家庭教养方式起着无可替代的关键性作用,甚至会影响孩子的一生。良好的家庭教养方式会让孩子终身受益,相反,不良的教养方式则会给孩子造成难以逆转的负面影响。这也是各国教育学界与心理学界长期将其作为核心研究领域的重要依据。

第一节　父母教养方式的概述

一、概念界定

　　"父母教养方式"一词源于西方,由美国心理学家戴安娜·鲍姆林德于1967 年首次提出,国内学者对此有着不完全一致的翻译,比如家庭教养方式、父母养育方式、父母抚养方式以及父母育儿风格等。目前来看,普遍被接受的提法倾向于父母教养方式或家庭教养方式。对于父母教养方式内涵的界定,目前也还没有非常统一而明确的定义,但很多学者根据不同的理论基础提出了各自的理论观点。林崇德认为,它是父母在子女抚养教育过程中所表现出来的相对稳定的行为方式,是对父母各种教养行为特征的概括。

著名心理学家张文新博士认为父母教养方式是父母的教养观念、教养行为及其对儿童情感表现的一种组合方式。这种组合方式是相对稳定的，不随情境的改变而变化，反映了亲子交往的实质。关颖与刘春芬认为父母教养方式是父母与子女在子女成长过程中通过言语行为进行的相互作用过程。这些概念的界定在语言表述上有所差异，但都能反映出在家庭环境中父母与子女之间因教育而构建的互动模式。

二、父母教养方式的内涵及总体特征

父母教养方式是父母各种教养行为整体特征的高度概括，具有相对的稳定性。其特点主要有以下几方面。

（一）多样性

因为每个家庭成员所处的文化社会背景、经济发展状况以及父母的受教育水平与价值观等因素都会影响其教养方式的形成。因此，在现实生活中，父母教养方式会呈现出多样化的特点和倾向，通常来说主要包括专制型、溺爱型、纵容型（有时也称为放任型）、忽视型、民主型及权威型等多种类型。

（二）稳定性

尽管父母教养方式在表现上具有多样性，但一旦形成，就具有较强的稳定性。这是因为父母教养方式是父母在长时间照料和教育子女过程中逐渐构建形成的，具有相对稳定的行为模式和情感反应。这种稳定性具有一定的积极价值，能够协助子女在家庭环境中形成较为一致的教育行为预期和情绪体验。

（三）互动性

父母教养方式不是父母单方面实施教育行为就得以形成的，而是父母与子女之间充分互动的共建结果。父母通过一定的教养模式向子女呈现和传递他们自身的价值观、社会期望和行为规则，而子女也会通过自己的行为和反应来影响父母教养方式的形成与调整。这种互动性使得父母教养方式不会停留在一个固化模式，而是让这种方式成为一个动态发展的过程。这需要父母和子女之间不断进行有效互动，以达成相对的平衡与稳定。

(四)情感性

父母教养方式的形成与建立充满了情感的色彩。父母在照顾和教育子女的过程中,会投入相当多的时间、精力与情感。父母教养方式不仅受到其自身情感状态的影响,更会对子女的情绪与情感发展产生极其深刻的影响。因此,父母教养方式不仅仅是父母与子女单纯在行为上的互动,更是双方在情感上的深度交流与共鸣。

(五)可塑性

父母教养方式具有相对稳定性,但并非不可改变。无论是子女不同发展阶段的教育策略变化,还是家庭环境随着社会以及各种因素影响而出现的变化,都会促使父母及时调整教养方式以适应不同的环境要求与子女发展的新需求。父母教养方式的可塑性让家庭教育效果能够随着教育时空与场景的变化而得到持续发展与完善。

综上所述,父母教养方式具有多样性、稳定性、互动性、情感性及可塑性等五大特点。这些特点使得父母教养方式成为一个多维度的复杂概念,需要家长在理解和应用时能够全面考虑各种因素的综合影响。

第二节 父母教养方式的类型与特点

当代有关父母教养方式的研究主要来源于戴安娜·鲍姆林德早期对于儿童及其家庭的广泛而深入的研究。他是在对家庭社会化实践研究的类型学方法基础之上对父母教养方式进行了相对权威的概念界定。这种方法着重于分析不同教养行为的配置,并假定任何一种教养行为都在某种程度上依赖于其他教养行为的配置,主要教养行为元素(如温暖参与、成熟要求和监督等)配置的差异,将会导致儿童对父母影响作出不同的反应。

戴安娜·鲍姆林德于 1971 年率先将父母教养方式划分为权威型、专制型和容许型三种类型。后来的研究者迈考比和马丁于 1983 年在此基础上做了进一步拓展,他们根据父母对儿童的要求性(控制、监督、成熟要求)和反应性(温暖、接受、参与)水平,将父母教养方式划分为四种类型。两种模型的主要区别在于后者根据要求性的高低,将容许型教养方式进一步分为溺爱型和忽视型。要求性是指父母对儿童的成熟与合理行为的期望和要求程度,是家长对孩子的行为建立适当的标准,并坚持要求孩子去达到这些标准。反应性是指父母以接受、支持的方式对儿童的需要做出反应的程度,反映出父母对孩子和蔼接受的程度及对孩子需求的敏感程度。由于两者是相对独立的维度,也就是其中一个维度的变化不受另一个维度的影响,因此可以形成多种组合方式。不同类型的父母教养方式具有不同的典型特征。

一、权威型父母教养方式的典型特征

这种类型的父母教养方式总体呈现出高要求和高反应的特征。其具体表现为父母对子女温暖而严厉,对子女的诸多行为有明确的规定和具体的要求,并能依照规定与要求严格执行以促使子女能够达到这些设定的标准。另外,父母对子女建立的期望与子女的需要和现实能力能够保持一致,他们会高度重视子女自主性和自制性的发展,强调子女的自我管理,鼓励亲子间开展双向沟通,引导子女敢于表达自己的观点,进而敏锐地感知子女身心发展需求,他们能够充分尊重、理解孩子的个性和想法,并能给予及时、恰当的指导、回应与关爱。这类型的父母在子女心目中有较高的权威,灵活度也比较高,在这种父母教养方式下成长起来的子女,往往会建立起较强的自信心及优秀的自我控制能力,并且从性格塑造上会比较积极乐观,有良好的生活态度。

二、专制型父母教养方式的典型特征

这种类型的父母教养方式总体呈现出高要求和低反应的特征。其具体表现为父母对子女的要求比较严苛,主动干涉较多,他们高度关注子女的服从性,通常会设定具有惩罚性与专断性的子女行为纪律。他们很少主动运用言语与子女进行讨论,因为在他们看来,子女就应该无条件接受父母制定的所有规则和行为标准,不接受也不允许子女与父母持有不同的想法和做法,甚至很少向子女解释他们应该遵守这些规则的缘由。他们很少鼓励子女的独立想法与探索行为,恰恰相反,他们会特别限制子女在自主性方面的发展。他们很少主动感知子女的情感需求,对子女也缺乏丰富的情感反应,子女感受不到父母足够的关爱和尊重。这种教养方式下的父母与子女在地位上是不平等的,孩子缺少话语权与独立性,只能一味地听话以避免受到惩罚。在这种父母教养方式下成长起来的孩子,会变得过度顺从、缺乏朝气和创新意识,面对困难还很可能会产生较多的焦虑不安与恐惧等负面情绪,出现退缩与回避等消极应对行为。但这些孩子在学校更容易成为老师眼中听话的好学生,他们严格遵守学校和班级的各项纪律,不轻易有偏差行为。但是在这种父母教养方式下,孩子容易形成自我否定、知难而退以及容易焦虑等不良性格特征,这会对孩子的社会交往技能提升和情感发展造成困扰和限制。

三、溺爱型父母教养方式的典型特征

溺爱型父母教养方式也被称为放任型或纵容型父母教养方式。这种类型的父母教养方式总体呈现出低要求和高反应的特征。其具体表现为,在言行纪律问题上,父母以一种高度接纳甚至有些顺从的方式对待子女,对子女表现出较高程度的爱与期待,但是缺乏对子女提出恰当要求并对子女的行为进行有效控制。他们给孩子极高的自由度,能够让子女任意表现自己的情绪和冲动行为,子女可以按照自己的意志自由行为,甚至不用担心是否违反了一些基本的行为规则。在这类父母看来,他们不能对孩子的行为进行任何控制,否则就是对孩子自由的干涉与阻碍,不利于子女的健康成长。他们只把自己当作孩子成长过程中的某种资源,无限度向孩子提供支援。父母往往会无条件地满足孩子的任何需求,哪怕很多要求是过分的、无理的。他们始终以孩子为生活中心,给予孩子过多的关爱和关注,对孩子犯下的错误采取过度宽容的态度,甚至忽视。在这种父母教养方式下成长起来的孩子,很容易表现出以自我为中心、任性、缺乏同情心及自我控制能力差。一旦他们的要求不能被父母或周围人及时满足,通常就会表现出哭闹等不成熟行为来消极应对。他们很依赖父母,有时还会出现不尊重长辈的行为。另外在做事方面也会表现出缺乏恒心和毅力,情绪方面也容易出现急躁、易怒及低落等负面情绪,进而对孩子学业发展与生活适应等造成负面影响。

四、忽视型父母教养方式的典型特征

忽视型父母教养方式总体呈现出低要求和低反应的特征。其具体表现为父母对子女的各种行为和身心发展需求缺乏相应的关注。他们不会对孩子提出具体要求和对其行为进行控制,同时也不会对子女做出任何爱和期待的表达。他们对于子女在情感和需求方面的反应非常冷漠,缺乏对孩子基本的关爱和支持。父母与子女之间罕有双向交流与互动。父母看起来会有意减少耗费在与子女共同行动上的时间和精力。甚至在某些极端的情况下,忽视型的父母对子女会表现出听之任之的情况。他们不关心子女的喜好与生活状态,不了解子女的行踪,更不会对子女在学校的经历有任何兴趣。他们在做一些家庭决策时也是极少考虑子女的想法和需求,只是按照自己的意愿和期待来构建家庭环境,缺少对子女发展的考量。在忽视型父母教养方式下成长起来的孩子的社会生活适应能力和自我管理能力都会比较差,甚至会出现适应障碍。另外,父母对孩子行为的低反应,很容易引发孩子的自卑感和孤独感,容易造成子女形成自我封闭和回避退缩的不良性格特征,严重影响子女的心理健康发展及社交技能发展。

第三节　父母教养方式的各自优势与局限

一、不同类型家庭教养方式的优劣分析

父母教养方式对孩子的成长和发展具有深远的影响。根据教育学家和心理学家的研究,各类型家庭教养方式均有其自身的优势和局限。

(一)权威型教养方式

1. 优势

在合理的规则和明晰的行为标准设定下,权威型父母能够培养孩子较高的自我控制能力;由于父母比较注重与子女的双向沟通和有效互动,积极鼓励孩子勇于表达自己的观点和体验,有助于提升孩子的沟通表达技巧和

社交能力,从而助力孩子更好地适应社会生活。在引导孩子与他人交往的过程中,父母会教会子女如何更好地做到尊重规则、尊重他人、接纳和理解他人感受及解决人际冲突的有效策略,有助于培养和增强子女自尊自信、乐观积极、责任担当、积极自控以及独立的个性品质与问题解决的实践智慧,建立积极的自我认知和情感,培养子女科学的价值观和道德观。权威型父母会及时回应孩子的需求与感受,有助于孩子建立起安全感和信任感,这种亲子间的情感连接是孩子心理健康发展的重要基础。

2. 局限

如果父母对子女的要求过于苛刻或期望过高,超出了子女的现实能力和可控范围,则会给孩子带来很大压力,甚至使其产生自我怀疑与自我否定,影响子女的心理健康发展。这就需要父母具备较高的家庭教育素养和高超的沟通技巧,否则可能难以达到权威型父母教养方式的预期教育质量。

(二)专制型教养方式

1. 优势

在较短时期内或者在某种特殊情况下,这种教养方式能够帮助孩子建立规则意识,高效培养孩子的纪律性与服从性,推动孩子建立较好的行为规范,提升做事的效率和效果,提高子女的生活适应程度。

2. 局限

这种父母教养方式在很大程度上会抑制孩子的个性发展和创新性,尤其在孩子身心发展关键期,容易导致孩子逆反心理的形成。这种教养方式还会导致孩子缺乏必要的社交技能和亲社会行为,社会适应能效较低。另外,由于父母过于强调家长意志,对孩子的关爱较少及较多的管控都容易造成亲子关系的紧张和疏远。孩子在个性发展上也会呈现出低自主性、懦弱、高焦虑等不良倾向。

(三)溺爱型教养方式

1. 优势

由于父母对孩子充满接纳、关爱、尊重和支持,在某种程度上可以保护孩子的自尊心和自信心,有助于培养孩子形成乐观开朗的个性特征,保持对生活的向往与热情。

2.局限

溺爱型父母教养方式下成长起来的孩子往往过度依赖父母,独立性和自主性都没有得到充分发展。而且由于父母对孩子的行为缺乏必要的管教,忽视和回避孩子出现的问题的危害性,可能造成孩子缺乏规则意识与自我控制能力。孩子容易有违反纪律、自私自利、急躁冲动、爱发脾气等表现,其至出现较强的攻击性行为。他们在学业上也会表现出缺乏动力和明确的目标,学业成绩往往不佳。

(四)忽视型教养方式

1.优势

尽管忽视型教养方式总体上是一种消极的教养方式,但是在极少数特殊情况下,父母对孩子的忽视有可能激发和提升孩子独立解决问题的勇气与能力,让孩子能够在相对不被控制和干扰的情况下自由生长。

2.局限

这种父母教养方式下成长起来的孩子在情感发展、个性塑造、学业发展及社会性发展等方面容易出现困扰。孩子的很多需要不能得到满足,容易感到被父母忽视和遗弃,家庭归属感较低,极易引发孩子的自卑感与孤独感等心理偏差。父母的不良示范,可能致使孩子效仿其失责行为,进而阻碍孩子社交能力的发展和亲社会行为的发生。父母对孩子缺乏足够的关注和有效的指导,孩子在学习上也会缺乏相应的动力和精准的学业目标,学业成绩也比较差。

综上所述,不同类型父母教养方式都有其特色和局限,但总体来看,权威型父母教养方式有着更为突出的优势,这种教养方式在反应性与要求性两个维度上取得较好的平衡,既能够总体以孩子为中心,积极感知和回应孩子的情感需求,以开放的态度教育子女,同时还可以引导孩子理解和遵守行为规则与边界,让孩子在有保护和有控制的自由空间全面发展。

二、权威型父母教养方式与现代教育发展趋势的契合

权威型父母教养方式在多数情况下被认为是最有利于子女全面发展的教养方式,注重培养孩子的综合素质和创新能力,进而促进孩子的身心全面健康发展。这种教养方式与现代教育发展趋势形成较好的一致性,契合度较高。

(一)契合教育改革方向

当前教育改革强调培养学生的综合素质,特别关注学生创新精神的培养和实践能力的提升。权威型父母教养方式鼓励孩子学会独立思考与自主探索,同时又会适时给予孩子足够的指导和心理支持,这与当下教育改革发展的理念相契合。在这种教养方式下,孩子能够形成积极的学习动力,培养批判性思维、创新性思维,提升解决问题的能力,从而更好地适应未来社会发展的需求。

(二)适应时代发展需求

随着社会的快速发展和科技的长足进步,孩子们面临着更加复杂多变的挑战与困难。权威型教养方式能够培养孩子的生活适应能力和创新精神,使孩子能够科学应对未来的诸多不确定性。同时,这种教养方式也注重开展情感教育和品德教育,有助于孩子形成良好的价值观和道德观,为孩子的持续健康发展奠定坚实的人格和情感基础。

(三)注重家庭与学校的合作

权威型教养方式比较注重家庭与学校的合作与沟通。父母会主动融入孩子的学习生活空间,并且会与学校保持密切的联系,与老师共同关注孩子的发展。这种家校合作与紧密沟通有助于形成真正的教育合力,提高教育效果,保障孩子在一个安全、稳定、有序与和谐的环境中成长。

(四)推动孩子的全面发展

权威型教养方式总体上关注孩子的全面发展,不仅仅是在智力发展方面,还包括情感、社交以及创新性等多个方面。父母会设定恰如其分的规则与合理的期望,平衡好孩子的兴趣发展和情感需求,给予孩子较高的自由度

和更多的自主权。这种教养方式有助于孩子形成健康的心理状态,增强独立性、自信心和自尊心,提高社交沟通技能,协助孩子更好地融入集体,促使孩子在与他人的有效合作中更好地实现个人价值。

权威型父母教养方式并不是万能的,需要父母根据子女的个性特点和现实发展需求,结合父母自身的教育素养和性格特点,选择最适合自己家庭的教养方式,并进行及时调整和优化,注重与孩子的沟通和理解,关注孩子的心理需求和情感发展,为孩子营造一个健康、和谐、充满爱的成长环境。

第四节　父母教养方式对子女心理与行为的影响

由于父母在教育与引导孩子的过程中表现出来的教育价值观、态度以及行为模式具有一定的稳定性和持续性,因此对子女成长的诸多方面都会产生深远的影响。综合目前已有的研究,这些影响主要体现在情绪、性格、心理复原力与人际交往等方面。

一、父母教养方式对子女情绪方面的影响

(一)塑造情绪认知与表达方式

父母与子女建立并保持开放与民主的沟通方式,积极鼓励孩子主动表达情感,有利于塑造子女积极的情绪感知。父母表现出对子女的悦纳与支持也能为子女正确表达情绪构建良好的外部环境。一旦父母持续对孩子呈现出的负面情绪表达出忽视或否定的态度,就容易让孩子形成压抑自我真实感受的习惯,进而无法健康地表达真实情绪。这种父母教养方式会让子女认为自己不重要,甚至会误解为"无论怎么哭闹都无济于事"。另外,如果父母对孩子缺乏适当的引导,一味让孩子恣意妄为或乱发脾气,则可能让孩子在情绪管理上缺少目标,无法实现情绪的自我控制。

(二)培养良好情绪调节能力

情绪稳定成熟的父母能为孩子提供有效的情绪管理榜样。孩子通过仔细观察父母的情绪表达和平衡方式,进而学会管理好自己的情绪。父母还

可以细心教导孩子学会识别和理解自己的各种情绪,并能够运用积极思维、问题解决、正念、深呼吸与冥想等积极的情绪调节策略来应对负性情绪。另外,父母对孩子表现出温暖和支持,能协助孩子建立安全的亲子依恋关系,这种稳定和谐的关系,使孩子在面对负性情绪时能以更大的信心与勇气去调节自己的情绪。

总之,父母的教养方式对子女情绪感知、识别以及调节等方面都会产生深远的影响。父母要注重通过良好的教养方式关注孩子的情绪需求和社交发展需要,为孩子提供情绪管理的良好示范,进而培养孩子健康的情绪调节能力。

二、父母教养方式对子女性格的影响

父母教养方式对子女性格的形成与发展至关重要。不同的父母教养方式会塑造出子女不同的个性特征,而且这种影响会伴随孩子一生。

权威型父母教养方式下成长起来的子女,通常具有较强的逻辑思考能力和问题解决的能力,他们往往具有自立、自信、独立、有胆量、善于协作及灵活机智等性格特征,在生活中遇到挑战能从容应对。专制型父母教养方式下成长起来的子女更多依赖外在的评价,自信心与自尊心程度都比较低,往往会形成固执死板、冷酷无情或者倔强等性格特点,自我形象总体会比较消极。溺爱型父母教养方式下成长起来的子女往往会以自我为中心,情绪不够稳定易冲动,依赖性强,容易骄傲自大且缺乏与人合作的态度与能力,这种性格特征让他们容易在集体生活中受挫,难以建立良好的人际关系。忽视型父母教养方式下成长起来的子女安全感较低,在人际互动中警惕性高,既可能依靠投机取巧或说谎以获得两面讨好的结果,也可能因为比较被动与依赖而不能主动开展社交活动,缺乏足够的自信和勇气去应对生活新的挑战和机遇,最终无法建立自身明确而稳定的价值观与道德观。

总之,父母的教养方式对子女性格的塑造与优化有着深远的影响。父母应该采用更为民主、充满关爱且期待合理的教养方式来为子女创建适合的家庭成长环境,而且在教育理念与方式上尽量达成一致,进而塑造子女积极而健康的个性特征。

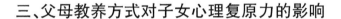

三、父母教养方式对子女心理复原力的影响

心理复原力是指个体在遇到压力、困难或挫折情境时能够有效应对,从困境中恢复甚至反弹的能力,也就是对逆境的反弹能力。心理复原力并不是与生俱来的,而是需要后天经由教育与实践而获得和提升的。综合来看,心理复原力水平的高低受个体的内在保护因素(如情绪的稳定性、性格的内外向与自我效能感)和外在的环境保护因素(如家庭、学校、朋辈群体及社会支持等)的叠加影响。其中,家庭因素尤其是父母教养方式对个体心理复原力的获得与发展有重要影响。父母情感温暖、接纳包容以及支持性而非苛求性等积极的教养方式,更有利于子女心理复原力的培养和提升。而父母采用惩罚、拒绝、专制与忽视等消极的教养方式则会削弱子女的心理复原力。

权威型父母教养方式有助于子女形成良好的自我认知,他们的自主性与问题解决能力在父母情感温暖以及更多理解支持的外部环境下得以快速提升,在应对外在压力与困难情境时能够形成良好心态和高效的行动力,进而更快解决问题,呈现出更强的心理复原力。专制型父母教养方式则会在很大程度上阻碍子女自主性与创造性的发展,子女更依赖外部的控制与要求而不是借由自我主动控制和调节来达成规范自己行为的目标,因此他们在应对挑战时会显得自信缺失与力不从心,心理复原力的发展水平受到限制。溺爱型父母教养方式由于过度满足孩子的各种需求和纵容孩子很多不合理行为,使得孩子形成了高度的依赖性、自私任性及脆弱敏感等特点,这些特点会让孩子对于社会出现的新变化及更高的要求表现出低适应性,难以在跟他人相处中建立融洽的人际关系,而且孩子缺少独立应对困境的机会使得他们问题解决的思维以及能力无法得到有效训练,一旦遇到较大的困难与挑战,他们可能会显得束手无策并且难以承受,进而出现更多负性情绪和偏差行为,削弱子女的心理复原力。忽视型父母教养方式容易造成子女安全感的缺失与自我价值感的降低,进而干扰他们面对和解决困难和挑战的勇气,应对挫折也更容易出现自我怀疑甚至自我否定的消极情绪。另外由于父母缺乏与子女的主动沟通,未能给孩子做好社交示范,使得孩子社交技能不能得到充分练习与提高,而且他们遇到困境时也很难得到外部的理解、支持与帮助,这样就更降低了子女的心理复原力。

总体来看,积极的父母教养方式对提升青少年的心理复原力具有全面而深刻的影响。父母要根据家庭教育实际情况,创建良好家庭环境,尽量避免使用消极教养方式,以促进青少年心理复原力外部良好环境的创设与发展,最终提升他们的心理复原力。

四、父母教养方式对子女人际交往的影响

父母与子女之间的早期家庭互动模式通常是子女开展人际交往的模仿雏形,他们通过观察父母的一言一行来学习与他人交往互动的方法。因此父母教养方式对子女人际交往意识与技能的提升有重要影响。

父母采取过度控制的教养方式会导致子女缺乏应有的独立思考与评估决策能力,他们对父母的要求会百依百顺,甚至选择与谁交往都会听从父母的意见,这会严重阻碍孩子独立性与自主性的发展,也让他们在现实人际交往中经常碰壁。父母过度保护的教养方式会让子女难以进入真正的社交情境,从而无法练习与实践有效的社交策略,使得这些孩子遇到人际交往困扰时产生深深的无力感,无法通过个人的努力来切实解决问题。父母采取过度干涉的教养方式,会让孩子时常感受到挫败和无助。这种负面感受会给孩子现实的人际交往带来持续的干扰。孩子采取回避、退缩与被动的交往模式又会进一步导致孩子形成消极的自我认知,甚至还会影响到他们的社交圈。

当父母对孩子的社交采取积极与支持的态度时,孩子对社交的兴趣和热情很容易被激发出来,孩子就更愿意参与到广泛的人际交往当中。当父母为孩子积极提供恰当的人际关系发展指导和建议时,孩子习得与他人沟通的效率会有效提高,沟通质量也会有效提升。人际交往技能的提升也会让孩子在社会大环境中变得更为松弛与自信。当父母能够给予子女充足的积极情感支持时,就会促使孩子建立良好人性观,使他们能够以更为宽广的胸怀与包容的态度来对待周围人,更能以友善、尊重和理解的态度对待这个世界,从而更有利于建立稳定融洽的人际关系。

总体来看,父母的教养方式对子女在人际交往能力方面的影响是极其

深远的。父母需要学会并采用积极与富于支持性的教养方式,充分尊重孩子的身心发展规律以及时代发展需要,创设宽松、包容与温暖的家庭教育环境,创设和提供适合子女开展人际交往的条件,引导子女学会科学应对人际冲突以及精准表达自我的情感。

第五节　父母教养方式形成的影响因素

父母的教养方式并非先天确定的,而是在个人后天成长过程中逐步习得和建立的。影响父母教养方式形成的因素是多方面的,总体来看能够对父母教养方式的形成具有较强制约作用的因素主要包括父母个人属性(包括父母的受教育程度、父母的职业、父母的个性特征、父母在童年期的生活经验、父母对自身角色的接纳程度、父母自身的性别角色、父母的婚姻质量等)、家庭状况(包括家庭社会经济收入的影响、家庭类型的影响、家庭结构的影响、家庭氛围的影响)以及子女自身特点(包括子女的心理发展特征、子女的生理发展特征)。

一、父母个人属性对教养方式的影响

(一)父母的受教育程度

父母的受教育程度越高或者学历水平越高,科学教养的意识越强,就越倾向于采取温暖、理解与支持等积极的教养方式,对子女的健康成长越有利;相反,父母的受教育程度越低或者学历水平越低,科学教养的意识越差,就越容易采取拒绝、否认与惩罚等消极的教养方式,难以达成令人满意的教育效果。

(二)父母的职业

父母职业上的不同也会带来教养方式上的差异。职业为第三产业的商业服务人员或者是产业工人的父母教养方式比其他职业的父母有着更为突出的纵容溺爱倾向、专制控制倾向、一言堂倾向与忽视倾向。另外,不同职业所带来的工作消耗与压力不同,从事工作压力较小的职业的父母,能腾出更多的时间与精力投入孩子的教育指导,更有利于促进子女的顺利成长。除此之外,父母在工作中的投入如果过高、职业发展期望越高,也可能会导致教养行为方式的改变,比如出现忽视子女的教育方式或是采用简单粗暴的教育方式。

(三)父母的个性特征

父母不同的个性特征也会带来教养方式上的不同。控制欲强的父母更倾向于采用严厉与支配型的教养方式;而情绪波动大及脾气暴躁的父母则缺乏足够的耐心与包容性,遇事更容易冲动,他们对子女往往会提出更为严格的要求与管控,专制性较强,要求子女言听计从,一旦子女不能听从父母的意见,子女甚至会受到父母的暴力对待。脾气平和稳定的父母对孩子的教养方式倾向于开放与民主,他们在教育过程中通常是循循善诱,以理服人,不将自身观点强加于子女。父母自身的抑郁或者是焦虑水平较低,其角色适应的效果就较好,他们对孩子需求与反应的感知通常会更敏感,呈现出更多的积极教养态度;而父母本身如果存在心理健康问题,情绪不够稳定成熟,就很难给子女带来科学适宜的教养行为。

(四)父母在童年期的生活经验

父母在童年时期所处的家庭环境及所经历的教养方式会通过代际遗传的方式影响他们成为父母后的教养行为。父母往往会不自觉地采用自己在童年时期接受过的原生家庭的教养方式来对待自己的子女。心理学上已有研究表明,原生家庭对个体的成长有着潜移默化和不可替代的作用,父母所在原生家庭对他们组建自己新的家庭后选取何种教养方式有着重要的影响,甚至从某种程度上来说,父母的教养方式能够映射出他们童年时期接受的教养方式,如果父母在童年时期有较多被父母惩罚的经验,那么他们成年后也会更倾向对自己的孩子采取惩罚为主的教养方式。

(五)父母对自身角色的接纳程度

父亲对于生育的态度、母亲对待怀孕的态度及父母接纳为人父母角色的程度与承担好父母角色的信心等,都会影响他们对子女的教养行为。相比较来看,一个对生育态度比较积极的父亲以及一个对怀孕秉承积极态度

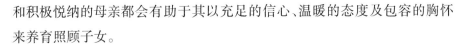

和积极悦纳的母亲都会有助于其以充足的信心、温暖的态度及包容的胸怀来养育照顾子女。

(六)父母自身的性别角色

传统的父母教养方式通常有着显著的性别差异。严父慈母型家庭教养方式反映出父母基于性别差异的分工,在这种方式下,母亲对孩子的教养方式主要表现为温暖、平和与鼓励式的教育。她们会主动与孩子沟通,注重子女身体和日常生活起居等方面的照料,而父亲则会表现得更为严苛,尤其是对孩子功课与学业等方面,会有更为严格的控制。父母性别角色对教养方式的影响反映出中国传统文化的传递与延续,性别角色期待的固化使得男性与女性承担的角色以及执行的功能出现差异化。在教养子女的具体过程中,父母承担的角色会有自然的分工,刚强的父亲更倾向于教育引导孩子全面认识社会、培养积极心理品质、极强的纪律性和各种生存与生活技能,可以促进子女更好地适应与融入社会;而柔和的母亲则更倾向于给予孩子在情感方面的理解与支持,让子女感受到温情与关爱。

(七)父母的婚姻质量

父母婚姻质量的高低对家庭环境起着极其重要的作用,婚姻质量低的父母在两性关系上有不和谐的成分,他们构建的家庭氛围往往都是紧张、冰冷和对抗的,并且伴随很多的争执与冲突。低质量的婚姻状况使得父母对子女的消极情感增加,他们更多采用简单粗暴的命令式教养方式来掌控子女的活动,而子女也会随着年龄的增长以及认知的提高而表现出对父母的敌意与抱怨,更容易形成具有一定攻击性和破坏性的偏差行为,甚至还会出现违法犯罪的行为。另外,他们在同伴关系发展方面也存在困扰,很难建立和谐的同伴关系。反过来,如果父母婚姻质量比较高,家庭就更容易营造出温暖、安宁与和谐的氛围,父母更容易形成良好的沟通与一致性高的协同教养方式,他们能够以就事论事的沟通策略与子女开展平等交流,既能晓之以理,也能动之以情,为孩子健康发展奠定良好的家庭环境基础。

二、家庭状况对父母教养方式的影响

(一)家庭社会经济收入的影响

家庭所处的经济压力会影响父母教育辅导子女的行为模式与态度。通常来看,家庭经济收入比较低的父母会因经济条件欠佳,有时难以负担家庭基本生活费用,导致家庭整体生活质量相对较低。他们无法为孩子提供与高收入家庭相当的教育资源和机会。在这样的情况下,子女难以享受优质的教育环境,进而可能影响其未来的学业和职业发展,而父母也会因此产生深深的无力感和自卑感。所以,在教育子女时,父母迫切希望孩子能快速取得改变和进步,于是就更容易出现对子女过度控制和压制的教养行为。而家庭经济条件较好的家庭则可能有更强的社交网络与更丰厚的社会支持资源,他们的教育自信心更强,因此父母可以更多地采用诱导启发式的教养模式,既能通过协商式的问题解决模式引导子女学会应对挑战,也能够以边界清晰的行为纪律约束方式来训练子女的规则意识,同时,父母温暖开明的教养方式还能为子女发展奠定良好的家庭环境基础。

(二)家庭类型的影响

核心家庭是当代社会最常见的家庭类型,通常是由父母和子女共同组成。这种家庭类型下的父母一般都有足够的时间和精力照看子女,因此,他们更倾向于采用民主型或开放型的教养方式。传统家庭类型下成长起来的父母更倾向于采用传统型教养方式。这种方式更为强调父母在教育过程中保持足够的权威,以及子女在教育过程中的高服从性。他们期望子女能够完全遵循传统道德观念和社会价值观,不能有任何逾越的想法与做法。单亲家庭中的父母往往要承担起父亲和母亲的双重角色,这种家庭类型下的父母面临着更大的经济挑战和精神压力,也会对家庭教养方式产生影响。一般来讲,他们的教养方式会走向两个极端,一方面可能会对子女有较高期望,热切希望孩子能出人头地,就会采用极其严格的方式进行教育引导;另一方面可能会对孩子表现出百般溺爱以弥补缺失的父爱或母爱。重组家庭类型中的父母需要平衡好夫妻之间的亲密关系以及父母与孩子之间的亲子

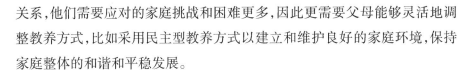

关系,他们需要应对的家庭挑战和困难更多,因此更需要父母能够灵活地调整教养方式,比如采用民主型教养方式以建立和维护良好的家庭环境,保持家庭整体的和谐和平稳发展。

(三)家庭结构的影响

在不同的家庭结构中,家庭成员在角色分工方面会存在差异。假如父母都是在职人员,由于工作时间与空间的双重限制,他们无法全天候照看子女,于是他们就需要邀请和依靠自己的双亲或是亲属来协助照看、养育子女,但是通常的教育实践经验显示,隔代长辈对子女的教育模式往往会偏向溺爱型。还有的家庭子女数量众多,这就需要父母耗费更多的时间和精力来理顺家庭各个成员之间的关系,这就需要父母在教养方式上变得更加灵活和包容,根据孩子不同的个性特点及差异化需求来展开教育。

(四)家庭氛围的影响

家庭氛围是和谐、温馨、融洽以及富于支持性的,父母的情绪就会比较稳定积极,就更倾向采用民主和开放型的教养方式;反之,如果家庭氛围是冷漠、紧张与充满对抗的,缺乏足够的来自亲人、朋友以及夫妻之间的支持与包容,父母的情绪就容易产生焦虑与压抑,对于子女就更可能采用非常严格或放任不管这两种不同倾向的教养方式。

三、子女自身特点对家庭教养方式的影响

(一)子女的心理发展特征

子女的个性特征是影响父母教养方式的重要因素。不同特点的孩子需要有差异的教养方式,以提升子女的适应性。易养型子女的父母更倾向采用民主型和开放型教育方式;而难养型子女的父母更倾向采取专制型或放任型教养方式。对于自信程度较高的孩子,他们更容易接受父母的科学指导与积极建议,并敢于尝试;而那些比较自卑的孩子则需要父母给予更多的支持与肯定,才能提高其主动性。从子女的情绪特征来看,情绪稳定乐观的孩子更容易与父母达成有效沟通,建立积极的亲子互动关系,而那些情绪波动大并且过于敏感多疑的孩子则需要父母采取更加耐心和精细的教养方式。

(二)子女的生理发展特征

首先,父母通常对在生理发展方面出现问题的子女更倾向于表现出过度保护的教养方式。比如,子女出现智力发展迟缓或障碍,或者因为各种原因导致的肢体残障时,父母会不自觉地将更多的时间和精力投向这些孩子,以避免孩子受到更大的伤害。如果子女有着较好的外在体貌特征,父母也会形成较多的主动沟通,有利于教育效果的达成。其次,孩子在年龄较小以及身体发育尚未完全时,父母会更多扮演监督管理的控制者角色,但随着孩子年龄增长,生理发展进入青春期阶段,独立性的需求陡然增加,这时候父母教养子女的方式就可能转变为民主型或权威型,这样有利于建立平等互信的亲子关系。最后,子女的性别也对父母教养方式的形成有较大的影响。男孩的性别角色特征主要包括活泼好动、富于冒险与挑战以及追求自由等,父母在教育引导男孩的过程中需要给予他们足够的时间与空间去自由拓展,进而增强其勇敢、坚强与创新精神的品质培养。女孩的性别角色特征主要包含情感细腻、善解人意以及认真负责等,父母在教养女孩时则要给予她们更多的理解、包容与关爱,进而增强其温和、体贴与耐心的品质培养。

综上所述,父母教养方式是一个内涵复杂而结构多维的概念,父母自身的特点、子女的特点以及家庭整体的状况都是父母教养方式的重要影响因素。因此,父母教养方式的选择和确立需要综合各种因素灵活调整,最终实现高质量的教育效果。

第三章 | 同胞关系

俗话说"兄弟齐心,其利断金",这表明紧密的同胞关系能够激发出莫大的潜力与惊人的力量。随着我国新生育政策的陆续放开,更多的家庭形成了四口之家以及五口之家的主体结构,父母面临着同时养育两个或多个子女的家庭挑战,兄弟姐妹的关系发展质量也成为整个家庭幸福的重要指数。因此探讨新时期同胞关系的特点及发展规律,对于更有针对性地开展多子女教育而言是重要而紧迫的。

第一节　同胞关系概述

同胞关系是一个复杂而深刻的概念。我们可以从国家层面及家庭层面这两个视角来解读。从国家层面来看,同胞关系可看作同一国家或同一民族内部成员之间的一种特殊的社会关系。这种同胞关系通常是建立在共同的历史、文化、语言与血缘等因素之上的一种人际关系,同胞之间相互尊重、信任、支持和关爱,共同承担着一致的利益和责任。国家同胞关系具有极强的团体凝聚力,对于维护社会稳定与促进社会和谐方面有着不同寻常的意义。从家庭层面来看,同胞关系则是建立在血缘、亲情以及婚姻等家族与家庭因素之上的一种特殊关系。这种关系使家庭各个成员之间能够相互关心、支持与帮助,共同承担着家庭的全部责任和义务。家庭同胞关系对于维护家庭和谐与推进家庭成员之间的情感沟通意义重大。本章主要侧重于家庭层面同胞关系的探讨与研究。具体来看,同胞关系是指两个或两个以上兄弟姐妹从意识到对方存在的那一刻起,彼此分享知识、观念、态度、信念和感受的所有互动,是兄弟姐妹之间在成长过程中形成的一种特殊而持久的人际关系。

第二节 同胞关系的类型与特点

一、同胞关系的类型

(一)依据血缘关系分类

依据血缘关系的远近将同胞关系分为全同胞关系与半同胞关系。全同胞关系通常是指由同父同母所生的兄弟姐妹之间的人际关系。这种同胞关系是最典型和最常见的,同胞之间具有最为直接的血缘关系。半同胞关系则是指由同父异母或同母异父所生的兄弟姐妹之间的人际关系。这种同胞关系在血缘关系上不如全同胞关系紧密,但在当代社会仍然是一种重要的同胞关系。

(二)依据性别组合分类

依据同胞中各个成员不同的性别组合将同胞关系分为姐妹同胞关系、兄弟同胞关系以及兄妹或姐弟同胞关系。姐妹同胞关系是指家庭中两个或多个女性同胞之间形成的人际关系。由于她们之间有着比较相似的家庭环境、共同的情感经历和体验,因此容易形成比较深厚的姐妹情谊。兄弟同胞关系是指家庭中两个或多个男性同胞之间形成的人际关系。由于男性更为关注竞争和合作,因此兄弟同胞之间会共同面对生活中的挑战,正如"打虎亲兄弟,上阵父子兵"。兄妹或姐弟同胞关系是指家庭中一男一女或一女多男以及一男多女的兄弟姐妹之间的人际关系。由于这种同胞关系涉及更多的性别角色特点与多元的互动模式,会比较复杂,因此需要获得家庭更多的理解与尊重。

(三)依据情感联结程度分类

依据同胞之间情感联结紧密程度可以将同胞关系分为亲密型同胞关系与疏远型同胞关系。亲密型同胞关系是指兄弟姐妹之间在情感联结和互动方面比较紧密和深入,他们彼此表现出更多的相互关心、支持和理解。这种类型的同胞关系能有效提升兄弟姐妹之间的信任与合作意识。疏远型同胞关系则是指兄弟姐妹之间缺乏亲密的情感联结和积极的互动,他们会因为个性差异、生活体验或家庭氛围等原因而产生各种冲突,甚至可能形成情感隔阂,同胞之间总体的关系比较疏远。这种同胞关系需要成员彼此更多的沟通和努力才能获得修复和改善。

　　总之,同胞关系是一种复杂而深刻的特殊人际关系,涉及同胞之间血缘关系的远近、性别组合的差异以及情感联结的紧密程度等多个方面。不同类型的同胞关系有着各自的典型特点和影响,需要父母及同胞之间加以特别关注与全面理解。

二、同胞关系的典型特征

家庭内部同胞关系主要有亲密性、互助性及共同性三个典型特征。

(一)亲密性

同胞之间在情感联系方面比较紧密,彼此的情感卷入比较深刻,他们能够做到相互理解、尊重、关切、支持和爱护,保持着非常亲密的关系。

(二)互助性

同胞之间有着良好的合作互助意识,他们能够在良好沟通的基础上做好合理分工与有效协作,彼此提供物质、信息与情感方面的支持,共同承担家庭责任与履行家庭义务。

(三)共同性

同胞之间源于共同的家庭环境,与家庭生活起伏保持一致,共同经历的生活挑战与感知的家庭幸福使他们逐步形成共同或相近的家庭使命、生活目标、兴趣爱好和价值观。

　　同胞之间的亲密性、互助性与共同性特征有助于家庭凝聚力与归属感的构建与维护,对于家庭和谐氛围的创建以及家庭成员情感的交融有着重要价值。

第三节　同胞关系对个体心理与行为的影响

在青少年的成长历程中,家庭是他们最早接触的社会环境。家庭成员之间的关系是家庭软环境的重要体现,其中同胞关系更是家庭成员内部关系的重要一环,这种持久的特殊人际关系对于个体发展的影响是深远、复杂和多元化的。一般来讲,同胞关系的发展会因个体年龄的增长而有相应的改变,它不仅会在青少年儿童的日常生活中发挥作用,而且在健康情感发展、社会交往以及个性特征等方面产生重要影响。处在积极的同胞关系中,兄弟姐妹之间能够做到互相学习、互相协作和互相支持,有助于培养个体的共情能力、亲社会行为以及友善、合作、宽容和尊重等良好的个性特征,达到共同成长的发展目标。

一、同胞关系对个性发展的影响

同胞关系作为个体成长过程中一种重要的人际关系,对个体性格的形成与发展具有深远影响。

(一)提升个体的团队协作意识

在家庭内部的同胞关系中,同胞之间的互动兼具互补性和互惠性,并且竞争与合作也相伴而生。各有所长的同胞通过互补来促进各自的全面发展,也通过互惠来共享更多的资源和获得更多的支持。他们通过友好合作与积极分享来培养个体的团队意识、沟通能力及问题解决的思维能力,并通过共同完成家庭任务或应对家庭困境来紧密同胞联系及提高彼此的信任感。同胞间适度而积极的竞争能够有效激发他们的进取心与潜能,有助于个体全面发展自己的能力,提高生活效能。但同胞间过度而消极的竞争则可能导致彼此更多的敌意与嫉妒,使得个体在情绪上变得焦虑和压抑,攻击性行为也会时有发生,会造成个体的自我否定。

(二)培养个体的责任感和独立性

在同胞关系中,每个成员都扮演着特定的家庭角色,需要承担相应的责任和义务,比如年长的同胞照顾年幼的兄弟姐妹,同胞之间协力完成部分家庭事务及分享各自的资源。同胞通过承担家庭责任和独立解决问题的宝贵经历有效增强个体的责任担当意识,同时满足个体对独立性发展的需求,有助于个体形成更加成熟和稳定的个性特征。

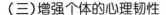

（三）增强个体的心理韧性

良好的同胞关系可以协助个体在面对各种生活压力和困境时获得及时而充足的情感支持与应对策略的引导,缓解个体的消极情绪,提高个体战胜困难以及成功解决问题的信心,从而减轻心理压力,高效渡过难关。同胞之间的良性竞争也可以促进个体主动调整和优化自己以适应多变的环境,从而快速恢复常态。另外,同胞之间出现暂时的心理冲突一方面可能给个体造成一定的情绪困扰,但另一方面同胞适度的冲突也为个体创造了提升心理韧性的难得契机。个体在冲突发生和解决的过程中,可以学会感知、识别和科学应对负性情绪,增强压力情景下调控情绪以及与人高效沟通的技能,这在某种程度上可以帮助个体学会应对挫折和失败,有助于青少年形成积极乐观的心态与坚韧自信的个性心理特征。

二、同胞关系对自我概念的影响

（一）塑造个体全面的自我认知

同胞关系中的个体相互比较和评价会对个体的自我认知产生直接而重要的影响。通过科学比较,同胞能够站在更为系统全面的视角来明晰自身的优势,并从兄弟姐妹那里看到自己需要提升和改变的方面,从而积极调整自己的言行举止与生活态度,规划更为适合自己的发展目标,促进自身顺利发展。

（二）影响个体的自我价值感

同胞关系对个体自我价值感的影响是多重的。当同胞之间彼此关爱、肯定、支持与尊重时,个体遇到发展困境能够得到同胞无私的帮助与鼓励,个体就越能充分感受到家庭的温暖与同胞的认可,同胞之间这种正向互动和积极反馈有助于提升个体克服困难的自信心,同时能够不断提高个体的自我价值感,形成积极的自我认知和较高的自我评价。另一方面,在家庭资源有限、家庭氛围紧张或是父母教养方式有失公允的状况下,同胞之间就可能产生利益冲突并形成不良竞争。如果这种竞争和冲突没有得到及时妥善的处理,问题和矛盾就会愈演愈烈,可能会导致某些同胞个体长时间处于比较劣势或者被压制的状态,从而产生挫败感、自卑感以及被忽视感,进而降低自我价值感,并且这种负面影响还会干扰个体其他社交关系的良性发展。

三、同胞关系对情绪管理的影响

同胞关系是二孩或多孩家庭中一个重要的人际关系。在成长的道路上,同胞之间的互动总会伴随着愉悦、满足、悲伤与愤怒等多重复杂的情绪体验。通过与同胞的各种互动,个体能够快速习得情绪的识别、评估、表达与调适,帮助个体在面对挫折和困难时可以保持冷静和理性,从而更好地适应生活的变化,保持心理的平衡状态。

(一)支持性同胞关系有助于情绪管理能力的提升

总体来看,同胞之间更多是相互关爱、支持和理解,能够有效提升个体的情绪调节能力。同胞之间积极的互动营造出支持性环境,这为个体提供了社会学习的重要机会,他们能够通过观察、效仿与实践等方式向同胞习得并提高负性情绪的管控技能,协助个体更为科学地应对情绪挑战和解决冲突。当个体感受到来自同胞的支持与激励时,他们更可能采取主动求助、自我安慰及分享快乐等积极的情绪调节策略,有效增加亲社会行为和提高个体人际交往技能,减少问题行为与偏差行为的出现,促进个体社会性的健康发展。

(二)适度同胞冲突有助于训练个体的情绪管理能力

同胞之间发生冲突在二孩或多孩家庭中在所难免,尤其是那种频繁的冲突和激烈的争吵可能会让个体产生强度较高的焦虑、紧张与压抑等负性情绪,进而对同胞情绪管理能力产生不利影响。但是同胞之间适度的冲突却能演变为个体学习情绪表达与调适的良机。比如,在同胞冲突中,个体能够透过冲突场景中周围人的行为表现学会如何识别和评估他人情绪的性质与强度、如何通过合理的语言来表达自己的期待与需求,以及如何更为高效地寻求冲突解决方案。这些实践经验的获得将有助于提升个体情绪调节的灵活性和适应性,促进个体在未来更好地应对情绪挑战。但需要特别注意

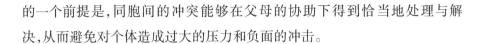

的一个前提是,同胞间的冲突能够在父母的协助下得到恰当地处理与解决,从而避免对个体造成过大的压力和负面的冲击。

四、同胞关系对社交方面的影响

同胞关系是个体接触到的第一个水平的人际关系,这对个体其他人际关系发展具有复杂而深远的影响。同胞关系既是个体开展社交的原点和基础,更是塑造个体社交技能以及构建良好人际关系的重要影响因素。

(一)同胞关系为个体提供现实的社交模型

兄弟姐妹之间的互动为个体提供了社交互动的早期现实模型和训练社交技能的绝佳机会。个体可以通过与同胞的互动实践来掌握与人和谐相处的交往策略,清晰表达自己情感与现实需要的沟通技能,以及应对同胞冲突与分歧的科学方法。尤其是在家庭各种资源相对有限的情况下,同胞之间为了获得父母更多的关注、爱或各种资源而产生恶性竞争和利益冲突,父母或一些同胞在处理这些冲突的过程中可为个体提供宝贵的观摩机会,引导个体学会保持冷静的方法、适度妥协的技巧及交往边界的确立等,这些能力的培养和经验的积累将有助于个体更快掌握和灵活执行社交规则、提升包容度与耐心、掌握人际规则,学会在维护和满足自身利益与周围人需要之间达成动态的平衡,切实提高问题解决能力,进一步增强他们在家庭内外各种复杂人际关系中的适应性和灵活性,也能够使个体在社会交往中保持从容与自信,为构建更多层面的和谐人际关系奠定良好的基础。

(二)同胞关系影响个体的社交情感发展

同胞关系中的情感联结对个体的情感发展及社交行为具有重要影响。同胞之间的情感联结可以为其带来情感上的有力支持,在促进个体形成平衡心理状态的同时,还可以提升个体应对发展难题的心理韧性。当个体在同胞关系中获得和体验到温暖与关爱时,会促进他们将这种积极情绪经验拓展到与其他人的互动中,有助于建立广泛而和谐的人际关系。另外,在现实生活中,有些同胞个体在社交中表现出更愿意与自己的同胞相处,这无形中减少了他们与外界不同层面、不同经验的人展开交流互动的可能,这种过分注重亲情而忽略友情的倾向容易导致他们在社交活动中的时空局限。从另一方面来看,拥有良好同胞关系的个体往往能够在集体生活中有着更为高效的适应能力,这可能是源于他们在跟同胞相处中已经掌握了交往的重要技巧,让他们在情感的健康发展方面获益。

(三)同胞关系提供竞争与合作的锻炼机会

同胞关系中的个体既存在竞争关系,也存在合作关系。在竞争中,个体可能会因为与兄弟姐妹之间的消极比较而产生一定的压力与自卑感,但也可能因为积极比较而激发内在的潜能,促使个体努力提升和完善自己。在合作中,个体则学会如何与同胞开展协作来共同完成一些任务。这两种经历都对个体日后的人际关系产生重要影响。有序的竞争可以让个体学会在竞争中更全面地看清自己的优势与局限,学会保持自我并形成自己的特色;而高效的合作让个体学会合理分工、扬长避短,形成团队意识,提升团队协作力。

五、同胞关系对个体行为的双重影响

(一)同胞关系对个体行为的积极影响

兄弟姐妹是个体成长过程中重要的社会支持资源,同胞之间的良性互动为个体提供了角色模仿与交往实践的机会,可以为个体带来积极成长的动力,让个体在同胞间的积极沟通中熟练掌握基本的行为规范与解决问题的有效策略。同胞之间的相互支持与激励为个体持续输送爱的养料,可以让个体在有秩序与有温度的环境中健康发展,呈现出自信与乐观等更多积极向上的品质与行为。

(二)同胞关系对个体行为的消极影响

二孩或多孩家庭中,头胎子女可能会随着弟弟或妹妹的降生而出现诸多的担心,比如,担心父母对自己的爱会减少,担心家庭资源会被掠夺,凡此种种担心可能会衍生出大孩的消极竞争与嫉妒心理。他们可能会出现对抗父母、攻击弟弟或妹妹、破坏公物及其他诸多社会性退缩行为等来吸引父母的关注。还有的大孩可能会出现易烦躁、易激惹及缺乏安全感等负性情绪状态。

第四节　同胞关系的制约因素

家庭内部的同胞之间既有深厚的血缘关系,又存在着微妙的竞争与合作,同胞关系受到包括个体因素、家庭因素以及社会文化因素等的综合制约。这些因素相互叠加形成合力共同影响同胞之间的互动模式与关系质量。

一、个体因素

(一)个性特征的影响

家庭中的每个子女都是独特的,这种个性上的差异会引发同胞相处中的复杂变化。独立性强的个体更希望在家庭中有充足的个人空间,而依赖性强的个体则希望能有人时刻陪伴与指导。开朗外向的个体更容易与同胞建立良好的互动关系,大孩也更容易接纳和包容二孩;而内向敏感的个体则容易体验到同胞的竞争与冲突而导致同胞关系的疏远,大孩还可能会对二孩产生反感与嫉妒。那些攻击性强以及易激惹的个体更容易与同胞发生冲突和对抗,形成消极的同胞关系。

(二)出生顺序的影响

出生顺序对同胞关系的发展有显著影响。比如长子女会在家庭二孩降生前的一段时间里独享父母给予的关注与爱,非常类似于独生子女的待遇,这让长子女会有专属感而变得任性和以自我为中心。而后续出生的子女则需要学会主动分享和良性竞争才可以获得良好的同胞关系。这种出生顺序上的差异会使得同胞之间的互动模式和情感联结有所差异。

(三)性别组合的影响

通常来看,同性同胞之间因为面临着相似的社会期望和压力更容易相互理解,形成彼此的支持系统,而异性同胞源于性别角色的差异期待,以及缺乏对彼此的深入理解而容易造成隔阂和距离,尤其是青春期后,同胞之间更容易形成冲突与消极的同胞关系。

(四)年龄差距的影响

同胞之间的年龄差距较大时,身心发展阶段不同步,这使得他们需要面临和应对的兴趣点不同,以及生活体验差异较大的问题,这可能导致双方在沟通与理解上的困难。相反,同胞之间的年龄相近,他们就有更多相似的兴趣和经历可以分享互动,从而更容易形成紧密联结。

二、家庭因素

总体来看,在和谐与支持性的家庭环境中长大的同胞,更有机会形成积极互助的同胞关系。相反,在紧张与对抗性的家庭环境中长大的同胞,更倾向形成同胞冲突与同胞矛盾,导致消极的同胞关系。

(一)家庭结构的影响

随着社会的不断演变进步,传统的大家庭结构逐渐被核心家庭结构所取代。在大家庭中,同胞之间的接触与联系相对会更为紧密,彼此之间会形成更多的交流与互动,同胞关系会比较亲密。而在核心家庭结构中,由于家庭资源的局限及生活方式的改变,同胞都期待在各自独立的生活圈中发展,同胞之间的联系就变得较为疏远。这种家庭结构的演变对同胞关系的紧密度和互动频率产生了直接的影响。

(二)家庭资源的影响

家庭资源中的时间、金钱与关爱都是相对有限的,同胞之间可能会因为争夺更多的家庭资源而产生消极竞争。尤其在家庭资源比较稀缺的时候,如果父母不能将这些有限的资源公平合理地分配给各个子女或者是父母有差别地对待子女,就会引发同胞之间的矛盾和不满,从而影响同胞关系的健康发展。

(三)父母教养方式的影响

父母教养方式与同胞关系紧密相关,研究表明权威型父母教养方式及民主、公平、温暖的教养方式有利于形成积极而亲密的同胞关系。而父母存在对子女不公平的差别对待、放任溺爱、过度专制、忽视以及父母无法达成协同教养方式等,则极易引发同胞关系中的恶性竞争与高强度的对抗,进一

步加剧同胞彼此的敌意和冲突。

(四)父母受教育水平的影响

父母受教育水平的高低能在一定程度上影响人们的价值观、认知水平及教育实践智慧,进而影响到同胞关系的发展。尤其是在新时代背景下,具有终身学习意识和行动力的父母在凸显同胞关系中的积极作用、调解同胞之间的各种冲突、鼓励同胞共同参与家庭活动以及深切关注孩子的情感需求方面都扮演着重要角色。

三、社会文化因素

(一)文化观念的更新

随着文化观念的不断更新,人们对同胞关系的理解发生了巨大变化。传统社会中,同胞关系多建立在更强调个体的亲情联结和责任承担的家庭基础上。而在现代社会中,人们开始更注重自己个人需求的满足及个人的幸福体验,对于家庭需要和同胞利益的考量逐步减少。这种文化观念的巨大转变深刻影响了同胞关系的价值取向和互动模式。

(二)文化背景的差异

不同的文化背景也会造成父母在家庭教育观念上的差异,进而间接影响同胞之间的关系,并导致同胞关系呈现出不同的特征。例如,在西方文化背景下,个体更推崇独特性和独立性的发展,更倾向追求个人主义,侧重个人利益的维护,强调公平竞争以及获取一定的地位。而在中国文化背景下,集体主义观念占据主导地位,更强调人与人之间的相互依存性,注重培养群体间的融洽关系。这种文化上的典型差异使得同胞关系的发展在东西方社会中有不同的表现形式和互动风格。

(三)社会经济的发展

社会经济的快速发展带来了人们生活方式及价值观念的巨大转变。过往同胞之间的关联更多依赖原生家庭和亲情纽带,而现代社会中,经济的高速发展引发了个体生活方式的多元化,基于社会竞争的不断升级与价值观的演变,个体更加注重个性发展及个人利益的争取与达成,这就不可避免地忽视了同胞间的情感联系,使得同胞关系的亲密程度出现下滑,亲情纽带也在逐步变薄。另外,随着城市化进程和生活节奏的加快,人们的工作压力不断增大,这也使得很多同胞之间缺乏深度的交流和互动,而随着科技的发展和社交网络的普及,人们彼此的交往模式不断更新,人们开始通过各种社交软件与虚拟的网络世界建立联系,而忽视了现实中同胞关系的发展,也会造成同胞间的情感关联变得脆弱。

除了个体、家庭及社会等同胞关系的核心制约因素之外,同胞所在学校的环境及交往的同伴群体也会对同胞关系产生深远的影响。比如,在学校中受到欺侮或被排斥的孩子很可能会将工作上的负性情绪带回家庭中,这很容易引发同胞之间的冲突。

第四章 ｜ 二孩及多孩养育的准备期

　　随着我国全面二孩、三孩生育政策的陆续实施,越来越多的家庭选择生育二孩或多孩。我国核心家庭结构逐步从过去长期以"独生子女"结构模式为主导,转变为以"双子女"或"多子女"结构模式为主导。随之而来的是,二孩和多孩的教育培养已成为当下诸多家庭热门且突出的教育议题。2021年10月23日国家颁布的《中华人民共和国家庭教育促进法》中特别提到,监护人要树立"家庭是第一个课堂与家长是第一任老师"的责任意识,家长要与时俱进,转变和更新家庭教育理念,主动学习家庭教育知识,提高家庭教育的专项技能与质量。尤其是当一个家庭中共同生活的孩子由一个变成两个或多个时,家庭教育的复杂性和难度大大提升,就更需要家长们敏而好学,并且能够学以致用,加强家庭教育技能的训练与实践,积累丰富的家庭教育经验,练就更高超及更具效能的教育智慧,促进孩子的健康成长。

　　然而,"80后"与"90后"的父母,很多自身都是独生子女,从小在单子女家庭中成长。他们对二孩或者多孩家庭环境及其内在运转规律、秩序章法的感知较为缺乏。在自己组建家庭生育第一个子女时,尚且可以参考一些原生家庭的教育经验。但当双子女或多子女家庭即将成为现实,年轻父母一方面满怀兴奋与期待,另一方面又隐隐感到困惑与忧虑。他们不确定当下的家庭经济条件能否满足两个宝宝成长的需求,不确定二宝是否能健康顺利地出生,不确定自己的时间与精力能否有效应对二宝出生带来的诸多变化,不确定大宝是否能欣然接受、包容、照顾二宝,不确定大宝与二宝能否和谐共处、携手共进,不确定能否同时养育、教导和平衡好两个孩子。这一系列的不确定感很大程度来源于年轻父母对于二孩家庭教育管理经验的不足与缺失。

教育学家陶行知先生曾给父母一些教育箴言:"人人都说孩子小,谁知人心心不小。你若小看小孩子,便比小孩还要小。"这句话看似平淡简单,实则蕴含了深刻的教育哲理和科学的教育规则。父母的认知高度在某种程度上会决定孩子的人生发展高度,父母的教育理念与方式影响着家庭生活环境的优劣,而家庭生活环境及家长的言行举止对孩子的身心健康成长又有着至关重要的示范作用及潜移默化的渗透效应。诺贝尔文学奖获得者莫言说过:"孩子的优秀,都浸透着父母的汗水;那些光鲜亮丽的鲜花,都离不开日复一日的浇灌;那些一鸣惊人的成绩,都离不开家长的奋力托举!"从现实来看,没有谁天生就能够胜任父母这样重要而复杂的家庭角色,父母都是需要通过持续学习与积极实践来提升自我综合素养,获得"合格父母"甚至"优秀父母"的"营业执照",不断优化和完善父母的角色功能,以期更好履行为人父母的教育培养子女的职责。因此,为了更好地迎接新宝宝的降生,引导大宝与二宝能够一起健康快乐成长,父母需要提前做好各种物质与心理的准备及教育实践经验的持续积累,"持证上岗"而不是"无证上岗",甚至是"带病上岗",牢固建立现代新型家庭教育观念,积极学习科学育儿经验,创建温暖支持型、学习成长型与协同创新型的现代家庭,努力塑造温暖、包容、尊重、信任与支持的家庭生活环境,全身心培养与塑造阳光、坚毅、健康、快乐、幸福的孩子。

第一节　父母的准备

一、身心调整

(一)妈妈的调整

当一个家庭决定要孕育二宝时,尽管已有生育大宝积累的一定经验,但对于待孕或待产的女性而言,还是会面临和应对很多不确定的挑战,甚至还会遭遇不可控的风险。

首先,从年龄上看,大多数女性生育第一胎时都比较年轻,身体各项生理机能都处于较为黄金的状态,也相对成熟。此时顺利生产相对更容易,身体恢复也会更快。而在生产二孩或多孩时,现实情况就出现很多变化,一方面是年龄的自然增长导致身体机能的部分下降,精气神也有所降低,另一方面是怀孕待产过程中,女性身体分泌更多的孕酮与雌性激素,也更容易影响准妈妈的情绪稳定性与活动积极性,而且强烈妊娠反应的反复出现也会时刻考验着准妈妈的耐心与意志力。因此,孕育第二个或多个孩子就要更精心、细致和谨慎应对。其次,女性在孕育二宝的同时还需要承受来自社会、家庭、工作及自我发展等方面的多重压力与困难,尤其有的家庭期待"好"(生育一个男孩和一个女孩的完美构成)字成行,平衡诸多方面的利益冲突也颇让孕期准妈妈耗费精神和体力,身心健康水平很容易出现较大波动。最后,由于处在孕期的女性会有较长时间在家休养调理或是频繁进出医院进行周期性体检,也不免会被有不同生活理念的长辈、淘气黏人的大宝及其他家庭和工作琐事等不良外部环境刺激所叨扰,容易出现莫名发脾气、难以控制的长时间情绪低落,以及夫妻之间或家庭成员之间的冲突频次增加和冲突强度提升等情况,造成家庭环境的紧张与压抑,这些都会在一定程度上影响到孕期女性自身及其腹中胎儿的身心健康状况。

因此,准备要二孩的准妈妈要在生理健康调适、情绪心理调适及生活环境调适等多方面做足准备,需要逐步调整建立起科学健康的生活方式,培养健康有序的生活习惯,保持良好的身体与心理的健康状态来积极应对孕期及二宝出生后的各种困难与挑战。

第一,要特别关注自己的身体状况。准妈妈要做好身体的定期检查与有规律的科学锻炼,严格做到戒烟戒酒,避免过度劳累,注重劳逸结合。其中身体的检查包括对孕妇自身及胎儿的双重医学检查,尤其要关注胎儿的发育成长,积极配合和采纳妇产专科医生的科学建议,同时要注重选择适合自身身体状况的运动锻炼和休闲放松的活动项目,注意规律饮食与平衡饮食,积极调整身体机能,保持身体活跃度,提高身体免疫力,有效应对孕期的各种不良生理反应,为顺利生产二宝打下坚实的生理基础。

第二,要重视科学饮食和规律作息。准妈妈可以依据营养金字塔的膳食结构理论模型,制定专门的孕产期健康营养食谱,保障饮食营养素的种类齐全与数量充足,同时保障各种营养素之间符合科学的比例关系,促进营养能够有效被身体吸收,提高机体的免疫力。比如,从每天膳食中的总热量摄取占比来看,糖类占60%左右,脂肪占25%左右,蛋白质占15%左右就基本上能够满足身体所需热量的总体平衡。同时要依据自身的身体情况制定科学的睡眠方案,保障良好的睡眠质量,为胎儿健康生长提供稳定良好的母体生理环境。

第三,要保持整体的心理平衡,培养积极稳定的情绪状态。准妈妈要设定适合自己、贴近现实且容易达成的生活目标与工作目标,不对结果求全责备,不对目标好高骛远,不对过程患得患失,不失意过去,不纠结未来,更多关注当下,充分做好时间的高效管理,练习和提高压力应对技巧,及时平衡家庭经济支出与收入的变化,努力克服和积极应对身体变化带来的不便与不适,辩证看待自己当下经历的特殊时期,接受自己暂时会与社会有一定的"脱轨",缓解孕期带来的容貌变化和身材走样的体像焦虑,及时化解日常生活中的心理冲突,主动向周围人倾诉与排解不良情绪,保留一到两项个人兴趣爱好,并赋予一定的时间强制去行动,还可以通过较轻松的体育运动、写日记、唱唱歌、哭一哭等方式来减少消极情绪的困扰,主动寻求充足的家庭情感支持,全力做好生二宝的心理建设。另外,准妈妈还要培养和建设正向思维,积极学习养育孩子尤其是养育二宝之道,不把孩子看成是自己生活中的"小累赘"和青春岁月的"消耗器",而是看成实现梦想的"主赛道"和汲取能量的"资源库",充分感知和享受孩子进入家庭带来的乐趣与变化,及时捕捉生活中与孩子积极互动的各种美好瞬间。宝妈要注意合理分配时间,不必时刻紧盯着孩子,不必把自己的生活搞得天昏地暗,像一台不知疲倦的机器。适当地给自己留一些空间,解放情绪、释放时间。因为孩子不只是宝妈一个人的,他是整个家族的成员,是大家庭中的一分子,需要整个家庭共同投入与关注。宝妈切记不要大包大揽,认为孩子的事情自己要全权负责,而是要充分调动和发挥家庭成员各自的资源与优势,合力培育孩子。宝妈也不要片面地认为只有自己才能照顾和教育好孩子,不要对别人带孩子总是表现出一百个不放心和不信任,或是百般挑剔和责难。要知道每个人都有自己的生活经验和个性优势,而我们自身也有局限。因此,适当示弱,及时向身边人学习和求助,有边界地解放自己,同时寻找更多资源,这样可以让自己保持更为稳定的状态,有效减轻疲劳感,减少精神内耗。全面关注自身的成长,做好自我的反思觉察与调整优化,接纳不完美的过往,愉悦当下抓得住的今天,期待更为美好的明天,培养自己良好的自信心,维系稳定乐观的情绪,建立融洽的人际关系,尤其要注重与家庭成员保持有效沟通,以解决问题为思维导向与行动指引。而不是一味指责抱怨别人,导致问题复杂化、负面影响扩大化,徒增精神内耗以及无力感和无助感。而当我们能够与周围人以一个合作者的姿态与角色来养育孩子,就会更有力量感和支持感,就能够变得更为轻松、愉悦和自在。

第四,准妈妈要强化夫妻关系是家庭核心关系的观念与意识,需要高度重视夫妻关系的维护与发展,适度及时关注爸爸的状态与表现。在众多中国式家庭环境中,妈妈通常是付出时间、精力与情感更多的那一位,既要面临自身的职业发展压力,又要悉心照顾大宝及即将出生的二宝,各方面的消耗都很大。这难免会使妈妈忽略或无法顾及与丈夫的深入沟通,进而导致丈夫产生一些担忧与负面情绪,觉得自己很有可能会被妻子冷落和忽略,而此时宝妈已被孩子的事情搞得焦头烂额了。其实在一个核心家庭系统中,夫妻关系是更为重要的。妻子要认识到孩子终究会长大成人独立走向社会,组建自己的家庭,而丈夫才是要终身陪伴自己的人。而且妻子在养育宝宝时的精力消耗较多,更需要爸爸的鼎力协助。因此,宝妈对宝爸要秉持一种积极心态,即"只要你能参与进来,愿意主动帮忙就是很好的,具体做到什么样的程度我都是可以接受的",当宝妈能对宝爸有这样现实的合理期待,就会对宝爸有更多的接纳、鼓励和认可,宝爸也会深刻地感受到"宝妈确实很辛苦,现在很需要我,孩子也特别需要我",这种被需要可以让宝爸看到自己对于宝妈和孩子的重要价值,主动参与到家庭各项事务管理的积极性也会增强。宝妈还可以给宝爸协商一些具体可操作的行动,凸显宝爸的价值与智慧,让宝爸的家庭角色功能得到更多的实现。即使宝妈再忙再累,也不要"丢弃"丈夫,不要把他看成是可以呼来喝去的干活儿机器,也不要随意对他指手画脚、评头论足,更不要对他视而不见、听而不闻,而是要加强双方正向和有效沟通,强化建立完整、和谐与幸福家庭这个一致目标,形成科学合理分工,彼此照应相互扶持,降低丈夫的心理落差,争取丈夫更贴心的理解与情感支持,有智慧地向丈夫求助以增强其价值感,稳步提升夫妻关系的和谐度与家庭生活的整体质量。

(二)爸爸的转变

在家庭决定生育二宝后,爸爸需要充分认识到未来的家庭结构会有一个较大的变化。这种变化不只是家庭成员单纯在数量上的增加,而是家庭成员即将面临角色的重新调整与分工,还有整个家庭运转模式和秩序都将有重大改变。这都需要爸爸勇敢和负责地站出来主动应对变局,充分理解和接纳妻子孕期诸多源于生理困扰而引发的情绪波动,积极协调解决妻子孕育二宝期间遇到的种种难题,以及二宝生产之后妻子可能的担忧,深入妻子内心体验她的不容易与心理困扰,并及时给予妻子温暖的宽慰和情感的支持,重新调整工作与家庭的平衡点。事业的持续发展对于男性实现个人价值非常重要,也是人生发展的基石,但也不用始终把工作放在首要位置,尤其是处在孩子接受家庭教育的初期和宝妈待孕、待产、生产与产后最初几年的重要阶段。这些孩子生命中的特殊时刻更需要爸爸角色的出现,准妈妈的生命中更需要丈夫角色的出现,因此爸爸作为家庭中不可或缺和不可替代的男性角色,需要在事业平稳发展的前提下,把在工作上的脚步暂时放缓一些,投入更多时间和精力到新家庭的建设当中,积极承担起家庭更多的责任,协调好家里长辈与妻子的关系,减少和避免对妻子的不必要打扰,创造良好温馨的家庭氛围,为建立新的运转良好的家庭秩序做出足够的努力。俗话说,有得必有失,有失必有得,但有些东西可以失而复得,但有些东西却是机不可失、失不再来的。孩子成长的过程是不可逆的,也不应该是功利的,尤其是孩子的早期教育过程中会涉及孩子的言语、智力、情感、自我意识、意志品质及个性等诸多关键发展阶段,父亲不能只想着在外工作打拼而缺席孩子成长的重要历程。当父母年老之时追忆往昔,或许有很多了不起的成就,但其中最让人感到欣慰的却是养育了一个或多个优秀的子女,因此有人说教养孩子是家庭里最重要的事业是不无道理的。因此,爸爸要权衡好利弊得失,在平衡工作与家庭方面做出恰当的抉择,在孩子早期教育的关键阶段能够优先把精力放到提升孩子教育质量这件大事上来,避免造成将来的懊悔与无法弥补的遗憾。

另外,对于很多孩子来说,爸爸都会被他们作为成长过程中学习和效仿的榜样。爸爸总体上表现出来的智慧、冒险、勇敢、独立等男性典型特征会给孩子带来一系列积极影响。比如,爸爸可以跟孩子玩一些比较激烈而刺激的游戏,并在游戏过程中训练孩子的沟通交流、制定游戏规则及处理人际冲突等能力,激发孩子的动手操作欲望,促进其创新思维的发展。比如,父亲与儿子的和谐相处可以让男孩从爸爸这里习得和形成更多男性的言语行为模式与优势性格,促进男孩对父亲的男性认同感甚至崇拜感以习得和促进孩子在家庭与社会责任感方面的提升,使男孩更愿意承担照顾弟弟或妹妹的任务;而父亲与女儿的友好相处则可以让女孩接触到特点明确的男性榜样,更好地区分男女的性别角色差异,形成正确的性别角色意识,进一步培养女孩的女性典型气质。

据哈佛大学的一项心理学研究表明,爸爸陪在孩子们身边的时间长短会对孩子的数学能力有一定影响,爸爸多带孩子可以为孩子提供更多理性思维的示范与逻辑判断能力的训练。综合来看,强化爸爸这个家庭角色对提升孩子的安全感、内在价值感、智力与情感的综合发展、社会性发展、正确性别角色意识形成及自我调控能力等方面都有着至关重要的影响和不可替代的作用。很多青少年儿童的攻击行为、网络成瘾及情绪困扰或障碍等心理问题多与父亲在孩子早期教育阶段的角色弱化和缺失有较大关联。因此,父亲要尝试转变一些旧有不科学的教育观念与教育模式,不要游离在孩子教育高地的边缘,主动参与到养育孩子的全过程中,发挥好爸爸角色的重要正向功能,助力孩子全面健康成长。

首先,爸爸不要高高在上做"甩手掌柜",而要主动与妻子有效沟通,深入了解与确认她的心理需要与忧虑,注重对妻子在孕育宝宝过程中出现的各类不良情绪的接纳、理解与协助调控,寻找更多时间给予妻子更多的高质量关爱与照顾,降低妻子出现消极情绪与负性行为的可能性与强度。其次,要避免在家庭中过度关注自己而"唯我独尊",养育孩子是需要家庭成员共同承担职责与重任的大事。在早期教育过程中,孩子各项心理机能发展正处于关键时期,此刻他们应成为家庭阶段性任务的中心,因此,爸爸和妻子要重视孩子的早期家庭教育,明确、合理、均衡地进行家庭责任分工,同时注意双方的协同合作,尽量创造愉悦、安静、包容和放松的家庭生活环境。再次,爸爸不要片面地认为"生养孩子只是女人的事",这种观念是传统家庭教育的误区。要知道,二孩家庭需要应对的挑战与困难远比独生子女家庭多,不要让妻子独自承担诸多"麻烦事儿""辛苦事儿""操心事儿"。爸爸要主动多承担大宝的教育管理工作和二宝的喂养抚育工作,积极承担更多家庭责任;主动营造平等、尊重、信任的家庭环境,对孩子尽量做到高效陪伴和精准教育;还要为准妈妈提供全方位的协助与关爱,构建起维护妈妈、大宝与二宝健康生活的心灵港湾与安全堡垒。最后,爸爸必须积极参与到孩子的心理世界和生命历程中,关注孩子们成长的各个重要环节,鼓励孩子对各种生活现象和所学知识提出疑问,引导和开发孩子的哲学思维与创新思维,并和孩子共同探索可能的答案。爸爸的倾心投入、精心陪伴与全心带领,才能为孩子树立一个有担当、有温度、有力量和有爱的爸爸形象和男性角色范本,给予孩子一份弥足珍贵的生命成长的特殊礼物。

当然,宝爸也是普通人,不是钢铁战士,也不是无所不能的六边形超人,在面临社会工作角色和家庭角色的双重挑战下,即便使出浑身解数,也难免会有鞭长莫及与力不从心的情况,甚至还有可能出现一系列负性压力反应与行为。这时候宝爸需要及时主动调整自己,积极尝试科学的压力应对策略,而不是担心会给宝妈徒增烦恼而一味隐瞒压抑自己的情绪,独自承担过载的压力而引发过激行为的风险。感受到各种压力是每个男性都会有的一种心理体验,这并不是精神脆弱,也不是能力欠缺导致,现实世界中存在许多压力源,尤其是二宝即将到来,在经济收入保障、婚姻与家庭关系经营、科学育儿经验积累以及个人职业发展等方面,宝爸都会面临严峻挑战,需要付出更多时间和精力,不断学习与实践,这很容易引发宝爸焦虑、失落和压抑等消极情绪。

假如社会角色方面遇到的压力可以通过宝爸自身的认知调整、情绪优化、智慧求助、提升工作技能等方式得以解决或改善,引发的不良情绪和行为不至于影响到家庭角色的执行,那么宝爸可以先不向宝妈进行倾诉以免增加宝妈的心理负担;但如果宝爸的社会角色带来的心理困扰较大,而且已经持续较长时间(比如持续超过一个月,或者断续超过三个月),并且表现出意志消沉、情绪低落、易怒无耐心、工作效率降低、社会功能受损及其他不良行为表现,进一步影响到了家庭生活与工作的有序运转与平衡,那就需要及时向宝妈或其他可信任的人寻求支持和帮助。宝爸及时倾诉自己当下的困境,能让宝妈客观了解现实情况,做好充足的心理准备,避免因信息缺失而产生不必要的误解和过大的冲击感。同时,宝爸也可以与宝妈一起探讨应对困难的有效策略,即使宝妈不一定能做很多实际帮助,但是从家人角度给予宝爸的关怀与理解,本身就是一种强大的精神力量,能在很大程度上减轻宝爸的心理负担,提升宝爸的抗挫能力。另外,宝爸还可以积极寻求解决问题的更多资源,包括培养自身积极的心理品质、开发与应用个人潜能,以及争取周围人(朋友、同事、社会机构等)的协助与支持。此外,通过从积极视角重新认识压力,选择与个人能力相匹配的工作任务,不断提升工作效能感,从而更为科学有效地缓解压力,顺利应对家庭生活与事业发展的双重挑战。

二、未雨绸缪

一个家庭要添丁,这是一件非常重要而复杂的事,并不像是给家里购置一把休闲座椅或购买一个家用小电器那般,按照说明书简单安装使用就好。家庭要迎接的是一个鲜活而又充满挑战的生命体,有着非常多的不确定性,没有标准的"培养与使用说明书"。孩子从诞生之日起,就会被家庭全方位影响着,家庭的某些因素甚至会起到决定性的作用。当然,孩子的出现也会给整个家庭带来一系列复杂的影响。所以,做父母的除了自身要做很多身心状态的调整和角色转变之外,还需要在诸多细节方面做好充足准备,以期为孩子创设更为健康、安全与舒适的生长和生活环境。尽管有养育第一个孩子的部分可靠经验,但父母养育二孩的准备过程会是更为艰难和更具有挑战性的。因此,对于父母来说,可以遵循"飞轮效应"来科学应对。飞轮效应是指为了使处于静止状态的庞大而沉重的飞轮能够转动起来,人们一开始就得耗费极大的力气来启动,尤其是在最初转的每一圈都需要全力以赴,但人们早期转动的每一圈都是在为飞轮后期的快速转动打基础,随着时间的推移和飞轮转速的不断提升,等到飞轮转速突破某一临界点时,飞轮自身的重力与冲力和人的推动力就会形成合力来推动飞轮转动,此时人们就可以不必用尽全力来转动飞轮而是耗费比较小的力气就可以保障飞轮快速转动。

飞轮效应告诉我们万事开头难,但只要我们能聚精会神抓好开局,中途能坚持不懈,工作就会越来越得心应手。养育孩子也如同推动飞轮的转动,最初打开局面的阶段困难重重,但这又非常重要,而且是必须跨过的一道坎。因此,父母从一开始就要全力投入,做好充分准备,创设各种有利环境,争取各种优质资源,制定清晰养育目标,克服自身惰性,避免消极拖延,不断蓄力和加力,以促使力量接近和超越临界点。同时,要注意不断汲取教训并积累经验,不断摸索教育规律并勇于实施教育方法,让养育孩子尽快进入良性运转秩序。父母要知道养育孩子尤其是养育二孩或三孩是一个系统工程,需要从长计议,不可浅尝辄止,但前期一定要有持之以恒的努力,一定要避免"三分钟热度",进而实现从量变到质变,达成养育孩子的积极循环。

(一)空间的开发

对于二孩家庭或多孩家庭来说,如果孩子们的年龄差距并不大,加之兴趣比较相投,他们就很容易玩到一块儿去。而家正是他们释放天性相互追逐打闹的核心空间,为了能够尽量给他们留存充足的时间和空间玩耍,父母要注意对原有家居陈设做必要而及时的调整。比如,一些笨重而占地方或者自身就存在安全风险的家具(棱角分明的比较厚重的玻璃材质大茶几、单独放置的穿衣镜及带尖锐角的橱柜等),可以考虑更换一下位置或替换为轻便且占地少的临时代用家具,一些瓶瓶罐罐的各类摆设也可以暂时封存,避免成为孩子们快乐玩闹的潜在障碍。同时,依据家庭空间结构特点,尽量优化家居物品摆放的空间位置,建立起流畅而贯通的室内活动路线以保证孩子可以更为安全、自由、畅快地玩耍打闹。另外,如果经济条件允许,父母还要考虑为二孩提前设置独立安静的生活场所与空间,为二孩分床独立睡眠和思考学习做好准备,保证两个孩子各自都能拥有安全而私密的家庭生活空间,减少不必要的干扰与冲突,也为父母能够分别与两个孩子沟通交流提供私密的场所。

相对于物理空间的释放和拓展,对二宝心理空间的开发与建设也很重要。这就需要父母在准备要二孩这一时刻开始,要在心理层面为二宝保留充分的空间,逐步建立二孩家庭生活思维模式和家庭教育管理模式,在做一些家庭事务的选择与决定时就要将二宝作为一名重要家庭成员来计入考量,提升二宝在家庭中的存在感与参与度,让二宝从出生就能感受到被家人当做一个独立的个体,一个有身份的人,能够被周围人充分尊重、关爱和平等地对待。这对于培养二孩的内在独立性、被接纳感和自信心都非常必要,同时这种心理空间的拓展也可以为大宝顺利适应二宝的到来做好心理准备。

(二)资源的调配

随着社会快速发展,家庭经济条件日益丰盈,大宝的日常生活用品也会随时间延续而变得种类丰富和数量繁多,各类生活资源也都比较多样和充足,但也会有一些物品面临更新淘汰或丢弃,很多父母通常会考虑将一部分大宝使用过的生活物品重复应用到二宝身上。单单从生活资源的使用效率上来说,物尽其用是可取的,大宝一些日常生活物品的重复多次使用可以减少资源的浪费,也有利于建立节俭与环保节能的生活方式。但是父母在二孩生活用品资源(衣服、鞋帽、玩具、药品、奶粉、餐椅、功能床等)的调配方面还是要有所注意和规避,大宝的旧有生活资源是否要回收、是否能回收以及如何回收并重复应用在二宝身上需要家庭根据现实情况反复斟酌后再科学定夺。

1.心理属性

从大宝二手资源的心理属性来看,大宝对属于自己的物品通常是有一定情结的,比较在意和看重这些自己的"专属",假如父母没有与大宝协商就擅自将大宝曾经穿过的衣服、玩过的玩具、用过的物品给二宝用,大宝可能会出现强烈的不满情绪,甚至会增加对二宝的敌意。因为从心理属性来看,这些"过时"或"废弃"的东西依然是属于大宝的,尽管它们变小了、陈旧了、过时了,甚至损坏了,已经不能为大宝所用了,但是所有权还在大宝这边。因此,父母如果要将大宝的二手资源开发给二宝用,应该先与大宝充分沟通、友好协商,征得大宝的同意,并对大宝的选择予以尊重、支持与接纳,切不可强行索要和"粗暴征用",否则父母可能是变成猪八戒照镜子——里外不是人。

2. 舒适及卫生属性

从大宝二手资源的舒适属性与卫生属性来看,比如,大宝穿过的旧衣物,如果二宝与大宝性别相同,衣服能穿的话是可以考虑的。因为旧衣物经过多次穿着洗涤,会变得更为柔软舒适、贴合身体。但要是女孩子穿哥哥的旧男装,男孩子穿姐姐的旧女装,或者大宝衣物与二宝身材不符,过于肥大或过长,都可能影响二宝的审美发展和自我评价,甚至导致对性别角色的错误认同。另外,这种做法还可能让大宝形成"自己的东西早晚都会变成二宝的"的误解,不利于他们的心理健康发展以及日后与二宝的和睦相处。因此,在经济条件允许的基础上,父母不必过于省吃俭用,而是尽量舍弃掉那些性别不符、大小不适或大宝很珍爱或具有特殊意义的旧物品,尽量让二宝拥有专属于自己的衣物。当然,如果二宝已经有了对衣物的审美需要和挑选能力及意愿,父母也可以让二宝自己来决定要不要"接纳"大宝的旧有资源或者要"接纳"哪些二手资源。如果家庭条件确实有些紧张,父母也一定要提前跟二宝充分沟通和解释,说明为节约生活成本,需要二宝暂时穿哥哥或姐姐的旧衣物,并承诺等家庭条件改善后,一定会给二宝挑选购置他喜欢的衣物。通过真诚沟通,征得二宝的理解与接受,只要切实信守承诺,就能在二宝心中有效建立对未来的希望。

3. 安全属性

从二手资源的安全属性来看,父母在选择二手资源时要保证其基本的安全性。比如,对旧衣物的重复利用,一定要全面清洗,并放到太阳下充分晾晒,彻底消毒杀菌,避免二宝受到旧衣物可能存留的病毒、病菌或寄生虫的身体侵害。再比如二手的婴儿床、手推车、摇摆车、儿童座椅及餐椅等物品,父母要特别注意这些可回收利用资源的安全性能,确认物品的可用性;常用药品、食品、营养品、纸尿裤等,要特别注意有效期限,切莫大意导致误服误用。因此,父母在选择使用大宝的旧有资源前,一定要仔细检查,按照使用说明书逐项检查物品各零部件的完整程度和整体功能的运行情况,保证二手资源的安全性,千万不要怀有侥幸心理,要把风险控制在萌芽中,避免因小失大。

(三)言语的变化

在决定养育二宝之前,父母日常跟大宝的对话中经常会有"你是爸爸妈妈最疼爱的宝贝""爸爸妈妈最最爱你""你是最聪明的"等含有"最"字之类的语句,其实这种表达是独生子女家庭教育中的一个隐含弊端,很容易让独生子女的价值观偏向以自我为中心,认为父母给他的所有都是理所当然的,平日就会要求父母都要围着他转,使得孩子变得依赖、懒惰、傲娇以及缺乏进取心等,这会严重影响孩子的个性健康发展。因此,为了二孩家庭的健康和谐发展,父母要有意规避这类带有较强消极暗示意味的语言。其实从现实中看,父母不需要"最"喜欢哪一个孩子,而应该是都喜欢、都疼爱、都珍惜,因为他们都是爸爸妈妈的感情结晶和关系纽带,每一个家庭成员都弥足珍贵,无可替代,都是家庭中独特而重要的存在。因此,父母可以将此类语句转变为"爸爸妈妈永远都会支持你和爱你的(站在你这一边的)",这样从时间轴上表达爱的方式会给大宝建立一种积极心理暗示,不管未来社会与家庭如何变迁,不管遇到什么状况,爸爸妈妈都会坚决地给孩子提供支撑,会一直保护他和爱着他,这种爱不因岁月流逝而有任何改变。这样也可以为二宝出生之后,两个孩子同时都能感受到父母的关爱和欣赏打下坚实的基础。这种言语的变化需要父母首先做好现代教育观念的积极调整,在育儿思维上建立起精确表达的基础,再加上适当地语言练习就可以运用自如,让两个孩子能够在平等的环境中分享各自的喜怒哀乐,相互关爱和支持,彼此成为对方成长路上的陪伴者与赋能者,这种血浓于水的亲情远大于物质方面的财富带给孩子的愉悦感与归属感。

(四)优选年龄差

大宝与二宝的年龄差也是有必要提前规划的,不同年龄差带来的教育挑战是不同的。当然,同胞年龄差的大小带来的影响也是有一定规律可循,各有利弊的,父母可以在充分了解这些规律的基础上,再根据自己的现实情况综合进行选择与科学应对。

大宝与二宝的年龄差在 1~2 岁的优势在于妈妈对各项环境的适应性更强,生活与工作相对平稳,更重要的是两个孩子的兴趣点和关注点比较接近,沟通起来比较流畅便捷,更容易相互作伴玩到一起,同胞关系比较亲密,较少出现同胞间的嫉妒和竞争,有利于培养同胞间的团结合作。但 1~2 岁的年龄差也有潜在弊端,因为两个孩子同时都需要特别精心的照料(比如双方的年龄整体都比较小的时候更为突出),这对于父母的时间和精力投入要求会更高,很容易造成父母严重的精神过度消耗和体力透支,而且两个孩子还很有可能会为玩同一个玩具、看同一本书、想在同一时间看不同的电视节目或者是同时要求爸爸妈妈陪自己而有争吵和冲突,影响两个人的情感连接与关系的健康发展。

大宝与二宝年龄差在 3~4 岁的优势在于妈妈生完大宝后各项生理机能恢复比较好,而且大宝已经有一定的自理能力和助人能力,在幼儿园上学的时间也比较长,这样妈妈就有更多时间和精力来备孕、待产、分娩以及精心照顾二宝的生活起居。总体来说,两个宝宝都可以得到比较充分地照顾和关注,他们两个的代沟也比较小,还能够共同参与一些游戏和娱乐活动,沟通起来也没有什么障碍。但这个同胞年龄差也会附带一些挑战,比如大宝已经有较长时间独享父母提供各种优厚条件的经历,如果父母没有像生二宝之前那样关心和照顾大宝,大宝很容易出现心理失落感和受挫感,并将此结果责怪于二宝的降生,就会进一步引发大宝的心理失衡与行为异常,这在某种程度上会干扰和破坏大宝与二宝同胞关系的健康发展。

大宝与二宝年龄差在 5 岁以上的优势在于大宝这个时候已经有了一定生活经验积累和能力提升,成长为一个在一定程度上可以协助父母看护二宝的小助手,父母借此契机可以主动引导大宝做一些力所能及且容易见效的事情,比如,递个奶瓶、扔掉纸尿裤、拿件衣服、讲个童话故事或是播放好听的音乐等,这样可以让他体验到较高的自我价值感和成就感,而且大宝的积极助人行为也可以为二宝提供鲜活的榜样示范。但是年龄差比较大也可能导致两个孩子的生活交集变得更为有限,由于两人兴趣点有较大差别,各自需求差异比较大,不太能玩到一块儿,就会出现各玩各的,一会儿大宝喊爸爸或妈妈帮忙,一会儿二宝喊爸爸或妈妈来看一下,这就使得父母在照看孩子的时候很容易双向牵扯,顾得了"首"还要顾得了"尾",导致辛苦至极。

当然,两个孩子的不同年龄差带来的相对优势不是固定不变的,带来的诸多挑战和困难也不是绝对和固定的,这些都可以在一定程度上得到科学应对和有效缓解,父母需要提前了解不同的同胞年龄差可能带来的问题类型及其特点,做好应对策略的研习,就可以将相应的风险和挑战调整到最低,优势和有利面发挥到最大,使得不同年龄差的同胞都能在父母有针对性的教育引导下健康成长。

(五)睡眠的调适

父母在决定生育二宝之后,要提前规划好如何训练大宝独立睡觉。通常来讲,孩子出生后最好独自睡在小床上,这样到 6 个月左右与父母分床睡就比较容易实现。如果大宝此前一直和父母同睡,或者只和父母中的一方同睡,那就可以在孕育二宝期间提前培养大宝独立睡觉的习惯。

父母可以建立和完善家庭总体的睡眠规则,而且尽量保持其稳定和前后一致。比如设定大宝相对固定的入睡时间节点,入睡前留出较为充足的时间与大宝保持互动。可以讲讲睡前小故事,故事尽量避开凶险和恐怖元素,多选取正面积极的;也可以玩一些强度较低的智力小游戏,比如捉迷藏,以形成有趣的"黑暗记忆",增强孩子对"黑暗"的适应性,降低孩子对"黑暗"的恐惧;或者跟孩子简单聊聊天、谈谈心,让孩子感受到父母的专注与陪伴,满足孩子的情感需要,这也有助于大宝从比较兴奋激越的状态顺利过渡到安定平静的状态,为孩子进入睡眠做好铺垫。父母在孩子入睡前和睡醒起床时都能出现在孩子的视线里,让其充分感受到安全与温暖,就更容易适应分床而睡。另外,父母也可以采用逐步增加大宝单独睡觉次数的策略,比如开始时一周选择两天训练大宝单独睡,待大宝逐步适应后,再将其一周独立睡觉的天数增加到三天,以此类推,直至大宝能够真正做到全天候独立的睡觉。这种渐进式的操作更容易被大宝接受,能让大宝在妈妈生育二宝前逐步学会独自在房间睡觉,有效减轻没有父母全天候陪伴时大宝产生的分离焦虑及其他不适应状况,为后期父母更好地兼顾大宝与二宝的生活打下良好基础。

对于已有自己独立房间或独立床位的大宝,父母可以考虑给大宝购置一张新床或者让他们挑选喜欢的新床,并询问是否愿意把淘汰下来较小的床留给二宝用。这种友好协商营造的良性氛围能让大宝体会到成长感和成就感,从而更愿意主动将小床留给二宝,激发大宝爱护、照顾二宝的意愿。或者,也可以挑选一张上下两层的床备用,这能为大宝适应二宝出生做好心理铺垫。总体而言,有了这样的提前准备,在将来妈妈住院待产和生产期间,爸爸需要全程照顾妈妈时,大宝不会因父母不在身边而出现睡眠困扰和情绪紊乱,这也有助于大宝与二宝建立良好的情感连接。

(六)物质的保障

家庭的经济状况对家庭的有效运行有着至关重要的影响。若经济状况不佳,极易造成家庭功能的失调与破坏,引发夫妻关系紧张、婆媳矛盾增多、家庭暴力行为频率上升、亲子关系恶化等消极后果。从孕育一个宝宝到将其顺利抚养成人,家庭所需要的物质与精神投入巨大。如果新增宝宝会给家庭带来巨大的潜在物质压力,父母甚至要考虑是否要继续生育更多宝宝,或者暂缓生育计划。

家庭经济状况对家庭养育资源的分配有直接影响。如果家里有两个孩子,且家庭能够让每个孩子都拥有独立房间,那就可以更大程度上避免同胞之间的相互干扰,降低同胞之间发生冲突的可能性。但是如果家庭经济状况一般,无法为孩子提供相对独立的房间,同胞只能共用一个房间,甚至和父母共用一个房间,就容易引发同胞间的矛盾。另外,一般最早出生的孩子由于没有其他竞争者,总能从父母那里获取更丰富的资源与关注,但随着第二个及更多个孩子的出生,家庭有限的资源就要分配给更多的孩子,因此,后出生的孩子相较于早出生的孩子处境会更差些,所能获得的资源相对更少些,这些都是显而易见的,这也成为引发同胞间消极竞争的主要原因。

如果父母的工作收入不高或不稳定,导致家庭经济条件不容乐观,承受着较大的工作与生活压力,他们可能会将有限的资源优先分配给被更为看重的"优秀孩子",而有选择地"忽略"那个被父母认为不够好的孩子。然而,这种养育上的区别对待极易引发其他孩子的不公平感,也会破坏同胞关系的稳定性与融洽度。当孩子察觉到家境比较糟糕时,还会滋生一定的自卑心理,出现社会退缩、回避行为。当然,家境不好并不意味着只有坏处,它其实可以从另一方面促使家庭成员凝聚力提升,加强家庭成员包括同胞之间患难与共的紧密感和相互支持。很多时候家庭经济状况还会与其他问题(父母教养方式、孩子个性特征、压力应对策略等)叠加,共同影响家庭氛围。相反,如果家庭经济条件比较宽裕,父母能够较为轻松地为两个孩子提供充足的物质资源,从而为孩子们的身心健康发展打下良好的经济基础。

因此,父母在决定生育第二个孩子前,要做好经济基础的构建。可以通过积极高效工作、提高个人职业技能水平以及科学管理家庭投资与支出等方式,做好开源节流,不断提升家庭经济水平。在保证为孩子提供最基本物质资源的基础上,持续提高物质供给的数量与质量,为两个孩子的健康成长保驾护航。

(七)生育的计划

家庭的生育计划,多是父母在可生育年龄范围内,对是否养育、何时养育第二个或更多孩子,以及养育几个孩子等方面做出的具体规划与决定。通常在家庭计划内的生育,由于前期有一定的物质与心理准备,各方面条件更为成熟,那么父母在后期养育孩子过程中也会比较从容,教养方式更有经验,夫妻关系更为融洽,家庭环境的创设比较温馨,孩子成长会比较顺利。但是意外怀孕情况的发生,可能会让家庭陷入一定的困境。这里所说的意外怀孕特指在父母非预期的时间怀孕,这种情况的发生可能让父母有些措手不及,甚至束手无策,因为他们要承担极大的心理负担,面临时间压力与经济压力。父母对于大宝与二宝的物质与情感投入都可能出现资源短缺以及资源分配不合理的状况。在应对意外出生的宝宝方面,父母可能会因为资源受限而影响与孩子的积极互动,心理压力过大也会影响亲子关系的健康发展,父母在处理与"因意外而生的孩子"的关系时会表现出被动与消极情绪,当这种消极情感投入这个"多余的孩子"身上时,这个孩子的身心发展将会受到较大的冲击,这对孩子本身也不公平。另外,巴伯等学者的研究表明,家庭中有新孩子的加入会直接导致父母对孩子的平均投入水平降低,这种投入水平的降低会因为意外怀孕或生育变得更为突出,进而会影响到家庭内部的所有孩子(包括刚刚出生的新成员),这种现象被称为"溢出效应"。计划之外的养育对于每一对父母来讲都是挑战性极高的任务,由此可见,父母要注意避免"溢出效应"带给家庭的负性干扰。当然,如果有意外怀孕的情况发生,夫妻还是要及时作出应对,根据家庭的整体情况以及家庭成员的身心健康水平综合进行评估,以最小受损法或最大受益法为基本原则最终做出最适合的方案,并对家庭发展目标进行适应性调整。

家庭二胎生育计划的制定会受到诸多因素的影响。从第一个孩子的养育状况来看,如果其成长较为顺利轻松,认知、行为与情绪发展都符合常态,对生活的整体适应性较好,没有给父母带来较多难以应对的挑战和困境,不需要投入过多养育资源,属于"易养型"而非"困难型"孩子,那么父母制订生育二胎的计划就相对容易。从母亲养育孩子过程中得到的支持情况来看,如果父亲或其他家人在养育第一个孩子时参与度和付出程度较高,在情感、物质、信息与资源等方面给予母亲充足的支持,协助解决了很多带娃过程中的难题,有效减少了母亲的后顾之忧,那么家庭成员尤其是宝妈生育二胎的意愿会更强。从性别视角上看,如果家庭生育的第一胎或者前两胎都是女孩,在中国传统文化中尚存的"重男轻女""养儿防老"思想的影响下,部分家庭生育第二胎或更多胎的意愿就会更为强烈,计划也更容易提前形成,两个孩子的年龄差也会变得更短。

因此,一个家庭需要从维护子女健康发展为核心视角,综合家庭结构、父母职业特征、先出生孩子的个性、年龄与性别特点等多项因素来制定稳妥积极的二胎或多胎生育计划,并尽量避免意外怀孕带给家庭的隐性冲击,提前做好物质与精神等方面的准备,提高完成二胎生育计划的科学性与有效性。

三、协同大宝

在二宝出生之前,父母共同帮助大宝做好相应的心理准备和建设十分重要且必要。要培养大宝的家庭责任感和自我价值感,这样能提高大宝顺利应对二宝出生之后各种变化的能力,避免大宝产生一系列可能指向二宝的负性情绪与消极行为,甚至是伤害二宝健康与生命的极端行为。因此,父母需要与大宝建立良好关系,搭建有效的沟通平台,以"协同者"而非"控制者"的角色走进大宝的世界,和他一起为家庭良好运行努力,顺利陪伴大宝度过二宝出生后的特殊时期。

(一)尊重大宝

一个家庭决定生育二宝是大事,从原则上来讲,要充分尊重每个家庭成员的意见,大宝自然也在其中。父母需要在恰当的时机提前与大宝探讨协商,询问他能否接受弟弟或妹妹的出生。态度要真诚,语气要温和,既不刻意夸大二宝出生带来的好处,也不有意回避可能面临的挑战,不轻易给出绝对评判和强迫性选择,让大宝时刻感受到父母最贴心的关爱和真诚的态度。切忌完全忽视大宝的想法和感受,不能因为觉得小孩子不懂事,就认为没什么需要顾及的,而选择先斩后奏,这种方式极易引发大宝强烈的负面情绪和过激行为。

当然,如何与大宝沟通孕育二宝的事情还要考虑大宝具体的年龄属性和认知特点。如果大宝的年龄太小,不足 1 岁甚至更小,由于认知能力的不足与限制,他还无法真正理解二宝出生带来的各种变化和影响。父母可以选择不直接告知,而是简要沟通与说明,比如讲解一些相关小故事,或者一起阅览连环画,以此传递有关兄弟姐妹的信息。当大宝在 2～3 岁时,父母可以先适当做好孩子情绪上的安抚,同时给他正向引导与支持,提早树立他作为哥哥或姐姐的权威,激发他对即将到来的新角色的好奇与期待,适度转移弟弟妹妹出生可能会分走父母部分关注的担心与忧虑。当大宝已经 4 岁及以上,已经有点懂事了,尽管尚未形成很强的逻辑思维,但对于二宝到来可能给家庭带来的负面影响,已有自己的判断和理解。这时,父母可以适度偏爱大宝,给予大宝比之前更多的情感支持。比如,主动为大宝提供更多的精神支持满足其恰当合理的需要;在给二宝准备生活物品或玩具的时候也给大宝准备一份,或同步更新他原有的物品。这种"宁多勿少"的操作策略,能让大宝感受到父母依旧全方位关注自己,不会因二宝即将到来而被忽略或冷落,明白自己仍是父母疼爱的宝贝。从认知上,他也更倾向于认为二宝不是来争宠的,切实降低对二宝的嫉妒心理。另外,父母还要注意多开展以家庭为单位的集体活动,给大宝分配一些力所能及的任务,并择时肯定和表扬大宝的积极行为,建立他的自信和价值感,让大宝感受到自己是有用的,是被重视的,并没有因为二宝即将到来而被漠视,深深感受到家庭是一个充满爱的整体,降低甚至消除对二宝的先天敌意,提升大宝将来主动带领和照顾二宝的意愿。

(二)引领大宝

当然,父母在征求大宝对于家庭要不要生二宝的意见时,也难免会有一些担忧。比如,大宝不太同意,甚至施展各种手段阻止父母生二宝,父母该如何应对呢? 这就需要父母耐心引导大宝。通常家庭准备要二宝的时候,大宝还是未成年人,自我意识发展还不够成熟。他很担心弟弟或妹妹会抢走父母原本独属于他的爱,影响自己在家中的地位,甚至可能因此失去父母的爱。他们不太能准确理解"父母生育二宝并不等于不爱他"这个道理。父母要科学认识大宝的心理发展规律和特点,尤其是 3~7 岁这个第一叛逆期,此时孩子期待自我掌控。大宝的叛逆可能表现为不像以前乖巧听话,或是对二宝有很多负面情绪反应。但其实很大程度上是因为父母缺乏对孩子成长的科学认识。父母恰恰需要借此时机推动大宝自我意识的发展,因势利导,协助、引领大宝,适当满足他的心理发展需求。通过平等对话、家庭角色扮演、委派适当的家庭任务、创设问题情境以及增加家庭成员积极互动等方式,建立大宝的家庭角色感、自我价值感与成就感,提升大宝在认知、情感、艺术等方面的能力,增强他的控制感和自主性。这种民主型的家庭教育模式更能培养出自信、包容、接纳的孩子,为后期家庭的健康发展与同胞良好关系的建立奠定坚实基础。

（三）指导大宝

　　小孩子的心理发展水平受年龄和经验所限,比较单纯、敏感而脆弱。父母需要在孕育二宝这件事上做好大宝的持续指导工作,尤其要重视大宝的内心感受,使大宝能够平静接受甚至乐于迎接一个新生命的到来,并且愿意尝试与这个新生命友好相处,建立融洽的同胞关系。一般来说,对于性格活泼开朗的大宝,父母可以告诉他即将拥有一个能随时一起玩耍的"玩伴",着重说明二宝会带来全新的"玩耍"方式,并传授他与二宝顺利成为玩伴的方法和策略;对于性格内敛沉稳的大宝,父母可以根据其需求,跟他讲即将迎来一个能陪他聊天、共同生活的"同伴",强调二宝会给生活带来改变,并教导他与"同伴"交往技巧。当然,告知和指导大宝的形式有很多种,比如,带大宝到有"新宝宝"出生的朋友家里现场感受和体验新生命的诞生,通过一些细微观察和肢体接触让大宝建立对未来弟弟或妹妹的感知和期待,尤其女孩更倾向对小宝宝产生"母性"的喜爱;也可以通过文学作品或影视作品中的哥哥/姐姐形象来指导大宝如何更好地迎接新生命以及如何与弟弟/妹妹和睦相处,提升哥哥/姐姐角色的代入感;还可以借助图文并茂的卡通图片帮助大宝深刻理解二宝的角色,提升大宝的成长感与对二宝的保护欲;或通过家庭圆桌会的形式进行集中讨论,逐步明确每个家庭成员的责任分工,让大宝在得到父母充分理解和尊重的基础上,进一步增强对爱护和照顾二宝的角色期待。

　　在具体指导大宝的过程中,父母可以选择大宝情绪比较稳定的时间与其一起聊聊他过往的糗事与趣事,让大宝在轻松愉悦的氛围中感受到孕育生命与呵护宝宝健康成长的不容易,也更能理解父母孕育二宝过程中所面临的挑战和风险,降低大宝对二宝的敌意。在迎接二宝降生的喜悦中,父母要给予大宝充分的空间和时间来一起感受和分享,比如,带大宝尽早见到二宝,创造机会让大宝扮演照顾者和决定者的角色,邀请大宝亲自为二宝选购奶瓶或是见面的小礼物,还可以让大宝参与给二宝起名字的家庭事务,增加大宝的家庭参与感和融入感。当然,大宝此时可能因其好奇出现一些不合时宜甚至不安全的行为,比如"鲁莽"地拉拽二宝的小手小脚,或是硬塞给二宝一个体型大又有棱角的玩具让其玩耍,还有可能突然跑到二宝旁边做鬼脸或大喊一声。这固然是同胞间一种特别的肢体与情感交流,但对二宝可能存在潜在风险和伤害。这时,父母切不可因大宝的无心之失而过度紧张、求全责备,因为此时大宝还不知道如何正确表达对二宝的喜爱。父母只需温和提醒大宝注意,同时耐心亲切地告诉他正确爱护小宝宝的方式方法即可。另外,大宝有时候还会对父母为二宝购置的生活物品和新玩具感兴趣,会时不时碰一碰、用一用或玩一玩,这时父母不要轻易打断和制止,甚至是责怪他"这么大还抢小宝宝的东西玩",给大宝冠以"不懂事"和"胡闹腾"的标签,这种言语很容易让大宝感受到"被伤害"和强烈的"被剥夺感",更容易导致大宝的不满和愤怒。其实在大宝的世界里,他依然是一个没有长大的小孩子,因此父母在有意培养大宝的责任感,以及提升其爱护照顾二宝技能的同时,要允许大宝表现出一些看似幼稚的言语与行为,接受其作为哥哥或姐姐还不够"称职"的现状,给予大宝充分的权利与自由,只要在一些有现实风险的关键时刻适当警示和指导几句就好,不要过于啰唆、指责、埋怨,这样大宝反而更容易接受父母的提醒,并及时作出调整,而且会更快成长为家庭中重要的一分子。

四、引导舆论

很多家庭以外的人员(亲戚、同事或朋友等)也会从不同途径得知家庭准备要二宝的消息,这些人当中可能会出现跟大宝开玩笑的情况。比如,他们会说"等你妈妈生了弟弟或妹妹后就不要你、不喜欢你了",或者"等你有了弟弟或妹妹,他们会分走至少一半你的东西",还有"将来你什么都得让着弟弟妹妹,否则你爸爸妈妈就会先批评你这个当哥哥(姐姐)的"。诸如此类半开玩笑的话其实有很强的"杀伤力"。大宝本身很容易把这些玩笑话当真,进而被激起焦虑、恐惧与愤怒等负面情绪,甚至可能引发针对二宝的过激行为。所以父母必须挺身而出保护好大宝不受此类伤害。在孕育二宝过程中,常有亲朋好友来家中探望,父母或其他家庭成员一定要及时给到访者提个醒,告知他们大宝当下的心理状态较为敏感、脆弱,要尽量考虑大宝的情感需求,不要用不恰当的言语试探和挑战大宝的心理底线。通常来说,经过提前声明和提示，大多数明事理的人都会点到为止。但如若不可避免地出现了一些引发大宝不悦的言语或行为，父母不能置身事外任由事态恶化，不能碍于情面而一言不发，而是要敢于亮明自己的态度，表达自己的担心，及时提醒、坚决制止亲友们带有伤害性的玩笑，并主动跟大宝解释。当然，父母如果不想与这些亲朋"撕破脸"或"硬怼"，也可以找个借口带孩子暂时离开，事后及时跟大宝深度沟通，了解大宝的情绪体验，告诉大宝爸爸妈妈会永远支持、保护他，那些大人的部分说法是错误的，不必过于在意，并引导大宝勇敢表达自己的真实感受，教会他如何与别人更好地交流，这样就可以在最大程度上呵护大宝，用实际行动表明父母是爱大宝的，会时刻保护大宝的安危，也给孩子树立一个如何与"不友好"的人进行智慧沟通的榜样。当然，更重要的是父母要切实做到谨言慎行，既不要成为"不良语言"的实践者也不要充当"帮凶"，更不要在现实生活中一不小心印证这些所谓的玩笑话。这种言行不一、知行脱节的不真诚做法，会让大宝的受挫感更深，对大宝造成的伤害也会更严重。假如父母能够对大宝和二宝努力做到一视同仁和公平对待，用实际行动来击碎玩笑话的面纱，大宝被这些玩笑话带来的负面影响也会慢慢消除。当然还有一些伤害是父母不在场的时候发生的，这就更需要父母及时敏锐地关注大宝的情绪特征与行为表现。一旦发现大宝有异常，应尽快通过有效沟通了解具体情况，以将问题解决在萌芽阶段为原则立即采取补救措施，以免形势急转直下，给大宝造成更大的冲击和伤害。

五、时间管理

准备孕育二宝的父母都知道，想要为宝宝们提供全方位的照料非常消耗精力。尤其对于那些还有职业发展需要的宝爸宝妈而言，要兼顾家庭与职场就需要付出更多的时间与精力，感受到的压力也更大。如果对压力处理不得当就可能掉进"追蛇效应"的心理陷阱。追蛇效应源于一个寓言，有一个人在路途中遇到一条蛇，因为心生恐惧而试图追赶蛇将其驱逐，而蛇却越逃越快，最终追蛇人被蛇引到更深的蛇洞而陷入更大的危险之中。这个心理学效应告诉我们，过度的努力却不讲究方法，或是过于执着、追求完美而缺乏适度松弛，这些不当的压力应对模式可能会让糟糕的情况愈发严重。

对于准备要二孩的父母来说,需要接受并正视这些压力,做好生活与工作的平衡,澄清和明确最重要的事情,通过合理分配时间和精力来科学应对未来的各种挑战。

父母可以通过早期规划,采用有留有舍、目标分解、分段实施、有序完成等方式,做好各自时间与行动上的管理,这样就更容易达成当下的短期目标。比如,将家庭时间、工作时间以及与陪伴孩子的时间进行总体分配。也可以在前一天晚上为第二天,或者在周末为下一周要完成的事情列出明确的任务清单。计划可以是日计划、周计划、月计划或是年计划等,依据时间的四象限模型对计划中的各项任务按照重要性与紧急性的程度进行分类、梳理和排序。这种时间的宏观规划与微观计划,既能保证最重要且最紧迫的任务被优先集中精力完成,同时又能保证其他任务不被遗漏,得以有序推进。当然,在制定任务清单时不要给自己的工作时间安排得太满,也不要设定难度过高的任务。时间规划一定要符合当下的主客观条件,并为自己预留一定的余地和弹性空间,以应对突发状况以及自身可能出现的拖延问题。注意做好生活和工作中的减法,有些任务能分解就分解,将任务由大变小,更容易实施和达成;有些任务该放权就放权,充分相信被委以任务的人,给予他们适当的指导,及时鼓励肯定他们的努力,提高他们的积极性,推动任务更好地完成;还有些任务该放弃就放弃,不要事无巨细都亲力亲为。很多时候我们越是想大包大揽所有事情、越是什么都想抓住不放,结果就会把自己累得够呛,却可能一件事都没能高效落实。正所谓"双鸟在林不如一鸟在手",我们要善于抓大放小,盯住当下生活的核心点和关键点。当我们能够牢牢把握住可控的部分,并且把它们做好做精,它就是最高的效能体现,对于那些无关紧要的小事就不要过度苛求。

时间管理可以参照著名的"二八定律",即人们最重要的事情在生活或工作中其实只占到20%左右,属于关键少数,但是我们应该拿出自身80%的时间和精力来专注处理以达成理想效果;而生活或工作中其余80%的事情则只是在数量上占优,从重要性来看是次要的,只要拿出个人20%的时间和精力来应对就好,不要平均分配我们的时间,要把有限的时间放到最核心的任务达成上,这样更容易实现事半功倍。另外,还可以通过及时记录自己的时间使用情况以及各项任务的完成效率,精准找出高效或低效时间节点,以及高效或低效工作方式,对于那些时间利用度高以及效率高的行为要继续保持和适度增加,对于那些低效的甚至是浪费时间的行为要及时觉察,并进行有针对性的改进,这样就可以腾出更多时间,更高效地用在做更重要的事情上。

六、和谐互动

在一个结构完整的家庭中,无论有两个还是更多个孩子,夫妻双方始终都是家庭中最重要的主体。两人积极、高效、正向的沟通在亲密关系发展中不可或缺。当家庭准备孕育二宝时,双方更需要相互理解、包容、照应、关爱与支持,共同承担家庭的重任。初期照料孩子固然辛苦,生活重心也会偏向孩子,但夫妻双方都要注意觉察和反思自己的言行。要多用积极言语相互鼓励,用积极情感传递力量,以实际行动表达爱慕与支持,通过和谐沟通合力应对困难与挑战。别忘了创造一些浪漫时刻和私密空间,偶尔给对方买一件称心的小礼物,为生活增添一抹色彩;翻翻过去的老照片一起怀旧;聊聊未来的新生活彼此鼓劲;分享对方感兴趣的信息形成情感共鸣。化满脸辛苦为满眼幸福,将时时事事担心变为刻刻满满期待。带好两个或更多孩子需要稳定的家庭系统支撑,需要夫妻和谐互动,以建立起良好的亲密关系为基础。只有这样,才能更高效地应对未来二孩家庭面临的各种挑战。

七、适度学习

家庭的高效有序运转是有内在客观发展规律可循的,当然也更需要家庭成员尤其是宝爸与宝妈在主观上来精心经营。然而,我们并非天生就是优秀的"家庭教育管理师",并且原生家庭带给我们的历史烙印中可能存在有不良的生活体验和偏差的教育理念。如果没有经过有关家庭教育与管理的知识和技能的学习与训练就仓促"上岗",持家育儿,很可能引发诸多教育困境与家庭挑战。我们每个人都会经历某些成功,也会体验一些失败,这些成败经验都会在我们内心留下深深烙印。但心理学家发现,只有那些保持进取心的个体才能更有机会取得突破,这些个体呈现出空杯效应的积极作用。空杯效应是指个体需要应对新情况时,放下自己过往的成败,构建谦虚、包容和开放的心理状态,就会更高效地习得新知识和新技能。也就是说,我们想要发展得更顺利,就要把自己"清零",将过去那些自以为是的认知归零,收起因过去的不成功而产生的负性情绪。这样才能更好地学习、成长和创新,突破发展瓶颈,实现更高层次的进阶。

因此,即将成为两个或多个孩子的家长,需要成为孩子们学习的榜样,毕竟孩子恰恰是反映父母教育水平的一面镜子。所以,准备孕育二宝的父母需要拿出一定的时间和精力学习家庭教育与管理之道,提前了解并尝试运用科学的方法,来应对当下以及未来可能出现的问题,进而提升家庭教育的质量和整个家庭的生活满意度。就学习的方式来说,宝爸宝妈可以选择线上线下阅读家庭教育类书籍、收听收看家庭教育类节目、参加适合自己现实情况的家庭成长训练营或教育沙龙活动,以及积极向具有家庭管理教育优良经验的家长主动沟通学习。就学习内容来看,宝爸宝妈可以学习良好婚姻亲密关系的经营之道、亲子和谐关系的促进之道、美满幸福家庭的维系之道、常见家庭与婚姻问题的解决之道、家庭事务与职业发展的平衡之道、青少年儿童的身心发展之道、孕产期女性的保健之道等,用科学的教育理念和现代的家庭理念武装头脑。另外,还要注重在家庭教育管理实践中灵活应用所学知识与技能,不断积累成功经验,既要熟读家庭教育万卷书,也要勇行家庭教育管理万里路,努力提升自身综合素养,做好终身学习的典范,为孩子的健康成长与家庭的和谐发展打下坚实的知识与实践基础。

八、积极求助

尽管父母为孕育二宝做了各种攻略和充分准备,但仍会有一些突如其来的问题不知如何有效应对,或尝试多种方法依然不能奏效的情况发生,这个时候需要父母积极向外界寻求各种帮助。当情绪出现较大波动而难以自控,当身体因为生活与工作消耗而濒临耗竭,当有些事情未能如愿以偿而失望落寞,当家庭出现矛盾纷争而无法应对,当面对两个宝贝出现争执而难以评判解决时,父母既不能暗自神伤、表现出无可奈何,也不能勉强出头导致事态进一步恶化。而是要学会主动寻求外在资源的支持,遵从鳄鱼法则以避免造成更大的损害。鳄鱼法则说的是,当我们被鳄鱼咬到一只脚时,假如我们尝试用手去协助受困的脚挣脱险境,鳄鱼极可能会将我们的手脚一并咬住,挣扎越多越激烈可能被咬住的部分就越多,进而受到的损害就越大,因此为了及时止损我们可能要坚决舍弃一只脚。鳄鱼法则给父母教育子女的启示就是,一旦在养育子女过程中出现困境,甚至犯了错误,就不要越陷越深、一错再错,而是要及时改变解决方法以减少可预见的更大损失。因此,当父母发现出现教育偏差时要及时向周围发出求助信号,并做出积极求助的行为。那些值得信赖的好朋友、有经验的宝爸宝妈、专业的心理咨询师、成熟的家庭教育专家以及最贴心的老爸老妈都可以成为我们求助的对象。一定要记住,众人拾柴火焰高,千万不要一个人扛下所有,不要让自己陷入"零电量"状态。我们不是一个人在战斗,而是身处一个温暖的团队。在充满爱与力量的大家庭中,我们的不良情绪更容易得到抚慰,身体能更快得到修复,面临的挑战能更顺利地解决,家庭冲突能更高效地缓解。当我们状态变好,就能为更好地照顾孩子、提升亲密关系质量以及经营和谐美满的家庭提供有力的支持和前进的动力。

第二节 大孩的准备

迎接一个新生命的到来是全家人的事情,就像大家共同养育一株美丽的花朵,只有每个人都参与其中,当鲜花开放之际,才能在芬芳花香中体验到各自幸福的味道。因此,大宝尽管年纪尚小,认知水平不高,但依然是家庭里的重要成员,绝不能抽身事外,而是要积极参与其中,贡献自己独特的价值与力量。

一、积极关注

尽管对二宝出生会带来多大的变化没有特别明确清晰的理解,但是经过父母前期的积极引导和持续沟通,大宝还是会对家庭中新生命的到来充满好奇与期待。他们会对妈妈的身体变化和家庭氛围的变化有敏锐的感知,尽管还没有见到那个可爱的小生命,但是他已经从妈妈全身心孕育二宝、爸爸精心照顾妈妈的行为中,以及其他家庭成员小心谨慎的态度中,感受到家庭港湾的温馨与成员间的紧密情感连接,也更能体谅妈妈的艰辛不易和爸爸的倾情付出,会努力做一些力所能及的事情帮助爸爸妈妈,以自己独特的方式参与到这件家庭大事。因此,怀上二宝之后,宝妈可以让大宝参与整个孕期,一起给二宝讲故事或唱歌进行适当地胎教,一起参与二宝出生前的部分准备工作,比如购买奶瓶、摇椅、衣物等,或是给二宝起名字、布置房间等,让大宝有广泛的参与感,并借此提升大宝的责任感。

二、感受生命

在妈妈孕育二宝过程中,父母可以在去医院进行孕检时,让大宝现场观看超声波中二宝的影像,观察胎心监测仪,并给大宝讲他也是从妈妈肚子里一点一点长大的。也可以试着指导大宝安全轻柔地靠近妈妈的肚子,让他有机会近距离感受二宝的生命存在,仔细聆听新生命的心跳声,当一个心跳与另一个心跳产生碰撞、交流与共鸣,就可以让大宝充分体验生命的神奇与神圣,让两个血缘相连的个体建立超时空的情感连接,让他们更有机会成为彼此生命中的重要角色支撑。而且在观察和体验这个孕育新生命的全过程中,大宝也会深深体验到自己生命历程的不易,从在妈妈腹中孕育的艰难到慢慢长大迎接的挑战,从独自一人相对孤独单调的场景到两个宝宝可以相互帮衬的多彩情形,都会提升大宝对生命的美好期待和对亲情关系的向往与维护意愿,激发大宝以自己的方式来积极关注这个新生命的成长。

三、发现美好

家庭在孕育二宝、即将迎来新生命之际,要准备的事情繁多,需要耗费大量时间与精力,有时难免会出现手忙脚乱、顾此失彼,从而引发家庭成员的诸多不良情绪,甚至可能导致一些危机事件。这时,父母尤其需要与大宝建立积极认知,同时引导大宝充分认识新生命到来的重要价值,将孕育生命和照顾二宝的过程看成是自我修炼的难得机会,相信每一份付出都值得且有意义。要善于发现并记录生活中更多美好的片段,在辛苦中探寻快乐的源泉,构建对未来的美好愿景。比如,家庭成员会建立更紧密的亲情连接,家庭未来会拥有更美好更多元的希望,能创设和编织更多幸福场景。做好充分、积极的心理建设,能让整个家庭进入良性运转状态。大宝也会在这一特殊生命阶段培养和形成家庭责任感、塑造乐观的心理品质、树立积极向上的生命观。

四、主动接纳

家庭中二宝的出现,可能并不像大宝原本设想得那么可爱、美好,也不像别人说的或自己想象得那般好玩。二宝既不会张口说话,也不能及时给予回应,还时不时哭哭啼啼,更无法陪伴大宝玩耍。这可能是早期大宝对二宝的初步印象,而这与大宝对二宝的预期相差甚远,因此大宝可能会表现出一定的厌烦和轻视情绪。这个时候,爸爸妈妈要正向引导大宝主动接纳这个"没啥意思"的二宝,鼓励大宝注意观察二宝在身体与心理上的各种细微变化。比如,二宝对不同颜色和各种声音感知能力的变化,二宝出现爬、坐、立、走、跑等动作的时间顺序,第一次笑出声,第一次叫爸爸妈妈或者哥哥姐姐,长出第一颗牙齿,等等。还可以引导大宝通过语言、文字、图片或者视频的方式记录二宝的成长过程,利用相机定格二宝精彩生命瞬间,来引导和提升大宝对二宝的接纳度与保护欲,为后期两人同胞关系的和谐发展奠定基础。

第五章 | 二孩及多孩的养育期

第一节 全面发展亲子关系

一、关注大宝

二宝来到家庭后,大宝通常需要一定时间的过渡才能适应。在这个特殊阶段,父母要特别关注大宝的情绪和感受,可遵循"先护大宝再护二宝"的原则开展家庭教育。这个阶段的二宝刚刚出生不久,认知能力较低,心理活动相对简单,对父母关注爱护的先后顺序和程度的感受性较差。而大宝年长几岁,对父母的行为、态度与情感倾向感知更为敏锐,但总体心智尚不成熟,还不能完全理解父母的一些想法与做法。因此,为了更好地与大宝建立信任融洽的关系,促使大宝更好地接纳二宝,父母可以尝试在早期对大宝适当多些优待,将家中的优质资源及大宝原来拥有和享受的待遇继续保留给他,适当多考虑并满足大宝的情感需求,注重呵护大宝的内心。比如,当出现大宝邀请父母陪他一起玩,而此时二宝又哭闹需要照看的情况时,父母可以选择先陪大宝玩,邀请其他家庭成员去哄二宝,或者父母两人做好合理分工,千万不要同时都去照顾二宝而忽视、怠慢、冷落了大宝。父母下班或外出回家时,可以先与大宝打招呼或先拥抱大宝,再去照顾二宝,当然也可以同时拥抱两个孩子。即使平时两个孩子在家,没有太多互动或出现行为冲突的时候,父母也可以更主动地多花点时间、投入更多情感在大宝身上。比如,固定一个时间专门陪大宝外出做运动,或作业专属辅导,一起玩有意思的游戏,营造出浓厚的仪式感。尽可能让大宝体验到被"专宠"的感觉,进而让他感受到父母稳定且持续的爱。如果大宝在这个阶段对特别关注与呵护的期望得到充分满足，就会觉得二宝的到来并没有夺走父母对自己的爱，二宝得到的东西也不是从自己这里抢走的。如此，大宝内心对二宝的敌意、嫉妒或怨恨就会大幅降低，也更容易表现出谦让、包容和理解。将来，父母不需要对大宝过多强调和要求，他也不会对二宝做出过激行为，反而更易主动与二宝建立良性的同胞关系。这是因为父母已经在家庭环境中做好示范，教会了他如何更好地爱别人，以及热忱对待这个世界。

当然，"先护大宝再护二宝"的原则并不是无限制、无时间节点地刻板遵循，也并不意味着父母要毫无条件甚至毫无底线地偏爱袒护大宝。当大宝表现出一些问题行为时，父母需要恰当地指出，并给予正向引导，而不是一味地纵容溺爱，以免大宝是非不分、失了规矩、乱了秩序，变得过于任性甚至为所欲为，引发更为严重的偏差行为。如果家庭成员经过一段时间的磨合，大宝已经初步适应二宝的存在，开始逐步愿意亲近甚至喜欢上二宝，并且与二宝建立了相对稳定、良性的关系；或者当二宝开始"懂事"，认知和情感体验能力逐步提高，四口之家的生活运转秩序进入相对平稳的阶段时，父母可以按照"随风潜入夜，润物细无声"的节奏，逐步弱化对大宝的"偏爱"，更多地强化大宝对二宝的关爱与照顾，培养同胞之间的感情纽带，逐步遵循"无论对大宝还是二宝都尽量做到一视同仁"的家庭教育基本原则，守护好两个宝宝爱的天平两端，保持家庭整体的平衡状态。这样能逐步降低大宝的"不公平感"和"被忽视感"，有效减少大宝出现对抗行为和负性情绪的可能性，着重培养两个孩子相互关照、理解、谦让与帮助的品行，为后期两个孩子更好地相处奠定坚实基础。

二、分床而睡

很多父母为了方便照看宝宝，习惯让宝宝和自己睡在同一张床上，然而这种做法存在诸多安全风险。比如，熟睡的大人夜里翻身时可能会挤压到小宝宝娇弱的身体；大人的被褥、枕头等物品也可能会无意遮掩或盖住宝宝的口鼻，影响宝宝的正常呼吸，甚至带来窒息危险；再者成人呼吸会产生大量二氧化碳也会不利于孩子的健康。因此，父母应适时让宝宝与自己分床甚至分房而睡。

第一,从分床而睡的正向价值看,父母和宝宝都是受益者。①分床而睡可以使父母与宝宝的"私人空间"得以扩展,有效控制并避免相互之间的打搅,保障家庭成员的睡眠时间和睡眠质量。②分床而睡可以让宝宝的自我意识获得充分发展,明确建立诸如"这是我睡觉的地方""这是我自己的房间""这是我盖的被子"等"自我"的存在感,确立自己在家庭的"位置"和角色。③分床而睡可以更好地培养宝宝的性别角色意识,分清"男孩"和"女孩"的区别,如果长时间与父母同睡,可能会形成恋母或恋父情结,影响宝宝独立性的发展,甚至造成性别角色识别障碍。④分床而睡可以提升宝宝的内在安全感,父母创设有利于孩子独立、自主、勇敢等心理品质的家庭环境,让孩子变得自尊、自信,更能体验到成长的快乐。

第二,从家庭成员的具体分工上看,二宝出生后,宝妈的身体还需要进一步恢复。若夜间还要频繁起夜照顾二宝,就会非常消耗精力,导致睡眠时间和质量无法保障,不利于宝妈的身体恢复。这时可以考虑让宝妈暂时与大宝同睡一个房间。总体而言,宝妈与大宝作息规律,不会相互干扰,能够相安无事。宝爸则可以先与二宝同睡一个房间,夜间主要负责二宝的热奶、喂奶、更换尿布以及哄睡等事情。这种安排在二宝出生初期(比如前两三个月)较为适合,当然,这个过程中宝爸会比较辛苦,但比起宝妈怀胎十月的辛苦实在是微不足道。若二宝在夜里需要吃母乳,那就可以考虑宝爸宝妈与二宝睡在一个房间,让大宝睡在独立的房间,最大程度减少彼此间的影响。因此,父母需要在孕育二宝期间就提前与大宝协商沟通好,通过早期对大宝进行睡眠训练,引导大宝尽快适应新的独立睡眠模式,使其能够安稳地在自己房间睡觉。这样在二宝降生后,父母就可以更专心地照顾二宝的睡眠起居,减少大宝和二宝睡眠相互干扰的情况。当然,很多家庭会邀请爷爷奶奶或姥姥姥爷过来帮忙带孩子,还有些家庭会请月嫂、保姆等来协助照料。这就需要父母根据家庭具体情况合理分配陪孩子睡觉的人员,最大限度地实现宝宝的身心健康发展以及宝妈身体恢复这两大核心目标。

第三,从实施时间上看,孩子一出生就可以考虑让他睡在自己独立的婴儿床里,考虑到喂奶和照看的方便,婴儿床可以紧贴着父母的大床,这样在孩子半岁左右就更容易实施分床而睡,到了三岁左右就可以考虑分房而睡。

如果孩子超过半岁再开始实施分床就会比较困难,因为此时宝宝已经比较黏父母,对家长的依恋程度较高,而分床而睡产生的分离焦虑程度也会比较高。当然不同孩子的适应能力也存在一定差异,有的很容易就可以实现分床而睡,不需要父母做太多工作,但也有部分孩子对分离比较敏感,分床而睡容易引发他强烈而持续的负性情绪,这时父母不要急于一时,过度强迫孩子,而是等待合适的时机再行计划。因此,父母应根据家庭具体实际情况和孩子的个性特点等选择分床而睡的时间、人员的分工与具体的实施节奏。

第四,从准备上看,父母需要提前对分床而睡有所规划,无论是家庭成员的合理分工与角色的临时调整,还是提前购买婴儿床、双层床等生活用品;无论是维护家庭秩序的整体平稳运行机制,还是积极引导与早期训练大宝,都是在为后期大宝与二宝拥有独立休息空间、减少彼此干扰做好铺垫。当然,如果家庭经济条件允许,更为理想的状态是能为每个孩子准备各自独立的房间。尤其是对性别不同的两个孩子,父母在照顾时,既要有所侧重,又要通力合作,打造一个安全、安静且固定的居住空间,以帮助于孩子更好地睡眠与成长。等孩子长大一些,具备独立生活能力时,可以让他们自行布置、设计和整理房间。这能有效提升孩子的自主生活能力、自理能力、独立性以及家庭责任感,促进孩子建立正确的性别角色意识。

三、理性的爱

高尔基说过:"单单爱孩子,这是母鸡也会做的事情,可是善于教养他们,却是一桩伟大的公共事业。"诚然,为人父母爱护和教养自己的孩子,这是毋庸置疑的家庭使命与社会责任。每个父母也都望子成龙、望女成凤,希望孩子"青出于蓝而胜于蓝"。但想要真正做到爱孩子和教养孩子,首要的是父母要懂得如何科学有效地去爱与教养。爱与教养的目标大体相同,方式却有很多差异,只有科学、理性的爱与教养才能培育出优秀、健康的孩子。

有的父母对孩子的爱属于"老母鸡式的爱"。他们多关注孩子的吃喝拉撒睡等基本生活需要的满足,只要孩子吃得饱、穿得暖、睡得好就行,别无它求。这种爱与教养的方式容易导致孩子胸无大志,使其过度满足于当下的境况而无所追求,无所事事导致空度宝贵时光,最终难有大的作为和发展。

父母对孩子的这种"老母鸡式的爱"可以理解为对孩子最原始、最基本、最朴素的爱,同时又是短视的、缺乏深度的爱,对孩子来说,仅有这些爱是不充盈的。对孩子的滋养若只顾及物质需求的满足,而忽视对孩子精神世界的开发与拓展是远远不够的。父母还需要进一步了解并激发孩子追求更高层次需求的动机和行动力,挖掘孩子的各种潜能,让孩子拥有更多的生活经历与体验,以此推动孩子更好地发展。

有的父母对孩子的爱属于被视作"我的眼里只有你没有他"式的溺爱。他们将孩子视为心肝宝贝、掌上明珠,孩子的事是家庭的重中之重,孩子有任何风吹草动就被当作天大的事。真是捧在手心怕摔了、含在嘴里怕化了。对于这些被视作"小太阳""小王子""小公主"的孩子提出的要求,他们可谓是百依百顺,没有任何抵抗力,也不审视这些要求是否现实合理。他们对孩子的言行举止不设任何规则,也不加以基本限制,处处给予孩子"高人一等"的过度照顾。即使孩子有错误言行,甚至出现威胁或伤害周围人的言行,父母也不会及时制止并进行正面管教,只是轻描淡写地用一句"他还只是一个孩子"来搪塞、应付旁人,甚至还为孩子的不当行为找各种借口开脱。这致使孩子缺乏对社会道德规范的遵循意识与最基本的敬畏心,导致孩子的是非观与价值观出现重大偏差,甚至可能引发违法犯罪行为。

还有的父母会不遗余力地包办孩子所有的事情,不让孩子自己动手动脑去行动,总是为孩子的发展提前找关系铺好路或找资源搭好桥,唯恐孩子吃一点苦或受一点累,使得孩子缺乏基本的生活自理能力以及问题的分析与解决能力,很容易促使孩子成长为"妈宝男""家庭巨婴"或是"啃老一族"。父母如此无条件、无原则、无边界的宠爱孩子,一味地纵容和包庇孩子。从外在看,这似乎是在帮孩子遮风挡雨,但本质上,这种做法既限制了孩子自身潜能的发挥与成长,也阻碍了孩子内在探索与进取精神的发展,不但剥夺了孩子长出自己的翅膀、独立飞翔的机会,还压缩了孩子尝试错误、改过自新的空间。然而,纵使父母千辛万苦把这"百分百的爱"给了孩子,也未必能让孩子真正感到满足,更难以培养出孩子感恩父母的心。要是父母能够满足孩子的需求尚且还好,可一旦孩子的需求没有得到及时满足,他们通常就会大哭大闹、乱发脾气,把哭闹作为迫使父母屈服顺从的有力武器,甚至有的孩子会对父母和长辈拳打脚踢,毫不顾及现实情况、父母的境遇与感受,一味只考虑和要求父母必须满足自己的欲望。在这样溺爱环境中长大的孩子,往往恃宠而骄、懒惰散漫,不会主动站在别人的角度考虑问题,也不能很好地理解别人的感受。面对生活中的困难和挫折,他们往往会下意识"命令"父母代替他们应对解决。因为在早期的教育过程中,他们形成了"问题能不能解决最终取决于父母,而不是自己"这样的逻辑。面对现实的挫折,他们往往会哭着闹着选择逃避和退缩,躲在家里不再出门,因为他们不相信自己可以通过努力战胜这些所谓的"困难"。他们没有学会独立、智慧、合理地解决问题,会把父母的辛苦付出看成是理所应当的,甚至会变本加厉地要求父母做得更多或更好,而且也没有想着要回报父母的辛勤付出,把父母看成是满足他们需要的机器。一旦他们与周围人出现分歧或持有不同观点,往往会固执己见、一意孤行,若最后有了不好的结果则会全部责怪旁人或否定对方,绝对不会从自身找原因,周围人不堪其扰会因此慢慢远离他们,拒绝与他们深入交往。他们在社会人际交往中,更多沉浸在维护自身利益的美好世界里,表现出强烈的自我中心倾向,缺乏同情心,不愿承担责任,也无法直面现实。他们很难顾及别人的感受,甚至还有可能出现情感淡漠、缺失共情能力以及产生暴力攻击行为。理性的爱与溺爱都是"爱",但溺爱并非真正意义上有质量的爱,反而在某种程度上给孩子挖了一个大大的陷阱。这种爱的方式严重阻碍了孩子个性与品格的健康发展,致使他们习惯了接受并要求别人无条件给予爱,却不懂得为别人付出自己的爱。在人生长河中,他们逐渐迷失了自我,而这种"自私与无情",可能衍生出诸多不懂得感恩回报的人,父母最终也会对孩子失望至极,反过来指责孩子无情无义、不懂感恩,从而感受到强烈的教育挫败感。这些情况都会给家庭的平稳运行和社会的和谐发展带来极大的隐患。

有的父母对孩子的爱是"强势而又控制的爱"。这些父母通常有较强的成就感和自信心,自认为有足够丰富的社会生活经验可以传递给孩子,还觉得自己掌握的规律是放之四海而皆准的处事真理。因此,他们在教育孩子时,习惯用命令的口吻和强迫的方式,要求孩子按照自己认为正确的方式做事,不容许孩子有任何的反驳、质疑,也不容许孩子有商量和探讨的余地,真可谓说一不二。即使后来发现自己出错,他们也不会轻易承认、退让。只要孩子表达出一些不同的想法或要求,就会瞬间被父母的高谈阔论所淹没。孩子俨然成了被父母随意指挥的布偶玩具、任人操控的"冷血机器",失去了自己的思考与探索能力,没有了自己的见解与判断,像附属品一般被父母牵着鼻子走,被牢牢控制在父母的手掌心,无法充分表达自己的真正需求,也难以争取属于自己的切身权益。在这样的家庭环境下,孩子会时常感觉自己无能、无望又无奈,逐步形成自卑的心理状态,做事唯唯诺诺、过度谨小慎微。为了不犯或少犯错误,他们很容易轻信并听从别人的看法和要求,缺乏主见,过于按部就班、因循守旧,不敢越雷池一步,难以开拓创新、发展出属于自己的一片天地。当然,还有一部分孩子会在父母这种高压的教育环境下,逐渐变得焦躁、厌倦,产生强烈的抗拒情绪。长期压抑的情绪可能会在未来某个不确定的时间爆发出来,表现为厌学、逃学、离家出走以及其他过激行为。以此来表达对父母的不满和愤怒,亲子关系也会变得越来越疏远。

其实,这类父母教育方式的本质是打着"都是为了孩子好"的旗号对孩子发号施令。他们没有真正躬下身来深入了解孩子的需求,而只是从自己的主观视角,臆想孩子需要什么,进而去引导孩子。殊不知,他们只关注自己的想法和理想的教育结果,却忽视了每个孩子的特殊性,缺乏有针对性且合理的教育方法与过程。最终事与愿违,培养出的孩子,要么自卑胆怯,要么内心如同埋藏了定时炸弹,孩子很可能陷入"不在沉默中灭亡就在沉默中爆发"的境地,然而这并非父母的教育初衷。这就如同人们用手掌抓握沙子的时候,越是用力抓得越紧,从指缝中溜走的沙子反而越多,留在手掌中的沙子就更少,而当手掌比较松弛和更加包容时,手掌保留的沙子却更多,这就是沙子效应。沙子效应给父母的启示是,在教育引导孩子时,切莫用力过猛、过度控制。一旦对孩子盯得过紧、管得过多、要求过严就可能引发孩子的厌烦、逆反和对抗情绪,孩子会越发想远离父母,进而更容易出现教育失控和教育失效的情况,最终导致适得其反的结果。

父母对孩子的爱应该是理性的爱。这种爱是在接纳、尊重、理解、信任孩子的基础上给予孩子的关爱。这种爱既有温度又有边界,父母对孩子能做到放手但不撒手,引导但不干涉,会顺其自然又会身先士卒、言传身教。

他们会精心照顾孩子的饮食起居,重视孩子的营养均衡和睡眠质量,注重培养孩子良好的生活习惯,促进孩子身体的健康发展。他们允许孩子有不同的想法、表达不同的声音,愿意倾听孩子诉说与解释。如果孩子的想法具有一定合理性和创新性,即使有些冒险,也会参照孩子的想法去尝试,这样可以更好地训练孩子独立思考的能力、从不同视角考虑问题的哲学思维以及高效的行动力。他们懂得在现实生活中看到并挖掘孩子身上的各种闪光点,给予孩子恰当的肯定、鼓励与支持,给予孩子独立的空间,不轻易介入孩子解决问题的过程,当然在孩子需要的时候也会与孩子一起面对挑战与解决困境,发掘孩子身上的潜能,培养孩子的自信心与耐挫力。他们愿意全心陪伴孩子,即使工作忙碌,也不缺席孩子重要的生命节点。他们愿意躬下身来与孩子平等对话,倾听和了解他们的各种需求,接纳和理解他们的成长烦恼,成为孩子身心健康发展的引领者和陪伴者。他们懂得放手,不规定、不替代孩子走自己的路。他们懂得解放孩子的大脑,给孩子创设更多的时间和空间以施展拳脚,接受和乐于看到孩子独立成长。他们面对孩子的不当行为不是任意批评指责,而是以孩子能接受的方式进行沟通,以灵活的方式陈述不当行为的利害关系,晓之以理动之以情,既让孩子敢于承认错误并积极承担责任,也让孩子有勇气和智慧去改正不当行为。父母这种理性的爱是一种成熟、稳定的爱,是能够赋予孩子更多安全感、力量感、自尊、乐观与韧性的爱,能够为孩子的健康成长保驾护航。

四、温和引领

尽管父母在孕育二宝的过程中提前给大宝做了很多心理建设工作,但当大宝真正面对二宝来到家庭时,还是会出现一些不适应状况,产生负性情绪反应,甚至会出现行为倒退,表现出之前已经改掉的幼稚行为。这时,父母不要急于强制要求大宝马上接受二宝,尤其不要在情绪失控时采用暴力方式推进。这样做不仅于事无补,甚至会与预期背道而驰。父母要清楚,此时的大宝在认知发展上还不够成熟,逻辑思维还没有充分建立,且带有显著的自我中心特征,很难把控事物发展的内在本质规律和特点。当他们预期的美好场景和现实产生显著冲突、存在较大差异时,难免会出现失落、不满、烦躁、鄙视或嫉妒等消极情绪,以及一些过激的反常行为。因此,父母不能一味干涉、指责大宝,全面否定之前对大宝开展心理建设工作的效果,而要充分接纳和理解大宝的内在感受和反常行为,降低对大宝接受二宝速度的期待值。同时,父母要先给自己预留一些时间和空间,平息和缓和自己的消极情绪,然后以更为包容、充满智慧且态度温和的方式,引领大宝,让大宝明白父母对两个孩子的爱与引导是共进、持久的,帮助大宝顺利度过因二宝降生而使家庭发生较多变化的过渡期。

第一,父母要尽量保持家庭原有的生活秩序,尤其是有大宝参与的家庭事务或日常活动。比如大宝的起床、进餐、睡觉、听故事、做游戏、看电视及外出休闲放松等主要活动的作息时间不要有太大变动,尽量按照二宝出生前的规律进行。大宝已经形成的生活习惯,比如自己穿衣吃饭、刷牙洗脸、整理玩具,晚上跟父母一起做家庭活动,以及周末与小伙伴到游乐场玩耍等也按照往常的程序来做,不要轻易打破原有秩序和习惯,尤其是父母与大宝共同参与的活动必须一如既往地进行,这也是强化大宝感受父母对他独有的爱的时间。不要为了提高某事的效率,或为了更好地照顾二宝就不断催促大宝或直接代替大宝。保持家庭环境的相对稳定,就可以尽量削弱大宝对二宝出现带来的家庭变化的感知,提高大宝的适应水平。

第二,父母要注重对大宝情绪的引导与调节。二宝出生后,大宝会通过撒泼耍赖、故意破坏家庭物品、制造怪音怪调以及做事磨磨蹭蹭等方式表达不满或嫉妒。父母要充分理解大宝的这些行为,认识到这背后其实是大宝对父母爱的期待以及渴望被关注的信号。需要进一步提醒父母的是,大宝同样需要他们密切关注,不要因为照顾二宝而忽视了大宝。这时,父母不要埋怨大宝不懂事,甚至指责大宝不仅不帮忙,还总是给家里添乱,而是要增加与大宝的有效沟通,注重彼此的情感连接,提升双方的信任关系度。父母还可以通过与大宝一起查看大宝小时候的照片和视频,让他跟随珍贵的影像资料回到跟二宝差不多大小的时候,体验爸爸妈妈当初不辞辛苦给他换尿布、喂奶、讲故事、接送上下学等生活片段,感受和谐幸福、其乐融融的家庭氛围。父母的这种全力付出会让大宝在当下产生较强的共情,激发大宝要保护和帮助二宝健康成长的动力,培养大宝感恩、尽责和敢于担当等积极的心理品质。

第三，父母可以选择合适时机和场景邀请大宝一起照看二宝，比如，让大宝帮二宝挑选适合的衣服、布置温馨舒适的房间、更换尿不湿、洗涮奶瓶、推婴儿车，以及给二宝讲故事等。还有的家长会让大宝参与给二宝起名字的过程，这在一定程度上可以提升大宝在二宝哺育过程中的参与感与成就感。当二宝有意无意模仿大宝那些积极正向的健康行为时，父母要趁机及时直接或间接地赞美大宝，比如"姐姐乖乖吃饭，妹妹也跟着姐姐乖乖吃饭，姐姐真是妹妹的一个好榜样啊"。在赞美过程中，父母需要着重赞美大宝作为哥哥或姐姐这个身份所展现出的行为与品质，如勤勉付出、富有智慧等。比如可以说："哥哥给弟弟换尿布手法这么熟练，你可太疼爱弟弟了！有哥哥的鼎力相助，妈妈真是太有福气了！"通过这样的方式，从认知和情感上激发并提升大宝的自豪感与价值感，巧妙鼓励大宝持续为二宝做好榜样。当然，二宝也会出现模仿大宝不良行为的情况，这时，父母不必大动肝火，急于批评、矫正大宝的言行，更不应责怪二宝出现不良行为是因为大宝"带了不好的头"。父母可以平静地邀请大宝来现身说法，一起讨论二宝这些不良行为的性质、可能的引发原因以及潜在危害。同时，正向引导大宝做出正确行为给二宝做示范，注重发挥大宝的楷模效应，培养其权威感和责任感。当然，有的时候大宝并没有做好"做弟弟或妹妹好榜样"的准备，父母切记不可强制他去做这个榜样，要允许大宝做不好一些事情，或者犯一些日常错误，不给大宝施加过多因榜样光环带来的压力。等待合适的机会和场合，父母再因势利导，在鼓励与赞美中激发大宝做榜样的动力促使其付诸行动。从时间上看，二宝从出生到满月是大宝接纳二宝的关键期，父母要充分利用这个时间段，依据心理学上的"首因效应"让大宝感受到二宝到来的美好，形成对二宝较好的第一印象，更容易起到事半功倍的效果。在二宝满月后至3岁的整个婴儿期也是促进大宝接纳二宝的黄金期，父母要保持足够的耐心、持续努力，遵循竹子定律来教育引导大宝。竹子定律指竹子在前四年生长非常缓慢，每年只增长大概1厘米，但是从第五年起，会突然以每天30厘米的速率快速拔节生长，仅仅一个半月就可以长到大约15米。这是因为在前四年，竹子主要在不断地向地下深深扎根，有了这样不间断的蓄力积累，经历了前期充分的营养积淀,最终完成厚积薄发。父母教育引导大宝也需如此,根据二宝不同成长阶段的身心变化创设良好的外部环境,引发大宝的积极关注,培养大宝的自我成长感与责任感,让大宝引领、促进二宝的成长,也让二宝推动大宝的社会性发展,形成两个宝宝良性互助发展模式。

第四,父母也要及时做好与二宝的沟通教育,通过讲故事、读图画书、看视频等方式引导二宝学会尊敬和爱护大宝,适时听从大宝的话,按照大宝的合理要求去做,初步树立大宝的威信。二宝出现不当行为时,父母也要及时指出来,并给予正确做法的详细讲解与耐心示范,鼓励二宝按照正确的方式做事情,同时一定要避免出现二宝犯了错误却让大宝"背锅担责"或"连带责任"的情况。在管理两个孩子过程中,努力做到"理"字优先,以理服人,以情动人,努力做到一碗水端平,让每个孩子都感受到父母的珍爱与重视,而不让孩子刻意比较从父母这里得到的多还是少,这样做可以赢得孩子对父母更多的信任、尊重与认可。

五、合理期待

美国心理学家罗伯特·罗森塔尔通过对小学生的实验验证了一种社会心理现象,当给予某人以积极期待时,对方就会不自觉地接受这种暗示与影响,并及时调整自己的态度与行为,力争将这种期待变为现实,这就是罗森塔尔效应(也称为期待效应)。该效应表明,积极合理的期待可以产生积极作用,促成期待变成现实,而负面、不合理的期待则可能导致个体消极情绪与行为,最终导致人们事与愿违。"长江后浪推前浪,一代更比一代强"是社会给予年轻一代的厚望,望子成龙、盼女成凤是很多家长对孩子的殷切期望。然而,有时候父母对孩子的这种期待变得有些苛刻甚至好高骛远。这种高期待的设定,可能忽视孩子自身心理发展的特点,违背家庭教育的基本规律,超出现实资源所能支持的范围。比如,要求自己的孩子每门课程都必须优秀,考试成绩总要名列前茅,希望孩子有超强的自制力和耐挫力,规定孩子不能有丝毫懈怠或犯错,认定孩子必须"青出于蓝而胜于蓝",只有超过自己才是优秀,否则就是失败者等。为达成这些目标,父母可能会使出浑身解数,如同拔苗助长,又像抽打陀螺一样,让孩子一刻不停地运转以追求培养速度。但现实情况很可能是"欲速则不达",这种不符合现实规律的教育方式会让孩子深陷其中苦不堪言。一旦孩子无法达成这些不合理的要求,就会给父母及孩子双方都带来巨大的压力、困扰和受挫感。还有一些家长对孩子没什么具体、明确的期望,也不提任何现实要求和限制,完全任由孩子自由、野蛮地生长,没有适当地带领和示范,没有对孩子发自内心的信任与欣赏,自生自灭与自求多福成为这些孩子的"生命主题歌"。他们未来能够长成什么模样更多是靠运气和环境好坏,这很容易造成孩子发展过程中的无方向感、无目标感与无意义感,可能进一步导致孩子的情感淡漠、安全感缺失以及低自尊状态。

特别需要注意的是,为了更好地教育培养二宝,很多父母可能会从先前教育大宝的过程中汲取经验教训。于是在教育二宝的过程中,父母会进行全面审慎地思考,如何通过更完善的教育方式弥补教育大宝时留下的缺憾,进而建立起对二宝全新甚至超高的期待。但在这个过程中,这些父母可能会比较片面地只看到了缺憾,却没有考虑这种"教育弥补"是否符合二宝的发展特点、是否真的能满足二宝的心理发展需要。"教育弥补"的内容本身需要细细斟酌才能实施,比如在高质量陪伴、高效沟通、更好的情绪管理、更好的习惯养成、更好的行为示范等方面,父母确实是可以做得更主动、更出色。但是父母还需清楚,二宝在个性发展方面的特点与心理需要可能与大宝是迥然不同的。因此,父母要认真审视自己进行"教育弥补"的动机,究竟是更多地为了二宝未来更好的发展考虑,还是单纯地为弥补自己的教育缺憾考虑。千万不要为了缓解自己的遗憾就急于弥补,或是为了减轻自己的内疚而强行弥补。最适合的教育是回归二宝具体而独特的当下,充分了解二宝的身心发展特点,紧密结合二宝心理发展的方向以及需求程度,再来确立对孩子的合理期待与要求,从而真正达成有效而必要的"教育弥补"。

父母对孩子的期待究竟怎样才是合理的呢? 我们可以重点参照孩子心理发展的"最近发展区"理论来设定。所谓的"最近发展区"是指通过有能力的人的指导和帮助,个体所能达到的解决问题的水平与个体当下独立解决问题的水平之间的差异。依据最近发展区设定的目标标准,孩子达成这个期待应该是有一定挑战性的,必然会有一定难度,但也并非高不可攀,而是可以通过外在指导与孩子适当的努力来实现,类似于"跳一跳就可以摘到树上的果实"。这样的期待就能对孩子有足够的吸引力,也能激发孩子的行动力。假如孩子"不用跳就能摘到树上的果实",这样的目标期待对孩子来说就过于容易达成而缺乏挑战性,进而失去对孩子的激励作用,使得孩子容易安于现状,形成较低的自我价值感;假如孩子"再怎么用力跳也摘不到树上的果实",那这样的目标期待对孩子来说又过于困难,甚至有点遥不可及,这种过高的期待脱离孩子的实际,很容易造成孩子频频失败、受挫,难以体验到成功感,从而容易导致自暴自弃,形成较低的自我评价。因此,父母对孩子的期望要设定在合理恰当的范围内,符合当下主客观条件的限定,依据孩子的年龄、性别、性格与身心发展特点等来全面考量,并且要在与孩子良好沟通协商后来设定,这个期望要能切实激发孩子努力进取的动力,成为塑造孩子自立、自强与自信的向导与源泉,而不是成为孩子望尘莫及的"高山",父母需要在期待孩子发展速度与发展质量方面找到最佳平衡点,以孩子为本,让孩子真正成长为自己想要的模样。

另外,父母在对孩子提出各种期待和要求的同时,更要注意规范自身的言行,尤其是孩子年龄较小的时候,父母更要加强自我约束与自我教育。有些家长自己一边看着电视或是一边打着游戏制造各种噪声,却还要指责和训斥孩子写作业不专心、不投入;有些家长自己整天流连于娱乐场所过得潇洒快活,却把孩子送到一个又一个课外学习辅导班里埋头苦读;有些家长自己在工作中消极怠慢、混天度日,却还要求孩子珍惜时间、奋发图强。家长与孩子这些有强烈反差的行为表现会让孩子产生极大的困扰和不平衡感,也容易让孩子的负性情绪陡升,行动效率下降,父母的期待也很容易流于形式而难有实际效果。因此,父母不仅要对孩子有合理期待,注重教育的过程与结果,更要注重为孩子创设达成期待的友好环境,提供丰富的支持资源。父母在为孩子设定规则、要求与任务的同时,也要做好自身姿态的调整与行为的约束控制。期待孩子变得更优秀,那父母就要创造良好的家庭环境,就要更努力地工作、学习与生活,坚持不懈地追求,而不是躺平或摆烂。期待孩子更有心理韧性,父母必须在遇到困难与应对挑战的过程中表现出比孩子更有弹性、毅力和智慧,而不是回避退缩、封闭自己或以负性情绪应对。期待孩子懂得感恩和回报,父母就必须比孩子更注意对长辈的照顾与关爱,而不是不顾长辈的生老病死,表现出情感冷漠。期待孩子有良好的沟通与情绪管理能力,父母就必须学会遵循平等、尊重、热情、真诚等基本原则去开展人际沟通,必须会很好调控消极情绪与培养积极情感。尽管很多父母并非都具备那么多优秀的心理品质和突出的工作业绩,但重要的是要让孩子看到为人父母积极的生活态度、努力坚持的勇气和善始善终的意志。而这种诚意十足的表现一定会成为孩子身边最直接、最好的榜样,引领孩子成长,成为影响孩子一生发展的宝贵资源与财富。

六、发现亮点

大宝和二宝总容易被父母和旁人不自觉地拿来做对比,但这种做法通常会造成两个孩子之间的恶意竞争和不良同胞关系,也可能导致一些孩子产生自卑心理,以及过度在意外在评价,甚至为了获得良好外在评价而做出虚假行为,导致孩子不良个性的形成。其实作为父母,要知道每个孩子都有独特价值、各自的尊严和需求,也都有专属的亮点和优势。如果强硬地按照自己的评价标准和思维模式对两个孩子进行简单粗暴的横向比较,或者在父母有意无意的言行中,给两个孩子贴上"一个好""另一个不好"的标签,就忽略了"两个孩子都很优秀,只是优秀的方式不一样"的现实。这不仅会极大限制孩子积极自我意识的发展,严重破坏孩子之间的关系,还会阻碍两个孩子的健康成长。这就需要父母运用"会欣赏与善欣赏的眼睛"来观察和引导两个孩子,及时发现捕捉孩子们各自的闪光点,让他们可以扬长避短,并学会取长补短、变短为长。

诺贝尔化学奖获得者奥托·瓦拉赫的成长之路颇具传奇色彩。早在他读中学时,父母为他规划了文学发展之路,然而教师在他的期末评语中更多是肯定了他的努力和良好的品德,但还是委婉表示他很难在文学方面有所成就。于是他转而学习油画,可是在艺术专业人士看来,他在画作的构图与调色部分都缺乏悟性,对艺术的理解也比较单调,总体成绩非常糟糕,学校给他的评语更是冲击人心,认为他是绘画艺术方面的不可造就之才。接连受到否定使得很多人都认为他无法顺利成才的时候,他的化学老师却独具慧眼,发现他做事过程的严谨与细致,这种一丝不苟的态度是做好化学实验不可或缺的重要品质,于是建议他来尝试学习化学。这一次他智慧的火花终于被点燃了,并且一发不可收。这样一个看起来"笨拙"的不可造就之才完成了华丽转身,摇身一变成为在化学领域前程远大的高才生,并在后期取得了化学科研领域的巨大成就。我们要知道,孩子的智能发展是不均衡的,发展的速度也是不同步的,都有着各自的强项与局限,正所谓"闻道有先后,术业有专攻"。孩子如果能够通过更多有益的尝试探索到自身的最佳发展点,就可以充分发挥潜能,取得意想不到的成绩,这就是著名的"瓦拉赫效应"。因此,父母要对孩子保持足够的耐心,不为孩子一时的失败而慌乱,不为孩子一时的迷茫而绝望,鼓励孩子进行更多的尝试,尽早找到适合自身潜能发展之路。

父母可以从性格的视角来发现和培养孩子的优势。比如,孩子总是不停地到处乱爬乱窜,父母不要急于阻止,而要从中看到孩子的活力与健康,鼓励他在安全的环境中用科学的方式锻炼,提升孩子的身体素质,磨炼孩子的意志品质。孩子喜欢打破砂锅问到底,父母不要因为他问这问那而不耐烦,而要从中看到并保护孩子的求知欲与好奇心,耐心讲解相关知识,或和他一起探寻答案、分析解决问题,助力孩子放飞理想的翅膀。孩子经常反复拆卸组装各种玩具、小电器或钟表等,有时还会造成物品损坏无法复原,此时父母不要轻易斥责和谩骂孩子,而要看到孩子展现出来的心灵手巧、善于实践、爱动脑筋以及喜欢钻研等心理特点,主动创造一些条件给他提供更多实践演练的机会,提高孩子的动手能力和创新思维能力。孩子做事时要求自己独立完成而不想让父母插手,父母不要觉得孩子小缺乏经验或者观察到孩子做得不好、做得慢就限制他想独立操作的要求,甚至强行出手替代孩子,剥夺了孩子探索的权利与空间,这在很大程度上阻碍了孩子尝试的勇气和独立品质的塑造。因此,父母要看到并鼓励孩子追求自我发展的内在动力,在保证安全的前提下,大胆放开孩子的手脚,真正解锁孩子的大脑,给孩子充分的自由,并予以足够的信任和适当指导。父母对孩子的欣赏、信任和支持是一种无形的精神力量,可以激发孩子更强的创造力,进一步提升孩子的自信心,有利于孩子更高效地找到适合自己发展的人生方向,发挥更大的潜能,也让孩子感觉到很多事情是可以积极沟通协商的,并不是绝对和固化的,从而培养孩子的心理弹性和思维的灵活性。

父母可以从孩子的兴趣爱好探寻其闪光点,并从兴趣点出发激发孩子对生活的向往与热情,提升孩子主动探索自然、乐于探索社会以及勇于探索自我的内驱力。比如,当孩子很乐意学习画画、骑马,或者学习摄影、轮滑时,父母一方面要量力而行,尽量为孩子创造良好的外部条件,如购买合适的学习用品和活动工具,报名参加相应的兴趣培训班,另一方面要因材施教,注重挖掘和培养孩子的内在兴趣,不能在陪孩子时心不在焉地刷手机,只是漫不经心地关注孩子,而要给予真正有质量和有温度的陪伴,并及时给予孩子具体且引导性强的鼓励与赞美。让孩子充分体验到发展兴趣带来的价值感和成就感,深刻体会到"兴趣是最好的老师,努力是成功的秘诀"。以兴趣激发兴趣,用信任开启信任,使兴趣点拓展到孩子生活与学习的更多领域,激励孩子扬长避短、取长补短,助力孩子健康快乐地成长。

总之,每个孩子都有自己独特的才华与发展潜能,父母需要细心觉察、耐心挖掘,用智慧去发现每个孩子的闪光点,鼓励他们积极尝试,引导他们克服困境,赞赏他们的努力与勇气。用这种对孩子发自内心的欣赏与激励,唤醒和激发孩子无尽的创造力,转化为孩子珍贵的自我认同,让他们永远相信自己就是那颗能够在夜空中绽放光芒的星星,即使面对恐惧,也依然能够选择坚定地前行。

七、安全依恋

每个人对安全感都有着迫切的需求。保持内心有足够的安全感可以让我们变得更自尊、自信、平和松弛,更容易与周围人建立起尊重、平等与信任的关系,与外在世界保持良好的沟通与联系,并勇于进行深度探索。而缺乏足够安全感的人,不敢应对现实生活中的各种挑战,更容易体验到孤独感与被拒绝感,表现出退缩、封闭与焦虑的状态。亲子依恋通常指婴幼儿与照顾者(主要是指妈妈)之间形成的一种特殊情感连接,良好的亲子依恋可以有效提升婴幼儿的生存质量与安全感指数。0~3岁是父母与孩子建立良好亲子依恋关系的黄金时期,因此,父母在这个阶段要特别重视对孩子持续、稳定的陪伴与照顾,耐心细致地训练,进而有效促进宝宝安全感的健康发展。

　　亲子依恋通常有四种主要类型,分别为安全型(最优)、矛盾型、回避型以及混乱型。以安全型依恋为主的孩子,即使处于陌生环境,只要有照顾者在场,就会比较放松地自由玩耍。只有当环境中出现了陌生人并且引发他们不安或恐惧的情绪时,他们才会主动寻求照顾者的保护和关照。又或者,当照顾者离开孩子当下活动的现场,孩子虽会出现一些不安情绪,但只要照顾者返回与他们重聚,他们仍能满心欢喜地迎接照顾者,并用比较积极的情绪(愉悦或兴奋等)回应。以矛盾型依恋为主的孩子,通常对照顾者有较高程度的迷恋和依赖,他们对于照顾者的离开会表现出较高程度的悲伤和紧迫感,强度之高甚至迫使这种分离场景的暂时中断,也就是可能会让照顾者不得不打消离开的念头,被迫留下来陪伴和安抚孩子。即便在与照顾者重聚之后,他们也容易出现较大的情绪波动,甚至可能大发脾气,又或许会在主动亲近照顾者与拒绝照顾者之间左右摇摆。这种与照顾者重聚的过程,既没有缓解这类孩子的负性情绪,也没有减轻照顾者再次离开可能引发的忧虑,他们总体以消极情绪和纠结状态来回应。以回避型依恋为主的孩子会在照顾者离开又返回后表现出一定的平静,会继续做自己手头的事情,尽管内心渴望得到照顾者的安慰与关爱,但是他们认为即使向照顾者主动提出请求也不会得到满足,因此,他们会选择主动回避和放弃请求。这种孩子表面的平静情绪与现实依恋行为的不足与缺失,造就了被动的防御性适应。以混乱型依恋为主的孩子,在照顾者离开重聚后往往会表现出一些比较怪异的言行,他们可能会感受到照顾者既是安全的港湾同时也是某种危机的源泉,使得这些孩子会站在原地一动不动或瘫软在地,有可能进入一种恍惚茫然的状态,表现出一定的混乱。这四类依恋类型中,安全依恋类型为主的孩子占七成以上,其他三类的总体占比相对较少,但是都存在一定的弊端和危害,影响孩子的心理健康发展,容易造就所谓的"问题孩子"。因此,培养孩子良好的安全依恋关系也是父母需要做的重要功课。

(一)父母要尽力营造母乳喂养孩子的机会与环境

　　即便是用奶瓶以奶粉喂养孩子时,照顾者(妈妈或爸爸)也应将孩子轻轻揽入怀中,在喂养的同时增加与孩子的眼神交流与言语互动,目光充满爱意和良好期待。言语内容可以多次温柔重复,也可以有所变化,语调要轻缓柔和,语速适中。这些都可以帮助宝宝更快地理解语言,提升言语表达与沟通能力。父母在此期间千万不要做其他干扰孩子吃奶的活动,比如给孩子喂奶的同时玩手机、看电视、闲聊等忽视宝宝的行为。相反,要全程关注宝宝,持续展现出对宝宝的关爱、欣赏与赞美。微笑的表情、轻柔的话语、温暖的怀抱、缓缓的抚摸,能让宝宝在安心进食的过程中充分体验到安全感,这不仅有助于促进亲子依恋关系的健康发展,还能提升宝宝的身心健康水平。

(二)父母要尽量及时全面满足宝宝早期的各类合理需求

家庭日常生活中有很多重要节点,都是父母与宝宝交流的绝佳机会。比如帮宝宝穿脱衣服、更换尿布、洗澡、洗头以及带孩子外出参加丰富多彩的活动等。父母要及时与宝宝面对面交流,告诉宝宝正在做什么,看到了或听到了什么。对于宝宝发出的各种声音或动作信号,父母更要及时、细心地捕捉并准确快速识别,遵循"饿了就喂""有求必应"的基本原则,尽快给予回应,满足宝宝的现实需求,进而减少宝宝哭闹避免其情绪越发紧张。这样能让宝宝感受到父母全时段的关注,初步建立起父母与孩子之间的信任并增进感情。当然,父母也要逐步学会分辨宝宝的各种信号、言语和表情的内在含义,比如同样是哭,可能是肚子饿了,也可能是感觉身体不舒服,还可能是在博取周围人的关注,或者可能是在发泄情绪、无理取闹。父母要不断总结经验以更快做出辨别进而区别处理。宝宝微笑意味着愉悦和满足,扭头可能表达拒绝或不满,所以留意观察以读懂宝宝的各种表达,并核实明确宝宝的合理诉求,多站在宝宝的视角想问题,并采取一定的措施及时满足他,可以有效增进宝宝的安全感。

但是随着年龄的增长,宝宝的需求会变得越发复杂,需要层次上也更丰富。有些宝宝想要更多、更好、更贵的新玩具,有些宝宝希望能多看一会儿电视或多打一会儿游戏,有些宝宝稍有不如意就会冲着父母大喊大叫,且有不达目的不罢休的势头。在这种情况下,作为父母就要考虑宝宝的要求和行为对其将来发展的影响,判断满足宝宝当下提出的需求的必要性和紧迫性,对于不合理、不切实际的要求,父母要与孩子做好沟通协调,耐心讲明情况和道理,态度坚决且语气温和地予以拒绝。当然,孩子有些要求是可以给予满足的。不过,原先"及时满足"孩子要求的养育原则和策略,可能要调整为"适度延迟满足"孩子需求的养育原则和策略。延迟满足可以理解为个体能够为更有价值的长远目标达成,而放弃即时满足的选择意向,考验的是个体在等待阶段能否保持耐心与自我控制以获得更大的利益。心理学家米歇尔的棉花糖实验表明,那些学会等待且有更强自控能力的孩子最终可以获得两块糖(更大利益),而那些不愿意等待的孩子虽然即时吃到了糖,但却只能吃到一块糖(基本利益)。因此,为了培养孩子更强的延迟满足能力,父母不应该无节制、无条件地即时满足宝宝的所有要求,而是学会在满足宝宝某些当下需求前,尝试用一个更大利益的满足来引导和训练其学会等待和自控。当孩子可以为了达成一个更长远、更有分量的目标,能够果断放弃眼前的"小利益",他就会在成长的过程中懂得志存高远,建构更高的人生格局,养成韬光养晦的个性特征和良好的生活习惯。更重要的是,这种"延迟满足"的养育策略可以让宝宝在获得安全感的同时,学会耐心等待和控制自己情绪从而在安全感与自我控制之间达成新的平衡,以实现更大利益。那如何培养孩子的延迟满足能力呢?

父母首先要教育孩子学会"接受等待"和"主动等待"。对于孩子的某些需求,父母不必急于满足,而是通过引导策略减缓满足的节奏,以训练孩子的"等待"能力,不必担心孩子没有获得及时满足而有过激反应,此刻正是父母与孩子进行心理较量的关键节点,要相信孩子可以做到。其实很多时候都是父母内心不够坚定,先松软下来,丧失基本原则满足孩子的需要,最终导致前面的努力功亏一篑。对于年幼还不太懂"等"的意义的宝宝,家长可以跟他们说"等你把饭乖乖吃完,再开始玩玩具吧",或者"奶粉还在冲,宝宝需要过一会儿才可以喝到呢,再耐心等一下吧",这种更为具象化的语言能给孩子更好地引导。或者,父母可以跟孩子共同制定一些规则,比如在购物过程中,不在第一次看到喜欢的商品时就立即购买,而是等到下一次见到同样的商品时,判断自己如果还是很喜欢就可以与父母协商购买,设定这样的规则可以让孩子对那些难以减少或避免的"诱惑"形成一定的抵抗力,通过推迟做决策以达成延迟满足的目标。父母还可以通过"三分钟游戏"来培养和提高孩子延迟满足的能力，比如孩子很想得到某种东西，就先让他暂时忍耐三分钟，等到三分钟之后再去满足，而当孩子能够适应三分钟的延迟时间后，就可以在此基础上逐步延长忍耐的时间，经过长时间训练，孩子的延迟满足能力就能得到较大提升。其次，父母要教会孩子懂得"感知他人"，理解别人的需求与情绪。通过专项的沟通训练，让孩子逐步认识到每个人都有各自不同的需求，当别人的需求比自己当下的需求更重要或更紧急，那就需要适当克制自己的冲动，允许先满足别人的需求，而后再达成自己的愿望，促进孩子形成先人后己，以及协同共赢的思维模式。比如，宝宝现在想让爸爸陪他一起做游戏，而爸爸此刻恰巧接了一个紧急电话需要尽快外出去解决一些问题，这时候爸爸可以跟宝宝协商："爸爸现在有一件重要事情需要马上处理，大概需要半个小时，等解决完问题爸爸再回来陪你玩，我们可以比现在多玩一会儿，好吗？"如果条件和环境允许，也可以考虑让孩子在旁边看着你做事情，这样就可以更好地达成陪伴孩子与延迟满足孩子需要的平衡。再者，父母可以通过有智慧的累积奖励来实现提升孩子自控力的目标。比如，父母可以在每一次孩子取得小进步或小成就时奖励一个小星星或一朵小红花，当小星星或小红花累积到一定数量后就可以兑换成小月亮或大红花，获得小月亮或大红花后就会有更大的奖励给孩子。这样如此叠加反复，孩子就会习惯于为获得更大的利益，在期待中积极控制自己的言行、情绪与欲望，逐步形成良好、稳定的认知行为模式，将来也就能抵挡得住眼前较小利益的干扰和诱惑，实现更长远、更有价值的人生理想。最后，父母训练孩子的"延迟满足"能力要遵循由少到多、从短到长以及先易后难的原则，充分考虑孩子当下的年龄特点与接受能力，从练习多等一分钟开始逐步提升等待时间，控制好训练强度和效率；从处理生活中简单、容易的小事开始，控制好训练的进阶梯度；从一件事情开始，控制好训练的节奏。不要好高骛远，也不要贪多求快，让孩子通过自己的持续努力达成更高的目标，为选择更适合自己的发展方向赢得时间，更好地理解付出与结果之间的逻辑关系以做出科学的决策。父母同时要以身作则，严于律己，有效控制孩子为即时满足小利所引发的冲动，为孩子做出表率，那么父母对孩子提出

"延迟满足"的要求时就会更具有权威性和信服力。

（三）父母在与孩子互动过程中要注重促进其积极情感的发展

父母可以尝试增加与宝宝的肢体、眼神的接触,充满爱意的轻抚、亲吻、拥抱、注视都可以让宝宝体验、形成和发展积极的情绪与情感。父母平日还应注意宝宝情绪的变化与波动,细心、耐心地捕捉孩子细微的表情变化。比如,宝宝出现不安情绪时,父母可以及时抱起来安慰,使其变得平静,随后放回床上陪伴其安定下来或者陪其到接近睡着的状态。父母还要有意增加与宝宝的沟通交流时长,有效推进宝宝语言理解和表达能力的发展,同时引导孩子勇敢表达"我想要……"促进其对特定环境下不同人情感的理解,以及建立主动积极的情感表达形式。另外,父母通过一段时间的教育引导实践,对宝宝的哭闹处理方式可更加有效和灵活,就可以逐渐降低安抚的频率和强度,比如拍的节奏变慢、强度变轻,或者通过更好地陪伴,给宝宝一个机会学习和练习,使得宝宝能够自主平静下来直至睡着。宝宝哭闹比较严重时,父母可以采取多种策略,比如将宝宝抱在怀中轻轻晃动,用柔和的声音对宝宝讲话,轻轻抚摸宝宝的手臂、腿部或前额,或哼唱儿歌,都可以有效地缓解宝宝的哭闹情形,引导宝宝进入一个比较安定的状态。

（四）父母可以选择合适时机培养孩子社交能力

当孩子的认知和社会性发展到一定水平,父母可以选择合适的机会带孩子到安全且比较常见的社会交往场合,鼓励孩子与更多不同类型的人群交流互动,使其对有着诸多差异的人群都能比较了解、接纳与适应,减少内心的恐慌感。如果有陌生人突然进入时,父母要做好解释说明,并切实保护好孩子,不要让孩子在不知情的情况下突然离开,或者将孩子交由他不熟悉的人代为照看。父母平日要注重培养孩子语言表达、情感抒发、人际交往等基本生活技能,促进孩子更好地发展各类社会交往关系。父母切记不要用可怕恶毒的语言或恐怖怪异的表情随意威胁、吓唬孩子,也不能向孩子肆意发泄自己的消极情绪,更不能对孩子施以言语、肢体暴力以及冷暴力等。应主动营造安定、和谐、信任的生活环境,努力提高孩子对环境的主动适应能力,促进其形成稳定平和的情绪情感状态,让孩子安全快乐地成长。

八、全员行动

父母积极创设并开展一些能让全体家庭成员参与的活动,比如全家人一起外出散步或旅行,做有趣味的家庭游戏,参加孩子学校的亲子活动,以及走进社区参与公益活动等。这些活动对丰富家庭生活、协调成员关系、促进成员间的感情发展有积极作用。

第一,父母可以带领孩子集体徒步出游。根据季节、天气、时间、环境、路况、距离以及家人身体条件等综合因素设计合适的徒步旅行路线,比如到访一座有传奇故事的山川、观摩一栋有文化底蕴的历史建筑、游览一个风景优美的湿地公园、探索一个具有特殊意义的纪念馆,让每一位家庭成员都能多感受体验大自然的独特风光、有差异的人文精神信念、不同地域的风俗习惯以及了解更多生命中未知的事物。出行过程中大家可以走走停停,边走边聊,及时表达与分享,互相支持与鼓励,在非常自然而放松的沟通中不断激发孩子的求知欲、好奇心和探索精神,扩大其认知范围。这种方式一方面改善了孩子的身体机能与情绪状态,培养了孩子坚强的意志品质,塑造了他们的乐观精神;另一方面可以让家庭成员深刻体验生命的无限美好,加深家庭成员之间密切的情感关联。

第二,父母可以带领孩子参观各类博物馆、科技馆、纪念馆、美术馆等各类展馆。让孩子在了解奇妙的大千世界、古今的连接与融合以及中外名人轶事的过程中,充分认识世界之大、世界之美、世界之奇,深刻体味人类的不懈奋斗、持续创新与不断发展,打开孩子理解世界及处世的格局,丰盈和充实孩子的内心世界,激发孩子的敬畏之心与历史使命感,实现寓教于乐、寓教于行,达成拓展孩子认知时空与密切家人感情的家庭生活目标。

第三,父母可以带领孩子广泛参与各项文体活动。比如,到电影院或在家里一起收听收看风格各异的电影,以及精彩纷呈的电视节目、纪录片等,增加孩子对世界多元化的理解;也可以带孩子到音乐厅听场专业音乐会,或到各类剧场观看话剧、杂技以及各类文艺汇演等,感受艺术带给人们的无穷魅力;还可以带孩子到体育场观看各类体育赛事,感受力量与速度的激情碰撞。家人可以在一起静静欣赏艺术工作者的精湛作品,可以在户外一起享受温暖的午后阳光,也可以一起为喜欢的运动项目或仰慕的运动员加油助威,一起深度交流参与各种活动的所观所感,在享受各类视听盛宴的同时,分享彼此的体验与思想,增加家庭成员的情感联结、审美格局、生活激情与家庭乐趣,提升家庭的凝聚力与向心力,切实感受到"我们是相亲相爱一家人"。

第四,父母可以与孩子一起做家庭互动游戏。游戏的类型与方式依据孩子的年龄、时间的长短以及参与者的多少等具体情况来选择。比如,父母可以跟孩子一起下五子棋、跳棋或象棋等,既能开发宝宝的智力潜能,又可促进家庭成员的交流。或一起玩"你来比画我来猜"的游戏,既可以提高孩子的语言表达能力,增加肢体语言的丰富性,还可以提升家庭成员之间的合作默契。又如玩"老鹰捉小鸡"的游戏,既可以提高家庭成员对不同角色(老鹰、母鸡与小鸡等)的深刻理解,也能促进家庭成员责任感的提升与凝聚力的增强。还有其他如"词语接龙""诗词接龙""歌曲接龙"等活动,既能提升孩子对中华文明、汉字、词语、诗词及歌曲的理解与掌握程度,也能提高家庭成员的临场反应能力,营造家人团结互助的良好氛围。当然,还有很多家庭游戏如丢沙包、跳房子、丢手绢等,也可以将打篮球、跳绳、骑自行车、划船、滑雪等体育项目纳入家庭集体游戏中,具体可根据家庭实际情况及孩子的需求综合选择实施。

总之,父母可以根据实际情况开展很多家庭联动的活动(比如一起包饺子、做手工、做社区志愿者等),融趣味性、教育性、知识性、艺术性、参与性于一体,将一家人紧紧聚集在一起,家庭成员都能放下身段与角色,感受彼此的力量、温暖与支持,相互陪伴并激发内在潜能,营造出积极向上的家庭氛围,促进每个人的良性发展。

九、记录成长

宝宝从母亲怀胎10个月到呱呱坠地,从模仿成人牙牙学语到熟练地坐立奔跑,每一天都有精彩瞬间。他们每一个微小的前进步伐都值得纪念,通过多途径、多视角以及多感官为宝宝记录下成长轨迹,是宝爸、宝妈以及宝宝的共同心愿。

第一，撰写宝宝成长日记最需要耐心和持之以恒的意志，宝宝成长的点点滴滴都可以跃然纸上。当然，应用QQ、微信、抖音及其他现代自媒体进行记录更为方便快捷，也便于保存和及时分享。宝爸宝妈可以不惧文笔好坏、不限时间先后、记录形式，音频与视频可有机结合，图像与文字也能相互呼应，再融入一些父母的感受与教育反思就更加完美了。日积月累，便会形成可观的宝宝成长记录集锦，供后期家庭成员随时观赏、追忆，再现不同时期弥足珍贵的宝宝成长轨迹，感受生命的伟大力量。

第二，孩子生命中的重要节点和特别时刻需要进行专项记录。比如，每年过生日、学骑行自行车、第一天上幼儿园、第一次到理发店理发、特别的旅行、参加学校或社会的各种有意义活动等，都可以详细而全面地记录。父母可以考虑后期将这些材料制作成为一些有代表性、不同主题的影集、语音专集或文艺表演专集等，以便分类收藏或展示。此外，家长还可以每年带孩子拍一套家庭写真集，或者在一些标志性建筑、有纪念意义的场所，抑或是同一棵树旁，每年在相同位置用照片记录。这样每年拍一张，时间久了就可以积累成册。通过更为直观清晰的对比可以明显看到孩子在慢慢长高长大，从婴儿成长为幼儿，从少年步入青年；而父母则从青年逐步迈入中年和老年，从意气风发变为沉稳持重。这些真实的记录是美好而有趣的回忆，不仅融合了整个社会的时代变迁与人生的起伏，还蕴含着家庭成员间相互支持、共同进退的深情厚谊，呈现出父母对子女深深的爱意，激发出子女无限的感恩之情，必将成为家庭极为珍贵的财富。

十、协同教养

手表定律告诉我们，当一个人拥有一块手表时，能快速确定当下的时间，而当这个人同时拥有并使用两块手表且两块手表的时间不一致时，他们可能无法确定准确的时间，反而会陷入判断时间的困境。手表定律给父母在教育子女方面的启示是，父母不要同时给孩子设立不同的目标，也不要由两个人同时对孩子进行不同方向的指挥，而是要在两人思想与方式相对一致的基础上开展教育，否则孩子会在父母两种不同的"指令"下变得茫然不知所措。确实，子女的教育管理工作从来不是专属某一个人或某一个家庭角色,通常情况下需要父母共同参与、合理分工。不仅如此,父母双方还必须形成统一思想与有效协作,方可促成理想教育效果。在教育引导孩子的过程中,父母要通过多种方式制定并执行相对一致的正向教育方案,增进彼此的支持与赋能,提升各自在孩子心目中的形象。注重为孩子营造明确、公开、积极、稳定且统一的教育氛围,避免不一致甚至冲突的家庭教育环境导致孩子无所适从或投机取巧。

第一,父母在共同教育子女过程中要保持良好的语言表达与积极的情感沟通。当所有家庭成员都在场时,父母应主动运用多种身体语言向对方及孩子表达积极的内在情感,包括但不限于微笑、抚摸、拥抱等肢体动作,这种身体语言更能触动人心。父母还应彼此当面给予言语上的肯定与认可,并且公开表扬与鼓励所有孩子。比如,爸爸可以跟妈妈讲:"咱们的孩子今天特别主动地回答了老师在课上提出的问题,真是勇气可嘉啊!"或者妈妈跟孩子讲:"爸爸新申请获批了一项新型外观设计专利,他是不是很厉害呢?"此外,父母一方还可以邀请另一半与孩子展开积极、有效且愉悦的互动,促进另一半与孩子建立融洽的关系。比如,妈妈可以让孩子把他们刚刚共同制作的一件手工作品分享给爸爸,传递成功的喜悦之情;或者爸爸让孩子邀请妈妈一起来观看一个有趣的电视节目,期许在共同休闲放松的时刻,切实增进家庭成员之间的融洽氛围。父母这种开诚布公的正向情感表达与相互正向赋能可以让孩子充分感受到父母之间的爱,以及父母对孩子的欣赏,提升孩子内在的稳定性、安全感与价值感。

第二,父母要在教育孩子的过程中建立明确统一的行为契约,并且在应对孩子教育困境方面,两个人能够始终保持良好的协商机制,而不是存有个人执念,各自为战,唯我独尊。比如,父母若希望孩子养成良好的生活与学习行为习惯,任何一方都需要主动与对方进行深度商讨。首先就孩子良好行为习惯的标准达成初步一致,在此基础上与孩子达成共识,约定各自的行为规范要求,共同制定具体教育策略并相互督促实施。一旦孩子出现违反规范的行为,或是犯了一些错误,父母对此事的处理原则与方式更要保持一致,尤其在当着孩子面的情况下,双方不要表现出巨大的教育分歧并相互否定。当然,父母在教育理念等很多方面存在差异是很正常的。双方解决问题的思路与方法可能也各不相同,但在处理孩子发展困境的关键时期,不能当着孩子的面互相指责、压制,不说伤害彼此的狠话,不发生激烈的争论,更不能出现言语与肢体的冲突。双方必须聚焦孩子问题的核心,在充分了解彼此观点与目标的基础之上,全方位、多视角地对子女教育问题进行重新思考与定夺,确立问题解决的目标,尽早达成当下可行的一致教育对策。即使不能完全一致,也要暂时求同存异,形成一套双方基本可以接受的过渡教育策略。而一旦形成整体教育对策,双方就要全面理解并坚决支持彼此,争取形成最大的教育合力,发挥最大教育效应。待商定的教育策略实施一段时间之后,双方再依据实际效果进行有针对性的调整。此时,父母更多需要关注各自可以做哪些改进,而不是责怪谁做得不好,双方始终要建立和保持向前看的思维。比如,在对孩子不良行为的惩罚方法与强度方面,又或是对孩子一些积极行为的赞赏方法与力度方面,父母必须根据家庭行为协定统一态度与原则,按章办事,维系稳定的家庭教育秩序。教育尺度要保持一致和稳定,不能时松时紧或是一孩一策有失公允,教育态度要坚决而在形式上可以温和,不能优柔寡断或是意气用事引发教育偏差。父母教育的同步同频,让孩子感受到踏实与稳定,使得孩子对于大是大非有了更为明确的理解和准确的识别,增强孩子对于边界的把控能力,有助于培养孩子良好的规则意识与自我行为调控能力。

第三,父母在各自与孩子沟通过程中,要注意维护另一方在孩子心中的形象与尊严,善于发现每位家庭成员的亮点,恰当且积极地评价家庭成员。引导孩子看到父母双方更多的优点与资源,使其接纳和认可自己的父母,鼓励和促进孩子主动与父母沟通。比如,爸爸在单独与孩子会谈过程中,可以跟孩子强调"你的妈妈非常欣赏你,也非常爱你"或者"你妈妈是一个热心肠,特别乐于助人";妈妈跟孩子单独沟通时,可以跟孩子透露"你爸爸经常说你是他的骄傲"或者"你的这个问题解决思路可以跟爸爸交流一下,他在这方面挺有经验的"等。这种家庭成员之间的友好互动会让彼此更为欣赏与珍视,感受到家庭特有的温情流动。而家庭中常见的沟通陷阱则是父母中的一方,总是背着另一方跟孩子诉说另一方的各种不是,对另一方的教育观点与行为进行讽刺、贬低、否定甚至诋毁,破坏另一方在孩子心目中的地位与尊严,同时不自觉地夸大自己的水平。殊不知压低别人并不会抬高自己,反而会造成两败俱伤的局面。父母之间这种相互拆台和彼此伤害的行为,只会让孩子陷入更大的教育困境,让他们很难判断父母孰是孰非,无法感受人间亲情,很难相信人性的美好,造成孩子内心更多的恐慌和不安全感,缺乏对家庭的归属感。

第四,父母虽扮演着不同家庭角色,各自承担不同家庭功能,但在家庭教育方面双方必须达成教育共识,建立有效教育沟通渠道,形成一个有机的教育共同体。孩子的教育不能依靠任何一个人,父母中的任何一方也不要觉得自己什么都可以做到,而忽视或是放弃另一半的力量,甚至觉得另一方的加入只是在添乱或帮倒忙。父母中的任何一方也不要觉得自己不擅长教育孩子或是没时间教育孩子就撒手不管、置身于事外。要知道一个人能力再强也是有局限的,有的家庭角色是不可或缺的,也是无法替代的,孩子的成长需要父母的共同陪伴与见证,任何一方在教育孩子过程的缺席都会带来后续复杂的负性影响。因此,我们要想实现父母"1+1>2"的教育协同效果,父母双方就要彼此进行平等有效的沟通,在清晰表达自己的同时,更要倾听对方的所思所想,真正以合作者的态度与共赢的思维来应对孩子教育过程中的种种难题。要给对方全面承担相应角色的机会,给予足够的时间与持续的耐心,不要希冀仅凭一己之力就能完成孩子的教育大事,不要因为当下孩子一时的教育得失或一事的效果好坏而否定另一方的努力、限制另一方的行动或剥夺另一方的权利。而应该着眼于双方的长期磨合,以形成更高的心灵默契;聚焦于双方各自优势资源的整合,从而创造更好的教育环境;专注于孩子教育与父母关系发展的平衡之道,最终在实现子女良好教育的同时,也能促进夫妻关系以及整个家庭氛围的良性发展。

第二节　积极促进同胞关系

同胞关系对每个人的成长与发展都至关重要,它在生命早期为个体提供认知发生变化时所必要的情感支持和亲密连接,助力个体构建起复杂的社会情感体系。如果家庭里的两个或多个兄弟姐妹同胞能够和谐相处,初步构建各个成员的团体意识和归属感,这将为孩子以后进入社会与更多不同的人打交道,以及开展团体协作打下坚实的基础。这样,孩子长大成人之后会更善于在家庭生活和职业发展方面与他人相互成就。具体来说,同胞关系的发展会受到诸多因素不同程度的影响,同时,父母也可以从多元系统视角和多重教育策略来理解和促进同胞关系的良性发展。

一、年龄间隔

家庭中的大宝与后续出生的弟弟或妹妹的年龄间隔是影响同胞关系发展的重要因素。这个年龄间隔的大小影响着大宝是否有更为充足的时间发展出必要的生活技能与形成相对成熟的心理状态,进而能够比较顺利度过新增家庭成员带来秩序改变的过渡期。通常来说,两个孩子出生间隔的时间越长,意味着大宝越有机会发展出独立自主的成熟心理特征,也就可以更多地让父母解放出来,以便他们有更多时间与精力来照顾更年幼的二宝,同时也能有效降低自己身心发展受阻带来的风险。

从生理健康视角来看,母乳喂养可以为宝宝早期身体健康发育提供良好的基础营养条件。但家庭如果准备生育第二个孩子,就需要给第一个孩子择时尽快断奶,以增加母亲的受孕机会、提高受孕成功率。需要注意的是,较早断奶意味着大宝在生命早期缺乏足够的母乳滋养,这首先会对大宝的身体发育产生不利的影响;其次,母亲在首次生产后,营养摄取与身体恢复可能并不彻底,再次怀孕和生产会给母亲带来较大的身体负担,甚至存在一定生命风险。不过,并非两个孩子的出生间隔时间越长就对母亲身体越有利。因为随着间隔时间变长,潜在问题是母亲的各项生理机能会随着年龄增长逐渐变弱。在怀孕期间,母亲罹患部分生理疾病的风险也会增加,容易导致生产过程困难。

从心理健康视角来看,个体在认知、情感、意志、个性及行为等方面的成长都遵循一定的发展规律,要应对不同阶段的发展任务和解决相对应的发展困境与危机。家庭环境和运转秩序会因为第二个生命的到来而发生较大改变,从而对第一个出生的孩子产生复杂的扰动。年龄差的数字,其实意味着第一个孩子的某个重要生命发展节点,第二个孩子出生引发的家庭变化对处于不同生命发展节点的第一个孩子会产生不同形式和程度的影响。比如,0～1岁是感官发展关键期与动作发展关键期;2岁左右是语言发展关键期和交往能力发展关键期,也是与父母建立安全依恋的关键期;3～4岁是自我意识发展过程中的第一次飞跃,会出现早期的叛逆心理与行为;6～7岁进入系统学习阶段。大宝在这些不同阶段的心理发展规律、特点与需求,可能会随着第二个孩子进入家庭而受到有差异的影响。例如,2岁左右的大宝可能会因为父母把时间精力更多投入到刚出生的二宝身上而无法形成安全稳定的亲子依恋关系,会表现出过度苛求父母给予自己爱和关注,看起来会比较依赖和黏父母。大宝到3岁左右时被父母送去上幼儿园,他可能认为是父母因为偏爱刚出生的二宝而不想要他了,容易产生被抛弃感和爱的被剥夺感。而当大宝到了上学的适龄阶段,也可能因为放学回家写作业受到刚出生不久的二宝的哭闹干扰,进而导致大宝学习效率下降以及学业发展受阻。这些都会让大宝对二宝产生抵触、厌烦与反感。因此,我们需要特别清楚不同发展阶段孩子的心理发展水平、发展需要与可能的心理困扰,进而更好理解大宝应对二宝出生引发家庭环境变化的行为反应,充分采取针对性强的家庭教育策略以协助大宝顺利快速适应新的家庭环境。

当然,家庭增加新成员带来的影响并不是单向的,反过来大宝的身心发展同样也会对二宝产生一系列影响。当两个孩子的年龄差越小时,父母会很难全面兼顾两个孩子需要的即时满足,很可能导致两个孩子的养育都出现一定程度的危机状况。当两个孩子年龄都比较小的时候,他们都十分渴望获得父母的精心照顾,满足吃、喝、拉、撒、睡等基本生理需要,这会牵扯父母大量的时间和精力,对父母来讲是一个极为耗神的付出。或者,两个孩子可能会有较长一段时间同处在青春期阶段,本身对这个阶段孩子的教养就面临极大的挑战,而同时要应对两个青春期孩子的养育可谓是难上加难。当两个孩子年龄差越小(比如小于2岁),由于大宝还没有形成良好的自我认知和有效的情绪调控能力,就越容易受到新增家庭成员带来的变化影响,从而变得敏感脆弱、心理失衡且行为紊乱。大宝对二宝的嫉妒更为明显,与二宝的竞争也趋于不良的消极竞争模式,负性情绪也会更多地流露出来,自我调节能力的发展也会受到阻碍。同时,二宝的身心发展也会受到与大宝过小的年龄差带来的消极影响,导致生理与心理机能的获得与提升受限,比如更晚学会说话或更晚学会走路,也有可能增加大宝与二宝之间的敌意和攻击性。假如两个孩子的年龄差比较大(在 3 ~ 4 岁及以上),大宝在二宝刚出生时已经有一定的能力来承担部分照顾二宝的角色,会在某种程度上分担父母养育二宝的部分责任,年幼的二宝在此阶段也更愿意接受大宝的照顾与引导,而且两人的同胞关系会因为彼此较好的情感连接变得更为紧密。大宝还会在很多方面为二宝带来榜样行为的示范,进行合适的命令与要求的传达,获得二宝的认同与顺从,进而体验较强的控制感与主导性。另一方面,大宝照顾二宝也有利于二宝更快习得诸多社会规则与生活经验,二宝的亲社会行为也会增加,二宝的生活技能、社会适应性以及社会性交往水平也可以得到迅速提升。

　　总体来讲,同胞之间的年龄差越大越有利于营造良好家庭氛围,建立融洽的同胞关系,但这也并非具有绝对的优势。对每一个家庭来说,最适合的同胞年龄差还是需要综合考虑家庭经济条件、家庭成员结构特点、人际关系大环境、父母职业性质以及各自身心发展水平等多个方面,尽量根据不同年龄差带来的多重复杂影响,取其优势,避其局限以减少风险。通过给予孩子最适合、最科学的家庭养育,切实提升亲子关系与同胞关系质量,形成既有稳定秩序又有温度的家庭运转系统。

二、出生顺序

　　探讨出生顺序对同胞关系及家庭环境的影响,不是为了简单给孩子贴一个标签,也不是把孩子往这个模板上套,而是通过挖掘一些内在的规律来帮助家长增进对自己以及对孩子的认识和理解,让家长跟子女的沟通更有效,互动更融洽。

　　奥地利心理学家阿尔弗雷德·阿德勒曾提出过著名的出生顺序理论。在他看来,生在同一家庭的孩子会因为出生顺序的不同而造成家中所处地位的不同,而这会进一步影响他们后期的行为养成与生活风格的塑造。阿德勒认为,家中的长子或长女在出生后的头几年能够享受到等同于独生子女的优越身份与地位,而等到家中第二个孩子出生后,他们将力图保持自己先前在家庭中确立的权威和获得的特权。但随后出生排行第二的同胞通常想要迎头赶上,他们会嫉妒其更年长的哥哥或姐姐,也可能会做出反抗和挑战。而排行最后的孩子会被家庭始终当作婴儿来看待,他们总希望获得别人无微不至的关照与帮助,而且认为这是天经地义的。还有研究表明,子女出生顺序越是靠前,源于与父母更早接触以及相处的时间更多,经由耳濡目染使其生活经验和智力发展水平越高,而后出生的子女所获得的资源因为要与其他同胞共享导致被稀释而变得相对有限,学业发展成就也会比长子女低。从个性发展上来看,年龄最大的孩子比其他孩子有更外向的表现以及更强的责任感,比较能够包容他人,更容易与人相处,情绪更为沉稳,不易冲动。

在家中排行老大或是排行最小的孩子的共同特征更容易预测,这其中存在的变数比较少。而排行居中的孩子,其共同特征会因为有多种情况而变数更多,更难以准确预测。总体上,排行老大的性格特征中会有责任感强、追求完美、富有领导气质、控制欲强、苛刻而挑剔(无论对自己还是对他人)、按部就班、争强好胜、富有条理等。因为老大是家庭中第一个出生的孩子,会有一段时间享有"独生子女"那份特殊的待遇。但他们通常会形成一个有偏差的认知,即自己必须成为第一或是做到最好,才能证明自己是重要且优秀的,否则可能失去这种家庭比较优势。家庭中排行最小的孩子的共同特征更多会表现为娇生惯养的习性、较低的责任感以及对周遭环境的高期待。很多家庭中的最年幼者不仅被自己的长辈和父母百般娇惯,还有很多会被哥哥或姐姐宠爱。这种"娇惯"和"宠爱"很可能让他们产生错误的认知,即他们只有通过各种方式操纵其他人为他们提供服务才能显出他们的重要性和地位。排行最后的孩子常常善于利用自身的个人魅力来激励和控制别人来帮他们做事。他们似乎天性就比较好玩儿,更富有创造性和灵活性,但也会经常因为被长辈和父母的偏爱以及哥哥或姐姐的嫉妒怨恨而感到疑惑不解。对于这些经常受到家人宠溺娇纵的老小来说,只要他们没有得到别人周到的照顾或自己提出的要求没有得到充分满足,他们就会认为周围人不关注自己了,就此主观认定生活对他们不公平,而且一旦感到自己被这种不公平扰动了,就很容易表现出任性和乱发脾气,一方面感到难过和愤怒,另一方面可能会以一种对别人有破坏性甚至有攻击性的方式来报复对方。当然,也有一些老小会认为自己必须赶超所有出生在自己前面的人才能体现自己的重要性,甚至在自己已经非常优秀的情况下还要向别人证明自己的价值。家庭中独生子女的特征,往往兼具老大与老小的特点,只是两者占比存在差异,这在很大程度上取决于他们在家庭中是更多地像老大一样,被赋予更多责任与要求,还是更多地像老小一样,受到父母和哥哥姐姐的关注和宠溺。

三、性别差异

宝宝的性别并非父母可以主观控制的,但通常来说,性别本身在本土文化中的意义、父母的性别观念、大宝与二宝的性别,以及两个宝宝是同性别组合还是异性别组合等方面,都会对家庭生育意愿以及后期宝宝的适应发展产生不同的影响。

在中国传统文化背景下,子女通常会被要求遵从本家族的重要规则与要求,首先就是要孝顺长辈和父母,"百善孝为先"的家庭理念使得父母期待进入老年期后可以得到子女的赡养,尤其期待得到男性子嗣养老送终。中国人长期普遍存在重男轻女和养儿防老的观念,尤其是家族中年长的长辈,他们期待男宝降生来传递家族香火的意愿比较强烈。因此,男宝往往会获得家族长辈和父母的青睐。张晓青的研究也表明,无论是早期符合单独二孩政策的家庭,还是后期符合全面二孩政策的家庭,第一个子女的性别都会影响这两类家庭生育二胎的意愿。相比较第一胎是男宝的家庭,第一个孩子是女宝的家庭,生育二胎的意愿会更强烈。通常在一个家庭中,女孩往往会被要求和承担更多的家庭事务与责任,尤其当女孩是家庭中第一个孩子时。她往往会花较多时间和精力来照顾自己年幼的弟弟或妹妹,甚至还会牺牲自己的一些切身利益,比如重要的教育机会来为年幼的同胞提供更多资源以让其更好地发展。当自己成年后有了相对稳定的经济收入,还会以各种形式来反哺和照顾原生家庭。如果家庭中出生的第二个孩子是男孩,作为家庭的长女,与母亲的关系会因为母亲过度关注弟弟而受到一定冲击和挤压,双方的联系会变得更为有限,母女关系有可能会变得更差。

123

有研究表明,家庭中第一个宝宝的性别本身会对后期第二个宝宝出生后自身对家庭变化的适应产生一定影响。当家庭中第一个孩子是女孩时,第二个孩子降生后,她们更容易表现出对父母的依赖与高期待,但同时也更愿意跟自己的弟弟或妹妹一起互动玩耍,总体上能更好地应对家庭结构与环境的变化;如果家庭中第一个孩子是男孩,第二个孩子降生后,他会表现出一定程度的社会退缩行为,有可能独自躺在房间无所事事,也不太容易或愿意主动与父母交流,尤其对新出生的宝宝不太感兴趣,不想跟宝宝有更多的接触和更深入的沟通。

家庭中第二个宝宝的性别类型反过来也会影响第一个孩子的身心适应状态。一般来说,第一个孩子更容易接纳一个与自己同性别的弟弟或妹妹,他们更愿意一起交流、一起游戏,同性别同胞的关系相对也更亲密融洽,这为后出生宝宝各种社会能力的快速发展提供示范和引导。但是随着年龄的增长,由于两个人很容易被父母或周围人进行社会比较,无论比较的内容是在学业发展上,还是在个人成长方面,或是外貌、性格方面,都会使同胞之间的竞争日趋变得激烈和公开,这种情况会对同胞关系的健康发展造成较大干扰。而第一个孩子会对与自己不同性别的第二个孩子表现出一定的消极态度和行为反应,甚至会因为异性新生宝宝的出现而破坏其与妈妈的关系。

同胞性别组合的不同,对同胞关系发展以及每个孩子的个人发展都有着深远影响。有研究表明,姐姐与妹妹组合的同胞关系整体最为积极融洽,而哥哥与弟弟组合的同胞关系更容易出现冲突和不和谐状况。作为头胎的姐姐往往被家庭要求照顾、保护弟弟或妹妹,因此承担的家庭责任与事务会更多,而哥哥作为老大的话,他更想要突出自己的主导性与权威性,会对后出生的同胞有更强的控制欲,甚至会有欺凌幼小同胞的情况发生。从时间序列来看,女性同胞组合或者是有女性参与其中的同胞关系组合相较于男性同胞组合来说,通常会保持更为长期、稳定且亲密的关联,即使各自成家立业分开居住之后,她们之间的来往也会比较频繁和密切。

四、竞争比较

"别人家的孩子"是一些父母时常挂在嘴边的话题。这些孩子仿佛无所不能,且无处不在,父母总能对他们的"事迹"如数家珍,信手拈来;他们学习成绩优异,门门课程名列前茅;业余兴趣爱好广泛,朋友众多;通情达理又聪明伶俐,人见人爱。总之,在父母眼中,他们处处都比自家孩子强,是自家孩子学习的榜样。在这种情况下,自家孩子在"别人家的孩子"的阴影下自卑地成长。即便非常努力想要改变现状,有时也会感到有心无力,甚至望尘莫及,进而对自己产生深深的怀疑,最终变得自我懈怠、踟蹰不前。这其实是心理学上"内卷化效应"的体现。内卷化效应产生的根本原因在于争夺资源过程中不良的竞争方式、有限的资源储存以及参与竞争者数量众多。多子女家庭恰恰是产生内卷化效应的温床,尤其是有的父母在家庭中有意无意抬高某一个在某些方面表现优秀的孩子,使之成为实质意义上的"别人家的孩子",进而引发家庭中其他孩子的负性竞争,最终甚至导致同胞之间两败俱伤。比如,有些父母经常会在家里说:"你怎么就不能像你姐姐那样听话?怎么总是指东打西,让你干啥你偏不干啥?"或者是"这道题已经够简单的了,你怎么就做不出来呢?换作你弟弟,保准半分钟就能拿下。"还有的父母会对其中一个孩子说:"吃饭时别老吧唧嘴,你看看哥哥用餐时多注意礼仪和形象啊!"父母总觉得说者无心,且出发点是好的,但孩子作为听者却会有意。父母这些不加思考、口无遮拦的话语就像一把无形的利刃一次次狠狠刺在孩子心上,让孩子深受伤害。其实父母适当提醒一次两次就好,这样孩子或许会从中明白哪些行为习惯是好的,哪些是不好的,进而做出及时的调整和改变。但如果父母喋喋不休地叨扰孩子,就很容易引起孩子的厌烦情绪,也会让孩子变得麻木、退缩。如果孩子性格敦厚老实,可能就会觉得那个被父母拿来与自己比较的人确实处处比自己优秀,进而认为自己毫无过人之处,普通至极,自信心发展严重受阻。而一旦孩子天性敏感且心胸狭隘,父母的这种消极比较就会激发出他对那个"别人家的孩子"的敌意甚至怨恨。同时,被父母拿来跟其他同胞比较的孩子也无辜躺枪,意外遭受了本不该由他承受的来自手足的怒火与怨气。

父母这样表达的初心也许是想激励某个孩子做出改变,或是给出榜样引发孩子们之间的良性竞争。他们觉得孩子不会在意和考虑这么多,不认为这些无心之语会对孩子造成不良影响。但父母动不动就随意拿两个孩子做比较,评判孰高孰低、谁强谁弱,还给孩子贴上标签。持续的否定很容易演变成对孩子的言语暴力,这也是对孩子的另一种消极暗示,极易让孩子产生自我怀疑和被控制感。父母这种消极比较过程很可能产生煤油灯效应,也就是在父母长时间消极比较带来对孩子的变相否定时,孩子会不断对自己产生怀疑,逐步变得不能对所发生的事情进行独立思考和判断,而是被父母的观点所限制,很机械地按照父母的暗示与要求去行动,类似于木偶一样被操控,丧失了自主性与创新性,成了父母的"傀儡"。其实,孩子进行比较,更有意义的方式首先是进行纵向的自我比较,更多地看到自己的进步与发展。如果进行横向比较,家长不能为了比较而贬低、否定自己的孩子,而应引导孩子学会分析、探讨并借鉴对方的可取之处,将其择优吸收,真正做到取长补短,进而实现自我完善。父母一定要摒弃那种不自觉就将孩子视为自己附属物的理念。如果孩子做得好或发展得顺利,这更多是孩子自己的努力与奋斗的结果,父母为之欢欣庆祝表达开心就好,切不可将孩子的成功当做自己的荣耀之源和炫耀之本,并四处宣扬自己在其中的功劳;如果孩子现在做得不够好,成绩还不够突出,表现还不够优秀,需要做出改进和提升的仍然是孩子自己,父母做好及时激励、适度引导和耐心等待就好,不要把孩子暂时的平凡归咎于自己的无能,也不要认为孩子不优秀给自己丢了面子而暗自神伤,甚至因此担心他人瞧不起而对别人唯唯诺诺,不能与周围人平等交往。其实,父母不必将孩子比来比去,不必将孩子表现的好坏作为衡量自己面子的晴雨表。一旦父母思维与行为的出发点更多是为了满足自身的虚荣心,那这所谓的面子就很有可能让孩子变得脆弱敏感。无论对父母还是孩子来说都是得不偿失的。

其实在父母眼里,每个孩子都应该是"各有特点""同样优秀"的。每个人都有自己独有的生活节奏和不一样的发展路径,世界上没有两片完全相同的树叶。人生就像长跑比赛,每个人都有独属自己的赛道,而且每个人的起点和终点设置也不尽相同。长跑过程中谁在前、谁在后并不具备评估速度绝对快慢的意义,关键是每个人都在自己的跑道上不断探寻,不断努力,不断超越自我,全力以赴奔向自己设定的终点,并且能够充分体验长跑过程中的人生百态,而不被一个所谓的结果左右。通常,人的大脑会选择就近的那个人作为赶超的目标,这意味着人们倾向于优先与离自己更近、和自己共同成长的人开展竞争。而父母就很容易在家庭中给孩子们各自预设一个身边的目标,同胞就成为最容易被比较的对象。然而,父母惯常的比较方式并非通过鼓励一个孩子积极提升自我来增强竞争力,而是更多地将一个相对优秀的孩子树立为标杆,却在这个过程中有意无意地贬低了另一个孩子。贬低往往表达出父母对孩子的不满意与不认可,他们总觉得某个孩子做得还不够好,言行当中甚至夹杂着一定的嘲讽和攻击性。这种带有伤害性的比较模式,极易导致孩子自卑和退缩。而鼓励更代表着父母对孩子有良好的期待和足够的信任,能积极为孩子的健康顺利发展提供空间和情感支持。这种带有赋能的比较模式,更能提升孩子的行动力与自信心。由此可见,贬低和鼓励这两种比较模式反映出父母内在教育理念的迥然不同,二者形成鲜明对比,教育导向与结果也大相径庭。然而,让人感叹的是,现实教育情境中还是有很多父母更倾向于应用"贬低"而不是"赋能"比较模式。赋能式的比较并非难事,父母可以通过巧妙沟通,让两个孩子都能感受到自己的优势和特长被父母看到和欣赏。比如,父母可以夸奖老大"你的英语口语真好",而对于他的数学成绩不如老二的话题就不要时常提起,而是可以转换一种更为正面的表达方式跟其沟通:"父母也期待你可以在数学学习方面更进步一些。"而切忌说:"你得要像你妹妹那样努力学习数学啊!"不直接比较两个孩子,而是采取正面的视角表达对大宝的期望,往往会有更好的激励效果。这样听起来,两个孩子都不会觉得被贬低而有受挫感,而是有了各自清晰的努力方向和动力。

父母还可以通过积极引导,适时组织一些学习与生活上的良性竞赛。比如,组织孩子们一起做家务,开展一些家庭趣味活动,赢者可以获得一定奖励,而输的人可以继续努力争取下次赢得奖励,不以一次成败论英雄,而是让孩子们当做彼此进取超越的目标,加强相互的学习借鉴,促进彼此的共同发展,进而形成你追我赶的良性循环。当然,这类竞赛不完全看输赢,而是注重培养孩子胜不骄败不馁的良好心态,以期更好地应对未来的诸多挑战;竞赛也不需要决定出谁强谁弱,而是激励孩子敢于不断突破自我,探寻个人的无限潜能,探索和塑造更好的自己。因此,父母需要平和接纳孩子们的所有,无论是孩子当下的优点还是目前存在的局限,不要轻易比较和强调孩子们之间的差异,最好能躬下身来与每一个孩子探讨适合他们各自的发展目标以及可行的路径,正向引导孩子做好自我行为的监测记录,及时精准发现并见证他们的每一分努力和每一个进步。家长通常可以对孩子的今天跟昨天进行一个正向比较,引领孩子每天进步一点点,给予孩子的关爱多一点点,让孩子有更多机会体验到获得成功的愉悦感和成就感。当然,也要主动尝试跟孩子辩证分析他们遇到的每一次挫折和失利,不过分强调和责怪孩子为什么没有做到或做好,而是更多地聚焦未来的改进之道。父母要注意通过设置一些活动促进同胞之间积极竞争关系的建立,避免消极竞争关系的形成,推动同胞之间相互借鉴、互助成长,达成取长补短、变短为长的效果,构建竞争有序且各自发展的共赢之路。父母要特别注意,避免对孩子进行不公平的比较与否定,尤其是当孩子表现出一些大家都心知肚明的局限性时,就不要总是狠心反复提及,伤害孩子那颗渴望成长的心。如此行为只会让孩子变得更敏感、自卑,还会破坏亲子关系,实在是得不偿失的教育方式。

父母对孩子进行差异比较难以避免,因为差异是客观存在的,但控制和避免不当比较并不意味着不能谈论孩子们的差异。比如孩子具备某种独特的能力、有着不同需求,又或是患有某种特殊的疾病,这些都可以在家中公开讨论,这种讨论更多是为了帮助家庭成员理解这个孩子当下的处境。当然,当其他孩子主动与这个特殊同胞进行比较时,父母要做好倾听工作,帮助孩子明确这种比较对他的意义所在。父母也可以与孩子探讨、和家人讨论这些差异是否给孩子造成困扰,最终让孩子认识到自己也有优势之处,同时明白被拿来与自己比较的同胞也存在局限,引导孩子学会接纳自己,同时接纳同胞。

五、科学批评

每个孩子在成长过程中都需要家长的精心呵护与悉心培育,才能有勇气和智慧应对未来的挑战,承担生活赋予的责任,拓展生活的边界。但孩子毕竟年幼,认知水平较低,实践经历匮乏,现实生活经验远远不够丰富,理解、分析与解决问题的能力都有待提升,在处理问题时表现出一些偏差行为甚至问题行为,也是在所难免的。作为父母,当看到孩子的一些不良行为和不妥当的做法,甚至一些错误行为时,你们通常会怎么处理呢?估计很多父母都会很自信地认为自己生活经验丰富,懂得的道理都是对的。在父母眼里,孩子总是在很多方面做得都不够好。因此,父母会从普通的提醒和管教,逐渐升级为严苛的训斥和惩戒,想要处处纠正和改造孩子,这种冲动倾向极为强烈。然而,这种消极批评管教的方式并非总能让孩子产生有效的改变,甚至往往会适得其反。那到底该如何科学地教育引导孩子呢?尤其需要父母认真考量的是,孩子当下有没有足够的抗压能力来应对这份"强力"的教导甚至指责,又或者父母的这种批评本身究竟是在释放家长不满的情绪还是在切实为孩子良好行为的塑造提供参考和指导?这种批评教育的方式是否妥当?真的可以带来预期的效果吗?

心理学上有一种禁果效应,即当个人的自由或者一些选择权受到外在控制或被取消时,他们会形成一种心理抗拒和逆反。这种禁令会激活大脑中负责奖励的区域,个体因此会更渴望得到那些被禁止的东西,也就是越得不到的东西就越有吸引力。比如,父母严格控制孩子使用手机,孩子就会变得更想玩手机;医生要求患者戒酒,患者反而可能出现更为强烈的饮酒欲望,这些都是禁果效应的外在典型表现,反映出人性的复杂和特别。因此,父母在教育子女的过程中,要充分了解禁果效应。当孩子出现问题行为后,不应只是一味气愤地批评,也不应仅仅简单设立严苛、绝对化的禁令,只强调"不要做什么",而是要正向引导孩子,告诉他们"怎么做更有意义",给予孩子更多的自由和选择权,避免孩子受本能反应左右,造成更大的不良后果。

(一)要注意场合和环境,并且避免标签化

如果父母在批评或指责孩子时,家里其他孩子或他的好朋友也在场,那这个批评就如同晴天霹雳或是深水炸弹。被批评的孩子会觉得自己之前在同胞和同伴面前树立的威信与良好形象瞬间崩塌、荡然无存。这种难以言表的痛苦和绝望之感,恐怕只有孩子自己才能深刻体会。父母不当的语言表达方式,对孩子造成的伤害是肉眼无法衡量的。要知道孩子都有很强的自尊心,他或许可以接受自己犯一些错误,但无法接受因为这些错误遭到父母的无情批评。父母不顾及孩子的感受,情绪失控、乱发脾气,用暴力和强势来彰显所谓的权威和话语权,这其实是父母内心高度在焦虑和极端恐惧的体现,是自己对孩子失去控制后的宣泄,这种做法会让孩子感觉颜面尽失,在孩子心底留下深深的伤痕,带来沉重的压力。尤其是在孩子年幼时期,这种伤害就更为持久和深刻。因此,父母不分场合且不讲分寸地对孩子进行批评是对孩子明显的不尊重和不理解,对孩子是有百害而无一利的。另外,父母不要因为孩子犯了一些错误就很随意地给他贴上一个糟糕的标签,比如"你真是一个没有责任心的孩子!""你怎么总是这么粗枝大叶呢?""你整天就知道玩!"这种批评方式只会让孩子逐步被动地认同这些负性的自我认知。有效的批评其实更应该聚焦错误行为本身,而不是孩子的个性特质,父母可以说:"爸爸注意到你这次做的习题错误比较多,是老师给的时间太紧张还是因为其他什么情况呢?"这种表述一方面道出父母关注到孩子出现了问题,同时也保护了孩子的自尊心,而且还可以让孩子有一个自主反思,可谓是实现了"一石三鸟"的批评效果。因此,父母对孩子偏差行为的批评一定要就事论事,不要就事论人,而且要特别注意"去标签化",不让孩子固化在消极的自我认知中。

(二)不随意组建"战队联盟"来提升批评强度

如果父母在批评、指责某个孩子的时候,试图拉上家里另一个孩子作为同盟,并且说出孤立和远离被批评孩子的言语,可能会给他造成更大伤害。我们都有这样的认知经验:在孩子们的交往中,当有一个孩子与其他人出现意见不一致或观点冲突时,可能会有人站出来号召其他孩子说"我们都不要

跟他玩了",其他孩子往往也会应声附和。这个有号召力的人,真的会带头孤立那个孩子,而被孤立的孩子就会陷入非常艰难的境地,内心也会被厚厚的阴霾笼罩。好在小孩子往往可以很快以自己的方式缓解和处理这个问题,不至于让这种孤立行为给孩子造成太大的负面影响。但如果那个号召力强的人换为父母,他们跟自己的孩子一旦说出"我们都不要理他了"或者"让他自己一个人在那儿待着,爱咋地咋地吧"类似的话语时,给其他的孩子造成的影响也可能是一辈子的。因为大人的权威胜于孩子的权威,大人这种不动拳头的软暴力伤害性更强,这种孤立和疏离孩子的指令比真实的拳头更具杀伤力。这种削弱和剥夺亲子情感的批评和惩罚方式对孩子来讲是过于沉重的,让年幼的孩子难以承受,而且这种行为在践踏孩子尊严的同时,更对亲子关系和同胞关系的发展产生了极大的破坏,那个被拉做"批评战线同盟"的孩子也并不会好过,他会非常担心有一天自己也被父母这样对待,所以会变得谨小慎行、唯唯诺诺,人格发展会受到消极影响。父母要意识到每一个孩子都是宝贝,他们之间的情感连接不仅需要他们自己经营,也更需要父母的维护与推进。批评要就事论事,千万不要把批评的对象从事情本身越级到做事情的人,更不要拉拢一个孩子来对付另一个孩子,这种把问题扩大化的解决方式需要反思和改变。

(三)要着眼孩子良好行为的塑造,让批评与鼓励同步进行

为人父母要知道,没有哪个孩子不犯错误,而且孩子在成长过程中,还会不可避免地犯各种新的未知的错误。孩子很多优秀品格的形成,无不从一点点地纠错引导或管教训斥中慢慢培养塑造出来的。那父母到底该如何科学有效地批评孩子呢?如何通过合理的批评方式促成孩子良好行为的养成与塑造呢?总体来说,父母不要单纯为了批评而批评孩子,因为纯粹的批评很容易让孩子感到沮丧与挫败。父母要在充满理解、引导和鼓励的基础上进行教育,不能只是一味地责骂和抨击孩子。批评作为一种教育手段也必须遵循一些重要的原则。

1. 批评孩子要遵循"理解为基础"的原则

父母需要尝试先去了解孩子出现这些行为背后的目标、动机以及行为带给孩子的体验等具体信息,精准评估判断这个行为是否恰当。在充分收集这些基础信息、深入理解孩子行为并做好心理铺垫后,父母的批评才可以做到一针见血、切中要害,孩子也更容易接纳并愿意做出改变。反之,若父母不分青红皂白,一来就进行笼统的批评指责,或是以判官的角色主观地对孩子的表现下结论式评判,又或是以教官的角色强制管教,都极易引发孩子的逆反情绪,导致亲子关系对立。比如,父母可以对孩子说:"能告诉爸爸妈妈刚才发生了什么事情吗? 你的感受如何? 发生了什么事情让你没能按时完成作业?"或者"我知道你现在因为没有考出理想成绩也很难过,但是我觉得更重要的事情是我们可以共同探讨一下有没有一些改进的策略。"或者"虽然这次你的成绩不理想,但爸爸看到了你的努力与坚持,也许是在学习方法上需要改进,爸爸相信如果你能摸索出适合自己的有效方法,成绩一定能提高。"这种沟通方式通常可以让孩子感受到被父母关心、尊重和理解,进而更愿意与父母进行后续的交流。或者说:"爸爸看到你这道物理题做错了,你是否可以再仔细检查一下呢?"这种描述式、邀请式和开放式的问话方式可以帮助孩子更具体、更明确地看到自己的错误之处,为改正错误提供重要前提,同时让孩子参与讨论,提升孩子分析问题的思维水平,增强孩子的自主性和责任感。

2. 批评孩子要遵循"引导为关键"的原则

父母批评孩子的初衷不是让孩子感到难堪痛苦、满心羞愧以致一蹶不振,也不只是告诉孩子他做错了什么,让孩子深陷其中、无法自拔,更不是抓住孩子的错误不放,得理不饶人地否定,让孩子体验苛刻和压抑,而要积极引导孩子进行更有意义的反思与觉察,重新审视自己的行为,培养他们学会从全面的视角分析问题发生的主客观因素,唤醒他们内在自我修复与自我优化的能量与动力,促进孩子从错误中更高效地成长。比如,父母可以这样表达:"看起来你当下有些问题需要尽快解决,你打算怎么办呢?"或者"妈妈看到你为此投入很多时间和精力,但结果有些不尽如人意,你愿意跟我们一起来分析一下其中的原因吗?"或者"你从这个错误中探寻到什么有意义的部分吗? 你觉得可以有怎样的改进吗?"这种问话的方式可以正向引导孩子为自己的行为承担责任,积极引导孩子深入而主动地思考所犯错误的原因,梳理和总结经验和教训,并能够积极探讨问题解决的方法,而不是被问题本身困住,进而更好地应对未来的各种困难和挑战。父母不能只是讲通篇的大道理,这更多地会被看成是验证孩子错误的行为。而父母更应该着眼于探讨孩子的行为会带来哪些负面影响,以此激发孩子主动改变的动力。比如,孩子不小心把水洒了一地,父母可以跟他讲:"你把水洒在地上,如果有人路过没有注意可能会滑倒受伤",这种善意的提醒让孩子感受到父母的爱,这比严苛的批评更能够让孩子做出主动的改变。

3. 批评孩子还要遵循"成长为目标"的原则

父母在批评孩子的同时,要特别注意激发孩子的内在动力,肯定孩子付出的努力和取得的成绩,让他感觉和认识到自己是有能力去改变不当行为的,而不是通过批评打击和降低孩子的自信心和积极性。在积极改变孩子行为的方式中,鼓励比批评更有力量。保龄球效应可以给我们提供一种教育参考。这种效应是指在保龄球技术训练过程中,教练对队员的负向激励(更多是直接批评或惩罚队员)很可能让队员的发挥越来越差,而正向激励(肯定队员已经做到的部分或者表现好的方面)更容易给队员以鼓舞,促进队员的临场发挥,技术也会持续改进与提高。我们并不否认负向激励的目的也是好的,但是这种方式确实是值得商榷的。正向激励与负向激励,二者其实具有不对称性。受到负向激励的个体不会只单纯考虑减少做错事,更有可能是学会如何逃避惩罚;而正向激励可以让个体明确努力的方向,产生对更多可能的向往。因此,正向激励是父母应对孩子发展困境的有效方法。父母可以这样对孩子说:"我相信你在未来可以做得更好"或"你所有的努力和付出都是值得的",这种话语给予孩子充分的信任和有效的鼓励,可以进一步协助孩子更好地面对挑战和困难,更好地应对挫折和失败,从失败中积极寻找经验、汲取教训,更为全面地发展和成长,以备未来更有效地解决成长路上的困难与挫折。

4. 批评孩子要遵循"适度为核心"的原则

如果孩子做错事是因为好奇,而且不会对自身以及周围人带来影响,就不要过于严厉批评。如果孩子的行为对别人或自己造成了伤害,父母一定要让孩子知道自己做得"不对",并让孩子用实际行动及时调整、改正。如果事情本身特别小,就别一味对孩子叨叨不休了;如果不是什么原则性错误,也可以考虑当作没看到。甚至有些事情,父母的习惯也不一定全对,那就随孩子按照自己的想法去做吧。家长应该既不纵容孩子为所欲为,也不苛求孩子尽善尽美;既不随意夸大孩子不良行为的危害,也不忽略积极行为塑造的价值,做好"善"与"严"的平衡,避免孩子受到心灵冲击。

(四)批评的频次、时长、强度要合理

父母批评孩子,频次、时长要合理,强度要严格把控、适可而止,不可为发泄自己的不满情绪而批评孩子。比如,孩子某次考试成绩不理想,班级名次也靠后,内心惴惴不安地回到家。很多父母通常会对孩子糟糕的学业表现感到生气,进而第一次训诫孩子。此时,孩子内心满是自责和失落;吃晚饭时间,父母第二次提及这次不理想的考试成绩,再次数落、否定孩子,还把孩子过去的错事一并拿出来指责。这时,孩子内心就可能从最初的自责失望转变为厌烦。到了晚上孩子临睡前,父母如果又到房间第三次喋喋不休地埋怨孩子不争气、不努力,孩子就完全听不进他们的话,情绪也会由厌烦转为逆反,甚至可能跟父母公开对抗,或者情绪崩溃。此外,有的家长会一次性长时间(超过一个小时以上)批评孩子,孩子同样会出现类似的情绪变化过程。这与父母最初的教育目标背道而驰,孩子这个过程中的情绪变化,正是"超限效应"的表现。超限效应通常发生在个体所经受外在刺激时,当刺激过于频繁、时间过久或者强度过大,持续冲击超出个体心理承载的边界和范围,个体就会从开始的接纳与认可,逐步转变为抵触、厌烦与愤怒,甚至出现激烈对抗,使事态朝着反方向发展,这种过犹不及的刺激,最终导致事与愿违结果。因此,父母在批评孩子的过程中,要充分了解超限效应的存在与局限,要清楚语言的功能与魅力绝不是靠单调的重复就能实现的,父母不要揪住孩子的一个问题或一次错误不放,不要在批评孩子的过程中把孩子过往的错事都再一次拿出来历数一遍,不要一次性批评孩子时间过长,而是在有限的时间发挥科学批评的最大作用,与孩子站在一起看问

题,给予孩子适当提醒与适度要求,才能让孩子真正从问题或错误中获得重要而宝贵的经验,并愿意主动做出改变。

总之,父母批评孩子时既要及时观察和理解孩子的情绪反应,还要学会控制自己的冲动情绪与过激言辞,注意对自己的行为与情绪进行观察与反思。要知道过分严厉的批评方式会让孩子感觉生活在冰冷的家庭气氛中,使得他们时常惧怕因犯一点点小错误而遭受惩罚,更容易体验到失败感,造成独立性和自主性的缺失。父母要及时调整自己的教育方式,掌握好批评的时间节点与频次,避免在公开场合当众批评孩子(尤其是有孩子很在乎的人在场的情况),不要随意联合拉拢一个孩子而孤立和教训另一个孩子,注重保护犯错误孩子的自尊心和求知欲,不给孩子贴上固定的负性标签,而是采取温和而恰当的语言与孩子沟通,那么这个有温度、有容量的接纳、包容、信任与引导就会变成孩子成长路上的指路明灯,照亮孩子前行的道路,让他们有勇气、有信心、有智慧地勇往直前,更大限度挖掘孩子的发展潜能,建立属于孩子的生命底气与信心。

六、平息冲突

在二孩家庭的日常生活中,无论父母多么开明民主,教育引导多么精准到位,同胞之间都不可能完全避免分歧和矛盾。他们时而亲密无间,关系好得就像一个人,时而又会因为争抢玩具、零食,或者争夺父母更多的关注等,而出现一些争执和言语冲突,甚至出现大打出手的情况。有的父母见此状,就赶紧冲上去扮演裁判调解孩子们之间的冲突,也有的父母会直接下达命令让其中一个让着另一个,还有的父母会不由分说地将两个孩子"各打五十大板",努力将"战火"控制并消灭在萌芽状态。父母的这些做法在某种程度上解决了一些现实的问题,表面看起来平息了同胞之间的冲突,殊不知可能会引发后续新的、更大的同胞关系隐患。

其实,父母要清楚孩子之间打打闹闹是比较稀松平常的事。孩子们之间起争执或冲突有比较复杂的原因:其一,每个孩子的内心都渴望得到父母更多的关心和爱护,担心被同胞替代或夺走而产生同胞竞争与同胞嫉妒,这种争宠的心理倾向是冲突的罪魁祸首;其二,孩子的早期发展中自我中心倾向比较明显,不允许也不接纳兄弟姐妹分享父母的爱,不愿做出些许的让步,否则就会产生极大的愤怒和敌意,这种过度追求"自我"的心理特征是引发冲突的重要原因;其三,当孩子们的个性差异较大时,他们在行为表现、情绪表达以及沟通方式等方面的不同,会引发父母不同的教育方式,比如乖巧懂事又听话的孩子往往会受到父母的优待,而比较任性偏执的孩子往往会被父母冷眼相待,这样的做法又加剧了孩子们之间的嫉妒与对立。因此,父母在充分了解冲突背后的原因后,需要全面看待和理解孩子们之间发生的争执与矛盾。父母不必过分焦虑,而是要协助孩子们树立对待同胞冲突的正确态度,探讨解决同胞冲突的有效途径。在处理孩子发生争执和冲突的问题上,"一刀切"或者所谓的"快刀斩乱麻"并不是好的办法,但纠缠过多细节又容易贻误"平息冲突"的宝贵战机。因此,科学应对和处理孩子之间的冲突考验着父母的智慧和耐心。

第一,父母要清楚,孩子的社会化过程需要孩子与同胞及周围人充分接触。他们需要学会与他人进行深度沟通交往,掌握相关交往技能,构建并维系好与周围人的密切关系。但孩子没有足够的人际交往知识储备,也缺乏实践经验作参考,因此,在这个过程中难免会跟交往的对象产生一些误解或争执,甚至引发对抗与矛盾。当孩子面对这些问题时,如果能尝试用自己的语言来向对方申辩和解释,他们的表达能力就可以得到迅速提升,而且在这个争执过程中,他们能充分体验到与他人的关系,有机会学习相互理解和合作,既可以历练自己的独立思维,也可以在个性上变得更有主见,还可以试着从对方视角来看问题,扩大对事物、对人的理解层次及深度,而且通过对抗式交流可以增强孩子解决问题的主动性,增加对解决问题方法多样性的感知与思考。因此,适度地争执可以促进孩子的社会化发展,培养孩子不轻言放弃的性格特征,掌握与他人维系良好关系的沟通策略,提高孩子的人际交往能力。因此,当看到孩子们因为一些事情争得面红耳赤时,父母需要保持耐心,先观察和等候,不要急于评判表态,强行介入孩子们的争执,而是要给孩子们保留自我成长的空间和时间。如果孩子们的冲突既不存在原则问题,也没有对错标准可衡量,就完全不需要父母的参与和干涉。因为年龄相近的孩子很容易成为天然的朋友和玩伴,他们之间建立和谐关系比父母和孩子之间维系和谐状态更容易。很多时候常常是前一分钟两人还彼此气得不行，而下一分钟两个孩子就摒弃前嫌，云开雾散，满心欢喜地玩儿到一块儿了。而且当孩子能够以自己的方式解决同胞冲突时，家长还要适时给予同胞双方以赞美和鼓励，让他们深刻感受到自己的进步和成长，让他们学会更有效地应对和处理冲突。在日常生活当中，父母要学会了解每个孩子独特的需求和喜好，时常给予孩子专属的肯定话语或拥抱、抚摸等体现爱与支持的肢体动作，孩子就会充分感知被父母所珍视和关爱，从而不纠结谁得到的爱多或谁得到的爱少，有效消减同胞之间的嫉妒和恶性竞争。

第二，父母不能任由同胞之间发生争执与冲突，放任和忽视孩子的冲突发生并恶化，这些都不利于孩子习得冲突解决的策略和方法。并不是所有孩子都能很好地处理纷争，尤其是已经有孩子情绪失控，声嘶力竭、号啕大哭时，或有孩子直接来找父母讨要说法或寻求慰藉和帮助，抑或是同胞之间出现比较激烈的肢体冲突，有更大伤害发生的潜在风险，此时父母即时、适度地介入是非常必要的。父母在处理同胞冲突过程中，先要关注孩子的身体有没有受伤，如果有受伤的情况第一时间进行相应的处置，保证孩子的生命安全；再全面了解孩子们具体争执的内容与争执的焦点，父母不能偏听冲突一方的一面之词，更不能先入为主自带有色眼镜，而要创造一个平等的沟通平台来倾听孩子们各自的陈述，让每个孩子都有充分表达自己观点和感受的机会，这种方式能让孩子深刻感受到父母的公平，以及对孩子的关切和尊重，有助于了解和还原双方争执背后的事实真相。比如，父母可以说："你究竟有没有动手打弟弟呢？你现在是不是也很生气？能完整告诉爸爸妈妈你和弟弟之间到底发生了什么事情吗？"父母这种问话方式可以增强孩子的表达欲望，保护他们的自尊，同时明确一些关键事实。而不是用"你怎么能打你自己的亲弟弟呢？你这样做可不是一个好哥哥啊！"或者"你做哥哥的就是这样给弟弟做榜样的吗？"这类给孩子贴标签的方式来指责和否定孩子。父母要给出专门的时间让两个孩子都从各自的视角做出对冲突事件发生过程的描述和解释，会有助于父母掌握客观情况，不偏听和偏信某一个孩子，不自带节奏进行臆断，才能做出更公平的评判与处理。通常，经过仔细排查，很多孩子们的争执问题都可以找到最初引发争执的人，但父母在平息同胞冲突时,不能只单纯地批评和责怪那个最先造成冲突的人,以简单粗暴的方式解决问题,而要告诉孩子用武力或言语暴力来处理问题往往只会火上浇油,对于真正解决问题效果甚微,不仅于事无补,甚至导致更糟糕的后续问题。父母要让孩子充分认识到同胞冲突有更好的解决办法,比如协商制定更为合理的家庭规则,建立更有效的人际沟通渠道、友好协商解决问题或适度做出妥协和让步等。父母可以说:"弟弟年纪还小,他现在还不太懂得怎么跟别人分享自己的玩具。你是哥哥,你愿意教他怎么做到吗?"父母这种表达可以提升同胞中的哥哥对自身价值和责任的感受。父母要积极引导双方学会停止对解决问题无效的行为,并探讨更合理的问题解决策略。孩子之间的争执不需要讲太多道理,他们更需要的是父母的关爱和引导。当然,孩子的争执也有可能是双方发泄委屈与郁闷等消极情绪的一种方式,父母要注意先对他们的情绪进行接纳和安抚,不再去逐本溯源判断孩子们孰对孰错。通过前期情绪管理之后,父母还可以考虑分别指出双方各自的问题所在,以及改变的方向,让孩子一方面认识到自己的错误,及时进行自我反省,另一方面还可以帮助孩子建立正确的价值观和安全的边界,培养孩子的责任担当,应用未来导向和小目标激励的方式给孩子以正向引导,给孩子们解决争执和冲突提供有价值的参考和示范。父母通常可以说:"你们两个是因为什么而争吵呢? 你们两个有没有想过除了争吵还有其他更好的解决问题的方法? 可以让爸爸妈妈和你们一起想办法吗?"让孩子能够站在合作的视角来解决问题,有效增强孩子之间的互助和协作,减少同胞间的冲突和对立。

第三,父母解决同胞之间的冲突时,还要注意孩子的年龄、认知水平的不同以及同胞关系的远近。比如,对于原本同胞关系就还不错的孩子之间发生冲突,父母可以采取不主动干预的策略,更倾向让他们自主解决冲突,但也必须考虑孩子的年龄特征,如果孩子们恰逢青春期,正是非常渴望自主性和独立性的阶段,这种策略就容易奏效,但如果孩子年龄尚小,还没有掌握比较有效的解决冲突的技能,父母还是积极调解为好,很多时候只要父母在场,年龄比较小的孩子之间越不容易发生冲突。对于正在学习新的社会技能的儿童期孩子,父母应给予"授人以渔"的指导策略,也就是通过有效的方式引导孩子如何更好地解决问题,这才是更为恰当的做法。比如,父母可以让孩子充分思考并评估自己想要达成的目标,以及通过怎样的方式与他人协商来实现目标,明确在哪些情况下可以适度让步和妥协,哪些情况下需要据理力争以获得自己想要的。在处理孩子与周围人的矛盾时,逐步训练孩子谈判的能力,帮助他们建立评估和判断问题的思维,掌握解决问题有效性的基本准则,为孩子更好地应对未来、处理更多复杂问题提供参考和指导。

第四,父母还可以在和谐友好的家庭氛围中与孩子讨论他们之间出现的问题。通过采取开放式商讨的方式,培养孩子们相互理解和体谅对方的意识与能力。让孩子通过"模拟对话"与自己及周围人对话,深刻体验同一情境下不同角色的感受,培养共情的能力,从而促进同胞关系的改善,减少同胞之间发生冲突的可能性。另外,父母要与孩子保持良性互动,避免与孩子发生冲突。良好的亲子关系为同胞关系健康发展提供良好的养分,也能从侧面减少同胞发生冲突的机会。如果同胞之间出现了嫉妒情绪,父母首先要接纳这种情况,允许并接纳它的出现与存在,主动采取与其和平相处的方式,而不是企图去战胜它。如果父母能够给予大宝足够的尊重与重视,接纳孩子生成的嫉妒心,并将其正常化处理,同时允许大宝有自己的小吐槽和小抱怨,充分尊重大宝的物权,积极引导大宝表达内心感受,及时向二宝解释现实情况,这都能在很大程度上减缓大宝对于二宝的嫉妒之心。

总之,同胞之间的冲突不可避免,但父母可以通过协助孩子有效解决冲突,来促进孩子人际交往技能的提升,增进家庭成员间的良性互动,这也是家庭和谐的重要标志。作为父母,要做好对孩子的观察与关注,不要习惯性地要求大孩子要让着小孩子,而是要把他们看作同龄人来对待,鼓励孩子们用合作者的视角来建立和维系同胞关系,注重引导孩子们采用建设性的模式来解决问题,积极主动帮助自己的兄弟姐妹。尤其在对待孩子之间发生的冲突时,父母需要冷静思考、理性对待,既不袖手旁观坐视不管,也不过度干预控制局面,让孩子们在化解矛盾和解决问题的过程中掌握更合理的情感表达,训练辩证的哲学思维,让孩子们认识到只要各自能够充分尊重对方的想法和深刻考量对方的权益,就可以做到和平相处与共同发展,进一步提

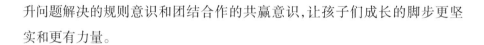

升问题解决的规则意识和团结合作的共赢意识,让孩子们成长的脚步更坚实和更有力量。

七、公平管教

在多子女家庭中,"一碗水能否端平"成为评估家庭教育是否公平或家庭秩序良好的最直观标准,然而真正做到公平是何其困难的事啊。不管我们承不承认,无论父母多么优秀、开明和努力,在对待两个或多个孩子的时候也不可能做到完全的不偏不倚,因为公平本身带有一定的主观性,而且同一个人对于公平的理解也会因为环境不同而有所差异。比如,对大宝来说,父母只要对二宝多一点点照顾、多一丝丝的关心,哪怕只是家长说话的语气或一个关注的眼神,都会让大宝觉得家长偏心二宝,冷落忽视了自己,甚至觉得父母不再爱他了。或者,父母给准备上学的大宝买了新书包和新文具,二宝也吵着要这些物品,如果父母不给买就大吵大闹,说父母偏心大宝而对自己漠不关心。手心手背都是肉,两个孩子又都有各自的需求,那么父母到底该如何权衡呢? 如何通过各种努力克制我们的偏心倾向,尽量贴近公平,让孩子们在一个相对公平的家庭环境中自由健康地成长呢?

(一)父母要主动构建家庭公平教育的意识与观念

家长需要特别清楚孩子对公平的渴求与重视程度,深刻认识到公平对于孩子的重要性,及时觉察自身可能出现偏袒的场景和做出有失公允的行为。父母要知道,偏袒任何一个孩子都可能同时伤害两个孩子。被偏袒的孩子因为感觉有父母撑腰,往往在日后会变本加厉、恃宠而骄,拿着鸡毛当令箭,对另外的孩子指手画脚、耀武扬威,这可能会挑起同胞间更多的争执。长此以往,他们会变得更加以自我为中心、自私自利、肆意妄为,很少能替别人着想、考虑问题,在其他团队活动中也不会主动贡献自己的力量。而没有被偏袒的孩子,则容易因为父母不公的做法产生愤怒以及对被偏袒孩子的嫉妒,进而导致心态失衡,加剧同胞间冲突的强度,恶化同胞竞争的态势。孩子对父母的信任度也会一再降低,越发不愿意跟父母敞开心扉沟通,性格也会变得更加敏感、自我封闭,真可谓是偏袒一方,两败俱伤。所以父母要花时间和气力深入了解孩子们所要的公平究竟是怎么样的？探讨孩子所要公平背后的推手是什么？是真的只是为了玩一个玩具或看一个电视节目，还是希望获得父母的关注？是真的只是为了争取一个同等的机会，还是为了获得父母的认可？父母收集到足够的相关信息后，再去处理孩子们的冲突就有了重要参考，就可以针对孩子们具体的个性化需求开展工作。不因为二宝年龄小、不懂事就不对其所犯错误进行追究，也不因为大宝年长一些就采用双重标准来苛求，心中秉持一杆秤，力求做到更公平。

（二）父母还要在具体行动上体现出公平

想要实现公平，关键在于父母愿意主动投入时间和精力去理解每个不一样的孩子，保持和孩子们的高效沟通，更精准地核实他们不同发展阶段的生活期望和情绪需要，及时调整家庭教育的策略。家庭教育的真谛不是要做到绝对的公平，而在于家长能始终真正用心去关爱和重视孩子，帮助他们建立积极的自我价值感、家庭归属感和生活希望感。当然，作为父母还要学会在具体行动中为孩子创造公平的发展环境。

1. 家长要依据每个孩子的个性特点和现实需要来关心照顾孩子

尤其是两个孩子存在一定的年龄差，更要按照孩子对应的年龄特点和性别特点选择适合的有差异的教育抚养方式。不随意比较孩子，甚至拿一个孩子的优点去打压、贬低另一个孩子的局限。家长应该在兼顾公平的基础上按需教育，更好地协调孩子之间的关系，减少和避免同胞之间的互相攀比和嫉妒，提高孩子的包容、接纳与共享能力，提升同胞之间的亲密感，这些都会激发孩子主动探讨解决问题的方法，建立良性互动模式。父母此刻不必过度关注孩子，而要适度放手，相信孩子能够处理他们的冲突，尤其可以尝试从锻炼孩子的视角引导大宝解决同胞间的冲突，且无论结果如何都要对大宝进行肯定和激励，父母的认同和授权会提升大宝的安全感与控制感，增强大宝对二宝的包容心和责任感，更主动参与到照顾二宝的事务中，同时也可以在二宝面前树立好大宝的权威，进而减少因父母介入处事不公，引发孩子消极反应的空间和机会。

2.父母在家庭中必须树立好做事需要遵守的规矩和原则

俗话说,没有规矩,不成方圆。家庭规则的制定和解释要提前跟孩子们协商和讲清楚,并要求家庭成员共同遵守和维护。比如设定两个孩子都喜欢同一件玩具,可以按照一定秩序轮流玩,强行争抢的行为是不被认可的,危及人身安全的风险行为是被严格禁止的。自己的事情要自己做,培养独立性;见到认识的人要主动问候打招呼,培养基本礼仪;有好东西要学会主动分享,提高人际交往的技能;做错了事情要主动道歉,敢于承担责任。家庭可以根据具体情形设定诸如此类更多具体易操作的规则。一旦同胞间出现纷争,父母大可将这些公认的规则拿出来作为衡量孩子们行为对错的的尺子,确认究竟是哪个家庭成员违背了哪些规矩,然后按照对应的约束措施展开教育。父母还要强调,在规则面前人人平等,一视同仁,不分年龄,不分性别,不分老幼,用家庭的团体契约来保障家庭成员最大的公平。当然,规则不只是用来衡量个人行为的好坏,父母还要通过协助孩子建立明确的规则意识来更好地适应环境和发展自我;规则也不只是界定个人行为的对错,父母还要通过规则来引领孩子向善向好,不断完善自我;规则也不只是一把冰冷的尺子,父母还要通过规则来培养孩子化解人际冲突的智慧和有温度的包容理解力。另外,父母在运用规则处理问题的时候,一定要注意就事论事,做到对事不对人,避免给孩子标签化,形成刻板印象,打击孩子的自尊心和自信心,甚至给孩子造成心理阴影。

3.父母在处理同胞冲突过程中需要更为智慧的方式来彰显公平

当孩子的认知和实践能力还不足以达到自己解决争执问题时,他们大多会本能地找到父母来告状和评理,自认为弱势和受委屈的一方还会向父母寻求保护和安慰。比如,家里的大宝平时喜欢看书、爱学习,二宝年龄小,希望大宝能多陪自己做游戏或看电视,但如果大宝时间紧、任务重可能无法立即满足二宝的要求,二宝无法理解这种情况,就会有点耍性子,甚至故意捣乱。此时,大宝很可能会感到烦躁和愤怒,言语或行为上都可能对二宝不友好,继而引发后续一系列不愉快的事情。当二宝哭哭啼啼找父母哭诉大宝的种种不是,要求父母惩罚大宝时,父母通常会习惯性地跟大宝说:

"你是大宝就要有大宝的样儿,得处处让着弟弟和妹妹,学会保护和帮助他们,毕竟他们年纪还小,还不懂事呢!"有些家长总是倾向让大宝向二宝无条件妥协,让大宝做出牺牲、迁就二宝,这对大宝来说是极不公平的,因为没有谁天生就该让着别人。试想,一个人如果总是在索取和获得,就容易变得习惯有人让着,但进入并不是谁都会让着他的社会时,就会难以接受现实。而另一个总是在付出和失去,不断被剥削、忽视,则容易造成心态失衡。其实,父母不能被事情的表象所迷惑或蒙蔽,不要轻易下定论,急于做评判,一定要留出时间蹲下身来向孩子们了解具体的情况和事情的始末,安抚孩子的情绪,并引导双方站在对方的角度来考虑问题,或者引导孩子们讨论解决问题的其他有效方法,不带有色眼镜看待孩子,也不随意偏袒任何一方,哪怕这一方看起来更可怜、更弱小,主动觉察和控制偏心倾向,极力站在客观实际的框架下,通过摆事实、讲道理来教育孩子互相谦让和理解,缩减同胞冲突的干扰面和破坏力,强调制定和遵守规则的重要性,强化合作共赢的视角,帮助孩子们梳理各自的边界,让孩子们都能感受到父母对他们发展的重视和殷切的期望,进而能够摆脱对当下问题的耿耿于怀,能够更多地着眼于对未来的憧憬。当然,在某些时候父母可以与大宝协商是否可以对二宝做出适当的让步,一旦大宝同意做出妥协,父母一定要及时对大宝进行肯定和赞扬,同时要跟二宝讲这是因为大宝爱你才让给你的,你应该感谢哥哥或姐姐,下次你有好玩的也要主动跟哥哥或姐姐分享,谦让是相互的。切记不要让二宝认为大宝让着他是理所应当的,而是培养大宝与二宝的分享意识和解决问题的能力。

　　总之,家长在对两个孩子进行教育的过程中,要注重以公平为基本原则,依据孩子的年龄特点与性格特征进行正向引导,主动培养孩子的包容心、同理心、接纳力以及合作共赢的意识,同时对不可避免的同胞冲突进行适度介入和理性分析,控制好自己的情绪,在保护孩子的自尊心和自信心的基础上,以动态发展的视角,按照"晓之以理""动之以情"的方式让孩子们认识到各自的问题和改变的方向,同时还有父母的殷切期望和满满的激励,就能让孩子在彼此相处中不断优化、完善自我,促进同胞关系的良性发展。其实,这世上本没有绝对的公平,父母也做不到完全的"一碗水端平",但重要的是父母内心始终装着对孩子们无限的爱,通过各种努力让每个孩子都能感受到父母的爱。

八、榜样引导

童话大王郑渊洁曾说:"教育孩子时不要只用你的嘴,而是要抬起你的腿,走好你的路,示范给孩子看。"通常来说,父母是孩子的第一任老师,孩子从一出生就开始全方位地接触、观察和感知父母,父母的所有言行举止,就犹如相机拍摄的画面一样印刻在孩子的头脑中。父母通过以身作则和言传身教所发挥的榜样示范作用,对孩子成长的重要性毋庸置疑,这种潜移默化的教育影响深刻而久远。家长希望孩子成长为一个什么样的人,首先自己就要做出相应的努力和表现。然而现实生活中,有些家长自己经常"口无遮拦",却要求孩子谦谦有礼;自己脾气暴躁、易怒冲动,却要求孩子情绪稳定、乖巧懂事;自己不学无术、不求上进,却指责孩子不认真读书、胸无大志;自己趾高气扬、不可一世,却埋怨孩子懦弱无能、退缩逃避;自己不懂尊重包容,却要求孩子海纳百川;自己践踏规则甚至蛮不讲理,却指责孩子不按套路出牌;自己言行不一,却要求孩子诚实守信;自己对父母不闻不问,却要求孩子对自己感恩戴德。凡此种种,都是父母缺乏良好示范作用的表现,也给孩子带来了极大的发展风险与适应困难。很多时候父母就是孩子的一面镜子,而孩子则是父母的影子,父母的所作所为都会在孩子身上有所印证,孩子的诸多行为表现都可以从父母那里找到原型。父母如果希望孩子能够健康成长,自己就要以身作则,严于律己,不能停下前进的脚步,不断调整和成长。

当然,很多父母都是普通人,总有着这样或那样的不足之处。但是,父母在跟孩子长时间、高密度的接触过程中,尤其是在孩子早期的教育过程中,一定要特别注重经营自身好的外在形象和举止,塑造出值得孩子效仿和学习的姿态。可以从身边的小事开始做起,从自身的一言一行和日常生活工作中的点滴做起,自觉遵守社会公德和家庭美德,主动维护社会公共秩序,遵章守法,热心社会公益事业,积极保护生态环境,养成良好卫生习惯;生活中能够与人为善,乐于助人,敬老爱幼,敢于担当,勇于奉献,善于协调,注重良好家庭成员关系的维护;工作中爱岗敬业,积极进取,谦虚谨慎,注重团结协作,遇到困难能够迎难而上积极应对。个人层面上要注重提升自我修养,培养与时俱进的思维观念,热爱生活,合理调节控制情绪,不断优化个人性格,做好工作与生活的平衡。

当孩子了解到父母"活到老学到老"的人生态度后,他会深深认识到学无止境。当孩子看到父母"尊老、爱老和敬老"的时候,他会深刻认识到百善孝为先,人可以不那么优秀,但必须孝心满满。当孩子看到父母抱持"努力,一切皆有可能"的生活态度时,他会深深理解事在人为,只要坚持就有突破自我的那一天。当孩子看到父母"身处逆境迎难而上"的时候,他会深刻认识到生活里没有过不去的坎儿,人的成功或许有三分天注定,但更有七分靠打拼,不向命运低头,不被环境压制,勇敢追逐梦想。当孩子看到父母能够做到严格自律、有所为有所不为的时候,他们的内心也会有所触动,增强自己对目标的坚守。我们有理由相信,父母的每一分努力、执着和进步都会给孩子带来无穷的榜样力量,父母的言传身教能为孩子更好地适应社会和发展自我提供重要参考和激励。

另外需要指出的是,父母其实还可以通过适当的引导和培养,促进大宝成为二宝模仿的鲜活榜样,让大宝成为二宝的"小老师"。因为家庭中二宝出生后,他对与自己年龄相近的大宝更容易产生好奇,更容易观察和模仿,他们往往像"跟屁虫"一样跟在大宝后面学这学那。为此,父母如果可以培养大宝以身作则的意识,为二宝提供行为示范,将是事半功倍的教育捷径。那做家长的如何让大宝成为榜样,并主动承担一部分家庭责任呢? 父母的基本引导原则是让大宝感受到自己在家庭中的重要性,让大宝明白这个家庭是需要他的,作为二宝的榜样同样是不可替代的。首先,父母要在二宝出生前就给大宝打下"预防针",沟通关于家庭中哥哥或姐姐的重要角色和作用,对大宝能够率先示范做出良好的期待。二宝出生后,父母更要特别注意大宝的情绪波动和心理需要,即使照顾二宝再忙,也一定要腾出专属时间来陪大宝,表达关爱并真诚表达父母的歉意,让大宝感受到父母的关爱始终如一,也许陪伴的时间会有所缩短,但是关切的程度依然在线。避免大宝产生"爸爸妈妈有了二宝就不再爱我了"或是"二宝抢走了父母对我的宠爱"

的负性思维的想法,最大限度地降低大宝的心理落差。这是大宝能够愿意照顾二宝的重要前提。其次,父母要注重培养大宝良好的生活习惯,通过身体力行、循循善诱、激励赞美、精准助力等多种方法对大宝进行积极心理品质的培养与良好行为的训练。正所谓近朱者赤近墨者黑,大宝如果能够养成早睡早起、独立刷牙洗脸、按时完成作业、及时收拾整理玩具、懂得谦恭礼让、严格遵循纪律原则、做事有条不紊以及善于自我约束控制等好的生活和学习习惯,二宝跟在大宝后边也会学得有模有样,可谓培养大宝好习惯,培养二宝就成功了一多半。最后,父母要多创造同胞之间的互动机会,让两个孩子有足够长的相处时间,并引导大宝主动帮助二宝做一些容易上手又能短期见效的事,比如拿个尿不湿、陪二宝画画等。而且在大宝表现好时,父母一定要及时给予大宝言语上直接或间接的夸赞,比如可以直接跟大宝说:"你好厉害啊,给二宝带了一个好头!"或者"弟弟有你这样做表率的哥哥可以更快进步的。"也可以间接跟二宝说:"你看看哥哥是不是很棒啊!""二宝你有一个很贴心的哥哥。"同时还可以给予大宝适当的肢体爱抚,比如亲吻脸颊、抚摸头部或者一个大大的拥抱等动作,还可以根据具体情况给大宝购买一个心仪已久的玩具等,这些精神与物质奖励的叠加能够进一步提升大宝保持良好示范行为的概率。

同时,值得关注的榜样视角是二宝,他也同样可以成为大宝学习的榜样。虽然二宝来到家庭的时间晚,认知与情感等方面的发展会相对落后,但并不妨碍他形成自己独特的闪光点和优势,父母可以透过二宝的亮点来为大宝更好地发展提供参考。需要父母注意的是,一定要先创设融洽的家庭氛围,培养良好的同胞关系,强化学无止境和"三人行必有我师焉"的学习态度。采用积极比较的引导方式,形成相互借鉴和支持的家庭环境,最大程度地降低大宝向二宝学习可能产生的抵触和对抗情绪,在自然状态下激励大宝进行自我完善和优化。

优秀的榜样能够引领激励身边更多人努力前行,一旦在家庭成员之间逐步建立起学习与被学习互为榜样的关系,互相协助与相亲相爱的家庭关系,就可以塑造主动向能者学习和向优者学习的家庭氛围,营造崇尚"真善美"的家庭舆论。促进每个家庭成员都积极改变以取长补短,使得整个家庭

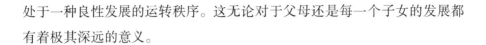

处于一种良性发展的运转秩序。这无论对于父母还是每一个子女的发展都有着极其深远的意义。

九、创设空间

有人把几条小鱼放在容积有限的鱼缸里养育,过了很长一段时间也看不出鱼的生长,后来有一天鱼缸被意外打破,这些小鱼被主人放养到院子里的池塘中,生活空间比之前的鱼缸要大很多,这些鱼在池塘中竟然疯狂生长,这就是"鱼缸效应"。由此我们可以看出,给予生命更广阔的发展空间,就能够挖掘生命更多的潜能和创造更大的价值。父母在教育引导孩子发展的过程中也要注意创设宽广的空间。父母不要以"爱的名义"或"都是为你好"的幌子压缩和控制孩子的发展空间,而是要注意倾听、尊重和理解孩子的意见和想法,给孩子保留足够的心理发展空间。一旦父母对孩子管得过多、过死和过细,就容易侵犯到孩子的心理发展边界,会限制孩子的自主性和独立性的发展,会束缚孩子的头脑和手脚,挤占孩子自我发展的场景与机会,而且极易引发孩子更强烈的叛逆心理以及与父母的对抗行为。因此,父母要学会主动向后退,给孩子腾出更大、更广的空间去独立思考、实践、成长。

(一)父母要给孩子创设"问题解决的心理空间"

当孩子在成长过程中遇到了困境和难题,做父母的不要把孩子出现问题看成是洪水猛兽而心急如焚。不要过度追求解决问题的效率而慌不择路,也不要随意替代孩子处理问题而事无巨细地操心。父母要转换一个角度来看问题,要深刻认识到问题本身并不可怕,问题的发生及应对是孩子成长的重要资源,是孩子成长的难得契机,更是孩子成长的必经之路。不要用我们的脚步来代替孩子走路,不要用我们的翅膀来代替孩子飞翔。孩子的成长之路需要孩子自己丈量和行走,方向需要孩子自己探索和把控。正所谓"心有多大,舞台就有多大"。父母要从主观上相信孩子的努力和智慧可以解决问题,无须大包大揽、过度焦虑。如果问题不是很复杂和困难的话,父母可以在尊重客观现实情况的基础上,给予孩子自行解决问题的机会。让孩子在这个过程中充分体验,觉察自己的情绪与需要,了解自身的特点与局限,发掘自身的资源与优势,尝试以自己的方式来思考、分析和解决问题。不过分重视问题解决的结果好坏,更应该看重问题解决过程对孩子的磨炼价值。当然,父母可以给予孩子一些必要的或孩子希望能够获得的协助,择机向孩子表达对问题解决进展的关注,但不要过度介入或横加干涉孩子解决问题的节奏和方法。父母做好对孩子的精心观察、适当协助、及时肯定与耐心等待,积极鼓励孩子勇敢锻炼自己的羽翼,相信经过不断的"试飞"练习之后,孩子终究可以自由翱翔,赢得属于自己的一片天空。这个可以考虑遵循"二十码"心理效应,也就是说孩子在解决问题的过程中,父母可以在"二十码"的距离处密切关注。这样做既可以给孩子留出充足的空间来独立应对难题,不至于让孩子感觉到被控制,还可以在孩子需要父母增援时随时切入进来予以必要的协助,降低孩子潜在的风险。当然,对于年幼的孩子,父母要给予更为细致、具体的行为指导,积累他们的经验,同时创造适当的机会锻炼其独立性。而对于年龄较大,尤其是进入青春期的孩子,父母就无须反复唠叨,做到点到为止,让孩子逐步学会为自己的行为负责。即便孩子可能遭遇挫折,父母也不必惊慌失措,可以引导他们主动吸取教训,寻找改变的办法,使孩子真正成为自己生命的主导者。

(二)父母要给孩子创设"允许犯错的心理空间"

著名儿童文学家冰心说过,给孩子自由,让他们像野草一样生长。这就要求父母能够给到孩子充分的自由空间,任由孩子探索和展现自我,甚至包括犯错误。然而,当下的现实情况是一旦孩子犯了错,很多父母总是习惯性地对孩子进行比较严厉的指责与批评,让孩子感觉犯下了不可饶恕的滔天大罪。孩子担心犯同样的错或被父母再次批评,这会给孩子带来很大的压力,很可能使他们在今后做事情的时候变得畏首畏尾、缺乏主见。做任何选择和决定也总是要看父母的眼色,不敢有自己的主张,不能形成自己的判断框架。孩子的自主性与创造性的发展受到很大限制,很容易影响孩子健全人格的发展,形成过度依赖他人的性格。其实,对于犯了错的孩子,父母既不要不分青红皂白地一棒子打死,也不能对孩子的错误本身充耳不闻、听之任之，甚至在旁边说风凉话、取笑孩子。而是应该守住保障孩子安全与健康的底线，对孩子进行适当且必要的教育和提醒，让孩子清楚犯错带来的不良影响和潜在风险。要让孩子明白"勿以善小而不为，勿以恶小而为之"的做事原则，培养孩子"有错就改、知错必改"的勇气与担当。不能因为孩子犯了一个错误就否定孩子的一切，不分场合地发泄父母"恨铁不成钢"的不满情绪，致使孩子有苦难言、因噎废食、退缩不前。孩子犯下的错误并非只有消极意义，同样具备积极价值的成分。父母不要期望培养出一个完美的孩子，恰恰是这种苛求会给孩子带来过高的压力，最终结果很可能适得其反。父母可以秉持允许孩子适当犯错的理念与孩子沟通并加以引导，和孩子共同探讨错误的积极意义。这不是为孩子犯错开脱，更不是纵容孩子犯错，而是从另一个视角看待错误，为孩子提供发展的思考与改进的路径。尤其是当孩子犯的错误并非原则性的，且尚在可控范围之内时，父母可以引导孩子在尝试错误的过程中主动吸取过往的经验教训，让孩子体会犯错带来不良后果，从而促进孩子积极进行自我反思，更深刻地认识和探索把事情做得更好的方法和策略。让那些曾经掉进去的"坑"变成未来脚下坚实的路，提升孩子应对困难问题的智慧，使其学会为自己的行为负责，而不是随意迁怒他人。如此，孩子今后犯错的概率就会越来越低，做事的效率和效果也会越来越理想。父母允许孩子犯错的理念可以培养孩子多视角看待错误的哲学思维，从正向视角给孩子更多面向未来的激励，避免孩子困于错误中难以自拔，进而产生自我贬低的心理，减轻孩子因追求"不犯错误的完美人设"而产生的焦虑。这能让孩子在社会实践中勇于大胆尝试，积累更丰富的生活智慧，使孩子不再担忧可能的失败，而是更专注于如何取得成功。

（三）父母要给孩子创设"情绪宣泄的心理空间"

小孩子涉世未深，生活经验有限，遇到各种挫折在所难免，焦虑、郁闷、憋屈、沮丧、悲伤、难过等消极情绪会悄然而至，这些都给孩子的身心健康发展带来一定的干扰和冲击。父母此时首先需要及时察觉孩子的情绪，俯下身来关切孩子，理解孩子的情绪和感受。不要急于给孩子讲所谓的大道理，提那些看似可行的改进建议，也不要急于帮助孩子解决问题，妄图走捷径。不要以成人的视角抱怨孩子过分矫情、内心脆弱,甚至贬低孩子经不起事。而是要为孩子提供宣泄和释放情绪的空间与时间,允许他趴在你身上或是独自哭一会儿,允许他充分表达内心的不满与恐惧,甚至也允许他此刻一句话不讲,就静静地待着。没有苦苦相逼的质问,没有强人所难的要求,不再是"恨铁不成钢"的高压状态,父母此刻对孩子表达出真诚的关切与情感上的支持,目光柔和而坚定,营造出包容接纳的氛围。有父母的贴心陪伴和理解,有家庭温暖的爱与支撑,有化解不良情绪的充足空间,在这种"疏而不堵"的教育方式下,孩子的消极情绪就更容易得到舒缓,后续的一系列事情也更容易开展,效率也会更高。正所谓先梳理情绪再处理问题,只有摆脱情绪的束缚才能更好地解决问题。父母一旦被孩子的不良情绪所牵制和扰动,自身情绪可能变得焦躁和冲动,急于帮孩子脱离情绪的漩涡。这可能是因为父母自身的需要未被满足,混淆了孩子与自己各自需求的边界,从而容易表现出过度控制和急功近利的行为。而孩子的消极情绪如果无处适度安放与消融,他们会认为父母没有真正理解自己,进而对父母产生疏远、回避甚至是敌对的态度,由此产生更多的代际隔阂。反过来,父母又会因为孩子表现出所谓的"不配合"和"不听话",轻易给孩子冠以"叛逆"的标签,这加剧了亲子关系的恶化,可能给孩子后期的成长累积形成更大的风险。因此,父母需要提升自我情绪控制和疏解的能力,觉察和管理好自己的焦虑与期待。对于孩子的事情,该放手时一定要舍得放手,该授权的事情就要坚决授权,该分清界限时就要守得住界限。不过度控制、不随意越界,才更有机会为孩子提供情绪宣泄的空间,让孩子能够与自己的不良情绪多相处一会儿,多自我消化一会儿负性情绪,如此孩子才能找到更适合应对消极情绪和解决问题的突破口。

每个孩子的成长都需要足够安全、放松的心理空间,为人父母就要积极创造、提供这种空间,为孩子更好地适应环境、发展自我、融入群体、问题解决等人生发展议题精准助力。解放孩子的大脑,让其多独立思考,有利于形成孩子自己的思维框架;解放孩子的手脚,让其多自由活动,有利于培养孩子主动实践的勇气;解放孩子的嘴巴,让其多充分表达,有利于培养孩子高效沟通的能力;解放孩子的心灵,让其多亲身感受,有利于培养孩子情绪体验与管理的能力。不把成人的意志和价值观强加给孩子,不把父母自身需要的满足凌驾在孩子需要的满足之上,不把现成的"过来人"经验强推给孩子,不总是想着让孩子走得快一点再快一点,不因父母好高骛远而对孩子拔苗助长,也不因孩子暂时不够优秀而悲观失望,甚至弃之不管,而是回到当下,回到孩子的现实情况,给足孩子心理发展的空间。父母要做的就是尊重事物的客观发展规律,尊重孩子的真实想法和感受,因势利导,顺势而为,扶孩子"上马",陪他走上一程,随后把"缰绳"交给孩子自己,让孩子自己真正独立"骑马",走自己真正想走的路,成就真正属于自己的人生。

十、适度放手

苏霍姆林斯基说过:"不能总是牵着孩子的手走,而是要让孩子独立去行走,让他可以对自己负责,逐步形成自己的生活态度。"这句话带给我们的启示就是父母需要给孩子保留独立的成长空间,让他们在实际生活中学会选择和践行属于自己的路。独生子女家庭与二孩家庭的一个很大不同在于,独生子女往往把父母看作唯一的依靠。而在二孩家庭中,父母不再是孩子们唯一在意和依赖的对象。由于两个孩子辈分相同且年纪相近,存在诸多相似性,他们变得更容易相互理解和沟通,更有机会成为彼此重要的伙伴。在这种情况下,父母其实可以减少对孩子相处问题的介入,主动弱化自身对孩子们过多的干预行为,创造更多条件让孩子之间进行更为深入的交流与互动,促进他们建立良好关系。自然界中有一种值得关注的现象:当一株植物单独生长时,显得单调且缺乏生机;当它与众多同类植物一起生长,原本矮小而单薄的它就会展现出勃勃生机,变得枝繁叶茂,这就是植物界相互促进的共生效应。这种效应在人们的日常生活中同样适用。因此,父母在教育多个子女的过程中也要注重营造这种共生效应,适当放手,为子女创造更多有效沟通的机会,这能使孩子们充分发挥并发展各自的优势,在更多互动合作中丰富和拓展思维模式,提高学习与生活技能,增长解决问题的智慧,加速自身成长,达成"1+1>2"的共生效果,实现更好的教育成效。

第一,父母重在引导同胞交往的方向,并创设良好环境进行积极心理暗示。父母可以选择一个好的时机(如大宝赢得一场篮球比赛时),营造相对舒适的环境(如布置温馨舒适的房间),带着大宝一起关心、看护二宝。通过语言细致描述二宝的可爱之处,让大宝更容易发现二宝的美好与弱小,激发大宝爱护二宝的主观意愿。也可以借助讲解危险情境以二宝可能受到的危害为话题,邀请大宝充当二宝的保护伞或小卫士,从侧面唤起大宝对二宝强烈的保护欲,从而建立家庭责任感,提升责任意识。

第二,父母可以巧妙引领二宝向大宝求助,以推动同胞间良好沟通模式的建立。很多时候,二宝会有诸多疑问希望父母提供答案。这时,父母可以尝试让二宝去询问大宝。比如,二宝画了一幅不错的画拿给父母看,父母便可借机说:"我猜你哥哥一定也会喜欢这幅画,还会为你感到自豪。等哥哥回来你可以去问问他的看法怎么样?"当然,二宝提出的问题应在大宝相对了解和熟悉的范畴内,这样二宝可以从大宝那里得到友好回应。大宝在回应二宝的过程中,会获得满足感和成就感,也能感受到自己在家庭中的分量与地位,以及二宝对他的倾慕与认可。此外,父母还可以从大宝的视角出发表扬二宝。如此,二宝会越发觉得大宝是他最重要的亲人,也会因大宝的夸奖而更加自信。久而久之,二宝会逐渐养成遇到问题主动与大宝讨教或商量的习惯。由于两个孩子年龄相仿,更容易快速理解彼此,能在探讨问题时展开有价值的交流,这对他们都大有裨益。

第三,父母可以通过创造两个孩子共同行动的机会以增加他们的默契度。孩子的世界看起来虽小,但其实多姿多彩,其内涵丰富程度远超父母既有的想象和理解范围。因此,父母在保障孩子安全的基础上,可以为孩子提供开放的场所与空间,对游戏玩法不加任何限制,鼓励两个孩子自由发挥,强化不同物品的多功能应用。不必担心房间被弄乱,不必对孩子的不同想法感到担忧,也不必强迫自己去理解孩子创造的世界。只需让两个孩子在自由玩耍中增加直接交流,培养深厚的同胞感情,提升解决问题的创造力。在此过程中,他们还会形成独属于两人的语言与符号,磨合出仅存在于他们之间的默契。这种相互懂得与心灵默契会让两人构建起互助互爱的关系模式,形成良性循环,推动孩子与他人建立和改善人际关系。当然,如果同胞之间出现了一些无法调和、解决的问题,并主动向父母求助时,父母还是要及时介入,引导双方进行平等对话,了解和分析问题发生的本质,共同探讨解决问题可能的思路与实现路径,平衡好引导者与协助者的双重角色,为孩子解决冲突提供良好示范。

总之,父母在孩子成长过程中,不只是要做加法,还要适当做减法,逐步弱化自身在孩子心中的存在感,逐步降低孩子对父母的依赖,专注于培养同胞之间的紧密联系与深厚感情。适度放手不是全盘控制,更不是撒手不管,而是在父母管教与孩子自我管理之间达成一种动态平衡。有这样一则故事:在寒风刺骨的冬日,两只刺猬想要相互取暖。刚开始它们距离较远,没能达成取暖的目的;后来两只刺猬调整了距离,彼此靠得比较近,却发现各自尖锐的刺把对方刺伤了。于是它们再次调整距离,这次的距离刚刚好,既能够保证双方互相取暖,又不会伤害到对方。刺猬抱团取暖的故事给我们的教育带来很好的启示:父母与孩子之间的距离不能太远,否则容易因缺乏温暖感而产生陌生感;但父母与孩子之间的距离也不能太近,不然容易让孩子产生被监视感和窒息感。因此,父母对孩子适度放手,保持适当的心理距离,这不是推卸家庭教育的责任,也不是对孩子放任不管,而是为孩子创设更多自由生长的环境,发挥更大的同胞共生效应。这是拓展同胞之间心灵的空间,夯实同胞之间爱的地基,提升同胞之间对家的归属感,改善同胞之间的人际关系,总体而言是一举多得的同胞关系教育策略。

十一、换位思考

在一个家庭教育培训现场,培训专家讲述了一位小学六年级拒学学生的教育案例,随后邀请台下的受训人员分别扮演拒学的小学六年级女孩、女孩的父母、班主任、教导主任以及心理咨询师等角色,共同协助解决孩子的拒学问题。开始的时候,所有人都在振振有词地讲述孩子拒学的种种表现及其带来的各种负性影响,并从自己的视角来分析孩子出现拒学可能的各种原因,可谓是公说公有理婆说婆有理,但看起来却都有推脱责任之嫌。而那个小学六年级的学生像一个犯错的孩子,始终被冷落在一边无人问津,直到心理咨询师忽然想起了什么才径直来到了孩子身边,躬下身来尝试与孩子沟通对话,想要进一步了解孩子的需要与感受。孩子压抑的情绪在这一刻一下子迸发出来,委屈而伤心地痛哭流涕。从现场来看,包括孩子父母在内的其他人都在从自身的视角与自身需要的达成来看孩子的问题以及这一问题带来的麻烦,甚至会出现家庭与学校互相推责的情况,却都没有人真正蹲下身来,以孩子的高度和角度来看这个世界和拒学的问题,实际上也就错失了了解这个孩子以及听到这个孩子声音的机会。我们所处的世界在客观上是一致的,但是每个人对世界的理解和感受却是不同的。一旦我们习惯性地以自己的经验去要求和限制别人,就会造成沟通上的困境,问题也难以得到实质性解决。

真正有效的教育一定是在"懂得和理解孩子"的基础上发生的。如果父母的耳朵和眼睛都是高高在上的,这种不自知的傲慢很轻易就把父母与孩子平等沟通的桥梁割裂了。不在一个水平线的沟通会让孩子感受到父母并不是真正关心和爱自己,而是觉得父母只是在维护家长的利益和顾及自身的颜面。而孩子真正所需所念皆被忽略和无视,被父母的各种"想当然"和"应该"替代,长此以往必将引发孩子更大的失落,直至绝望,这阻碍了亲子关系的健康发展。因此,父母在教育引导孩子的过程中,不要固执地以为"孩子还小,什么都还不懂呢",更不要随意用"我们跟孩子之间的代沟无法逾越"这句话来搪塞自己对孩子的不理解。其实孩子并不完全在意父母是不是能理解他们,更在意的是为人父母是不是愿意去真正理解他们,主动去理解他们。所以父母一定要主动蹲下身,降低与孩子交流的高度差,不带有凌驾孩子的优越感,不要先入为主地"我认为",不要认为成人的经验都是对的。在教育孩子过程中,对错本身有时候并不是最重要的,父母其实更需要带着向孩子学习的态度多处事,用孩子的眼睛来观察这个世界,用孩子的耳朵来聆听这个世界,用孩子的心态来体验这个世界,走进孩子的内心世界,走进孩子的朋友圈,以多感官与多视角去感同身受孩子,才更可能真正理解孩子,亲子之间的误解与隔阂必定会越来越少。父母需要设身处地的换位思考,提升自我觉察能力,坚决调整改变态度,才能让孩子感受到父母的良苦用心和真正被理解。孩子能够感受到父母的主动靠近,感受到父母的平等对待,甚至感受到被父母"懂得",那将是一种幸福感指数很高的体验,也给孩子学会换位思考与感同身受他人带来了良好示范。

十二、精神富养

海伦·凯勒曾说:"给孩子最好的礼物不是物质上的富足,而是内心的富有。"当下,随着我国经济社会建设如火如荼地推进,人民生活水平日益提高,物质丰富程度得到空前的提升。家庭的经济条件得到显著改善,这些都给家长和孩子带来很多的机遇与新的可能。很多家长信奉"投资孩子就是投资未来""投资孩子才是最好的投资",于是衍生出富养孩子的教育理念。但在实施富养策略的具体过程中,却更多体现在物质上的富养。比如,给孩子穿戴名牌服装鞋帽,购置昂贵生活用品,安排高端出国游,报高价课外兴趣班,或让孩子就读各类贵族学校等。更有甚者,会全然不顾家庭实际情况,即使囊中羞涩也要竭尽所能拉高家庭生活消费层次,全面追求"不买对的,只买贵的"一类的生活消费理念,砸锅卖铁也要向周围人展示自己不俗的经济实力。这些父母的底层教育逻辑是:只要给孩子提供充足丰厚的物质条件,就能让孩子获得良好的人生起步和优质的教育基础,完成"不让孩子输在起跑线上"的阶段性任务。而且,他们认为这些孩子在长大过程中也会按照这样的高水准来时刻要求自己努力奋斗,进而获得更广阔的发展空间和更好的人生前景,更有利于把孩子培养成社会精英。殊不知这样"富养孩子"的想法和"培养精英"的做法非常值得商榷,其中隐藏着很大的弊端,很可能适得其反。这种做法不仅会让家长错失培养孩子的核心要点和关键时期,反倒还有很大可能伤害到孩子。因为过度的物质供给在某种程度上会不断滋长子女的物质欲望。由于虚荣心与攀比心作祟,孩子们的欲望变得深不可测。然而,他们现实的生存能力与生活能力却并未与日俱增,金钱堆砌带来的物质丰盈掩盖了孩子眼高手低的真实自我。他们会以为物质可以解决所有问题,却没有认识到只有持续不断地努力以及稳步提升自我内涵,才是成功路上真正的秘诀。父母过度的托举使得这些孩子逐渐变得依赖和任性,在欲壑难填与迷失自我中,不仅表现得十分傲娇且一事无成,很可能变成妥妥的"啃老族",甚至是喂不饱的"白眼狼",越发偏离父母预想的教育轨道,原本期望的富养反而变成了实际上的"穷养"。其实,富养子女的教育策略并非单单在物质上充分满足孩子的成长与发展需要,也不是只追求外表的光鲜亮丽。而更应该是在满足孩子基本生活需求的基础之上,注重培养孩子健全的人格、良好的品性以及应对困难的勇气与智慧等,有效提升孩子的内在素养,这更是一种精神上的富养。我们并不全盘否认有些家庭实施精英教育获得了成功,但是对于更多的普通家庭来说,如何更好地富养孩子,以达成富养的教育目标呢?

(一)父母对孩子的"精神富养"要体现在教育理念上的调整

奢靡的物质并不能直接带来孩子品格的高贵和素养的提升,父母要挣脱单纯追求外在物质竞争的束缚,更要及时回归到家庭的现实情况与孩子自然生长的状态下开展恰当的教育,让孩子通过更为具体的经历来历练自己,积累自身的经验与成就,用自己的独立与坚韧赢得真正的体面。父母在关乎所谓"面子工程"的事情上,不要把给孩子提供物质资源的多寡作为评判为人父母成败的标准,不要以为只有大量投入物质,才能让孩子与同龄人保持同步。对于家庭收入来源单一且家境相对普通的家长来说,满足孩子基本的生活需要即可。尤其是在家庭中有两个或多个孩子的情况,更不要为了所谓的面子而打肿脸充胖子,倾其所有都给孩子。这样只会让整个家庭包括父母和孩子都饱受巨大压力的困扰,甚至陷入崩溃的边缘。因此,父母一定要回归家庭现实,关注孩子当下,在自然状态下陪伴与教育孩子。不追求物质的过度供给。要从实际客观情况出发,基于现有的资源,遵循教育的基本规律,以更理智、更睿智的方式教育孩子,一步一个脚印,扎实地推动孩子的发展。

(二)父母对孩子的"精神富养"要注重培养孩子良好的生活与学习习惯

好的习惯让人事半功倍并终身受益,而坏的习惯让人事倍功半还后患无穷,因此父母要特别注重孩子在生活与学习方面良好习惯的养成教育。比如,督促孩子养成早睡早起的健康睡眠习惯,保证充足的睡眠时间,不熬夜、不贪睡、不赖床。坚持食物种类多样、营养热量均衡的健康饮食方式,控制食用过烫、过凉以及油炸等高热量食物,不挑食、不节食、不贪食,不随意浪费食物,避免摄入不健康食物。勤换洗衣物、勤剪头发、勤修指甲、勤洗澡,保持良好的个人卫生,做好个人形象管理,爱护生活环境,不乱扔垃圾。

及时收拾整理自己的书桌与书包,保持生活空间整洁有序。委派并鼓励孩子多做一些力所能及的家务(比如洗菜、切菜、刷碗、擦地、做饭、晾晒衣服、购置家庭生活用品等),提升孩子的家庭参与度与责任感,培养孩子主动参与家务、分担家务的习惯,避免养成"衣来伸手、饭来张口"的恶习;培养孩子对体育锻炼的兴趣,引导孩子长期坚持一到两项简单易行的体育运动项目(跑步、跳绳、游泳、骑行及各种球类等)。控制好身体锻炼的强度与节奏,培养孩子科学锻炼身体的方式与习惯,保持良好的生理机能与充沛的体力来迎接各方面的挑战。避免出现盲目透支身体、破坏身体健康的行为(没有充分热身的剧烈运动、长时间高强度的超负荷锻炼等)。购置孩子衣服鞋帽等日常生活用品时,以符合孩子年龄特点和性别特点为主,重在舒适、整洁、大方、实用、得体且有一定风格,避免因过度攀比或追求名牌效应而造成畸形消费。协助孩子学会时间管理,努力做到学习和做事有目标、有计划、有监控、有反思、有改进。学会用心记录和整理,用好日程表和备忘录,尽量做到今日事今日毕,不随意拖延,不浪费时间,不内耗精力,并根据实际情况来调整生活或学习计划,避免出现盲目、迷茫和瞎忙的情形。培养孩子课前及时预习、上课专注听讲、课后独立完成作业与有效复习,贯穿学习全过程的良好习惯。激发孩子内在的学习兴趣与动力,让孩子形成自己的学习方法与学习策略,切实成为学习的主人,避免孩子出现"为父母而学"的怪现象。培养孩子良好的阅读习惯。"书是人类进步的阶梯",多读书、读好书是孩子健康成长的康庄大道。除了学校指定的阅读书目之外,还可以结合孩子的兴趣点选择合适的书籍。可以在家里读,也可以到图书馆读;可以细细品味精读,也可以快速浏览泛读;可以一个人读,也可以一群人共读。让孩子在书中深入了解这个多彩的世界,洞悉人性的真善美与假恶丑,连接过去、现在与未来,为孩子确立人生目标、迎接人生挑战注入强大的力量。当然,好的习惯体现在生活中方方面面的行为表现上,然而真正养成好的习惯需要严格的自律和不断的坚持。在实际生活中,父母需要通过多种有效的方式,协助孩子一步一步地养成更多好习惯,切不可贪多求快,要让好的习惯伴随孩子一生。

（三）父母对孩子的"精神富养"要体现在愿意花时间和用真心来陪伴孩子,塑造孩子热爱生活与勇于创新的积极品质

有人说,各方面优秀的孩子大部分是家长陪伴出来的,这很有道理。教育,不只是试卷上知识掌握程度的比拼,更是家长教育投入的较量,而投入的主体是家长,比拼的"场地"就在家庭。父母高质量的陪伴与投入可以充分激发孩子的积极性,挖掘孩子的潜力。陪伴不只是简单的陪着。假如父母在陪着孩子时还在做自己的事情,对孩子的询问也只是"嗯嗯""好的""我知道了"等毫无营养价值的回应,这是低效、敷衍、有距离且参与度低的陪伴,甚至等同于没有陪伴。孩子此刻需要的是被真正关注、有真情回应的陪伴,而不是被父母忽视的陪伴。有的父母过于关注孩子,对孩子有较高的期待,然而眼中更多看到孩子没做到和没做好的部分。恨铁不成钢的怨气和怒气动不动就会向孩子发泄,这是缺乏耐心的陪伴,是功利心作祟的陪伴,是让孩子倍感压力的陪伴。父母如此这般的陪伴,只会让孩子越发感到紧张甚至恐惧。孩子此刻需要的是有指导、有温度的陪伴,而不是父母有条件、暴躁的陪伴。有的父母在陪伴过程中采用过多的说教方式进行教育。其实,父母说教的背后是对孩子的否定和指责,是父母用自己唯我独尊的权威和所谓的经验去灌输、压制孩子的思维。一旦站在了孩子的对立面,没有从孩子的角度出发去引导,父母即便有再好的初心也是枉然,费再多心血也是徒劳。孩子需要的是直击心灵、同频共振的陪伴,而不是这种控制性、不信任的陪伴。

陪伴的有效性不只在于陪伴时间的长短和数量上的堆积,更在于陪伴的质量。有效陪伴需要父母"真心的陪伴",用心倾听、关注和协助孩子,深入了解孩子的情况与困扰,真正去发现问题、解决问题。有效陪伴需要父母"尊重的陪伴",不打压、指责孩子的各种不是和不成熟,而是放低家长的姿态,尊重和主动理解孩子的想法、需要与选择,彼此包容和信任,与孩子成为真正的朋友。有效陪伴需要父母"平和的陪伴",对孩子要有合理的期望,不把学习成绩好坏看作成功与否的唯一标准,接纳孩子做得不好的环节,允许孩子有不成熟的表现,不随意给孩子贴负性标签,不随意向孩子发泄自己的

负性情绪,与孩子沟通过程中讲究方式方法,多听少说,保持足够的耐心,让孩子在相对松弛的状态下表达和成长。有效的陪伴需要父母"共同成长的陪伴",言传身教是给孩子最直接的教育,以身作则是对孩子最有效的引导,共同成长是对孩子最温情的陪伴。陪伴的方式和过程还有很多,比如陪孩子一起看星星,一起做家庭趣味游戏,一起攻克一道数学难题,一起到学校参加运动会,一起看场球赛或电影,一起玩他喜欢的玩具,一起包饺子,等等,都是能够让父母与孩子心灵相通,促进情感交流的最美陪伴。

　　总之,父母不要为不能陪伴孩子找理由,而要为能够更好地陪伴孩子创造机会并不断提升自我。忙碌不能成为父母缺席陪伴孩子成长过程的借口,不知道孩子喜欢吃什么,不清楚孩子崇拜的人物是谁,这更多是父母的失职和对孩子的忽视。陪伴孩子并非单纯依靠大把时间的累加来实现,它更体现在父母陪伴态度上的全心全意,陪伴方式上的亲力亲为,陪伴内容上的精挑细选,陪伴过程上的善始善终。父母与孩子在共同成长过程中,其实是相互陪伴、彼此成全,只要爱意在,即使远隔千山万水,依旧心手相连。否则即使父母与孩子每天抬头不见低头见,也可能各自怀揣小心思,行同路人,缺乏心灵共鸣,无法形成有效陪伴,甚至相互猜忌、挑剔,导致关系渐行渐远,越发疏离。父母一定要抓住教育和陪伴孩子的黄金时期,倾注深沉的爱,付出浓厚的情,既不过度靠近给孩子造成厌烦和压迫感,也不置之不理给孩子造成被剥夺感与被忽视感。适度帮助且张弛有度,做好孩子成长的坚强后盾,在孩子需要的时刻奋力托举,不断延长亲子关系良好发展的"保鲜期"。与孩子的成长共荣辱,与孩子的发展共进退,让孩子既对父母心生敬畏和仰慕,同时又对父母呈现期待与依恋。

第三节　有效融合夫妻关系

　　夫妻关系往往会受到家庭新成员出现的影响,尤其是第二个或更多个子女进入家庭时,很多父母就要应对人妻、人夫与人母人父角色上的平衡,他们要在经营夫妻关系和改善亲子关系中找到新的规律和秩序。比如在饭桌上,夫妻二人既要照顾孩子们的吃饭问题,还要沟通抚育孩子的事情,其中就很可能包括两个孩子的交往冲突或学校教育问题。这跟以前的二人世界或是三口之家时所面临的场景会有很大不同,也会对夫妻关系发展产生一定的冲击和挑战。二孩的到来可能引发夫妻关系不同的发展轨迹,有的夫妻关系质量在二孩到来前后无显著变化;有的夫妻关系质量会先出现短时间的较快下降,而后又迅速回到初始状态;还有的夫妻关系质量可能会先出现短暂的提升,而后再次回到起点;还有一些夫妻关系随着二孩降临家庭而出现持续的恶化,甚至走向解体的边缘。这些关系变化轨迹的差异跟二孩进入家庭后夫妻角色的适应水平、情绪变化、解决问题的模式有关,也与夫妻之间的沟通模式、各自的人格特质以及社会支持程度相联系。有人说孩子的到来,尤其是二胎的到来,是真正考验夫妻关系的一道坎。有些夫妻会不自觉地过度以孩子为中心,把孩子各项事务的处理悄然放到了第一位,满眼都是孩子长孩子短,这样就会从客观上忽略了自己的需要与情感状况,同时也忽略了另一半的需要与情感,这种不自知的忽视会严重影响到两个人的关系发展。因此,夫妻两人需要做好沟通预案,及时调整和确立积极的相处模式。有了二孩之后能够继续保持对自己以及对另一半的关注与爱,增加那些有利于保持和提升夫妻关系质量的建设性行为,避免夫妻关系因为更多孩子的到来而受到干扰和破坏。

一、积极沟通

二孩进入家庭会引发诸多变化,来自经济、家庭、工作、教育以及个人发展等方面的压力,让每一对夫妻都面临着极大的挑战。有的问题繁杂无序,有的问题纠缠棘手,有的问题紧迫无奈,有的问题突然出现,以致让人来不及思考如何更稳妥地处理。要应对这些困境,需要夫妻双方保持良好的沟通,建立稳固的夫妻合作联盟,才能持续输出解决问题的能量与智慧,维持家庭与个人的稳态,共同高效应对家庭困境,营造良好家庭氛围。

第一,即使夫妻双方因为照顾两个或多个孩子,或是处理工作以及家庭外遭的诸多事宜耗费大量时间和精力,生理体验与心理感受都比较疲惫和困乏,也要保证两个人有一定独处的时间和空间进行较深层次的感情交流和充分的肢体接触。双方在此时此地可以积极分享工作与生活的感受,适度倾诉当下的心理困惑或发展烦恼,充分表达对另一半的理解与肯定,及时给予对方激励与支持。这种情感的持续滋润可以让各自压力得以缓解和释放,使得夫妻关系的发展保持良好的惯性,更能拉近彼此身与心的距离。当前,电子产品的层出不穷,网络功能极大丰富与拓展。丈夫可能把疯狂打游戏作为消遣、放松或发泄的方式,妻子可能迷恋追各种影视剧,或通过大量的网络购物来缓解现实压力,如此一来,夫妻双方的直接沟通变得非常有限,情感的联络与交融减少,互动过于低频,这些都对夫妻关系发展产生不利影响。所以,宝爸宝妈们请坚定地放下手中的手机,从虚拟世界回归现实,将目光从游戏、短视频转移到另一半身上,把心思从低价值信息的网络社区转向对另一半的高质量陪伴上,双方多进行一些面对面、诚恳的对话与交流。即使为了更方便照顾孩子而暂时分床甚至分房睡,也不要忽视这种交流,保持两人之间的亲密感和关系的韧性至关重要。夫妻一旦因生活琐事,或者过多关注孩子而减少了彼此间的身心联系,彼此沟通的机会就会变少,给予对方的支持感也会降低,双方的亲密度、信任度以及包容度都会每况愈下。两个本该亲密无间的人却慢慢变成熟悉的陌生人。这就需要夫妻双方及时评估当下的关系质量,并及时作出建设性调整。

　　第二,夫妻双方在具体沟通过程中要特别注意应用听与说的基本沟通技巧。从倾听角度来说,双方都要认真聆听对方的话语,将目光聚焦在对方身上,始终保持对对方讲话的兴趣,尊重对方的发言,不轻易或急于打断。同时,要主动理解对方的情绪感受,探寻对方的需求,留意领会对方在沟通过程中的语气、表情和动作等非言语信息,并通过适当的反馈来澄清和核实自己的理解是否准确,最终达成听到、听对、听懂与听全的基本沟通目标。从表达的角度来看,夫妻双方需要把自己的想法、感受与期待,通过简洁、明确、恰当且双方都能理解的语言表述出来。语言切忌模棱两可、晦涩难懂、拐弯抹角或长篇大论,以免让对方难以理解、抓不住重点,产生理解偏差和误会。在表达过程中,应尽量使用正向肯定与具有建设性的语言,避免抱怨、批评指责与攻击性的语言表达,此外,还可以通过适当列举现实案例进行分析,让对方更易理解,并且要与对方确认其理解内容跟自己想要表达的是否一致,即确保双方对沟通内容、具体要求等细节信息达成共识。"听"与

"说"是紧密相连的,它们相辅相成,夫妻双方都要学会有效倾听与精准表达。让听与说这两个关键要素协同发挥作用,从而提高沟通的质量与效果,从根源上减少误会和冲突发生的可能性。

第三,夫妻双方在沟通过程中应尽量避免冲突与矛盾,即使偶尔出现不同意见或严重分歧也需及时有效化解,切勿无限期拖延,以防节外生枝、加深矛盾。由于夫妻双方各自的家庭背景、成长经历不同,脾气秉性、价值观也存在诸多差异,解决问题的经验与方法也不尽相同,双方各有优势和缺点。在家庭责任分工是否合理、各自角色定位是否准确、职业发展是否存在竞争,以及双方在时间和空间上是否存在隔离等方面,产生意见分歧都很正常。若想有效避免和切实解决这些冲突与矛盾,夫妻双方都需尊重并包容这些现实差异。不要总是试图按照自己设定的标准和要求,强迫对方改变;也不要总是盯着对方的局限和不足。毕竟,揭人短、戳人痛处,挑别人的刺,并不能彰显自己的高明。通过贬低对方来抬高自己,不仅无法真正解决问题,反而激化矛盾,恶化关系。夫妻双方沟通时,不要总是翻旧账来证明对方有错。过度纠结过往的是非对错,只会引发无意义的争辩,偏离解决问题的方向。即便在争论中占了上风,却可能伤害彼此感情,这并非明智之举。不要让过去的阴影遮蔽当下的生活,要学会放下曾经的伤痛与矛盾,接纳对方的不足,宽恕和谅解对方过往的失误和过错,不要总是苛求对方达到自己的期望,相反,应共同致力于实现双方一致认可的发展方向与目标。同时,夫妻还要注意尊重对方的隐私,维护对方的自尊,为对方保留充分的独立自由空间。比如,随意翻看对方手机、查阅通话记录和转账记录,以及要求对方随时报告外出方位、行踪等行为,都极易引发对方的抵触情绪与对立行为。当然,夫妻之间出现一些矛盾实属正常,不必将其看成是多么可怕的事情。要知道,这些矛盾点恰恰是双方需要磨合之处。如果磨合得当,夫妻关系便能得以稳固和发展;否则,就会加剧双方的嫌隙和误会,致使夫妻亲密关系质量下降。首先,夫妻双方发生矛盾后,一定要先冷静下来,觉察并处理自己的愤怒、失落、委屈、悲伤等不良情绪。不要让当下的消极情绪左右自己的头脑,不要轻易、冲动或随意地做出任何重要决定。因为一旦失去理性思考,大脑很容易做出既不合逻辑也不合情理的判断,进而做出日后可能会让人后悔的抉择。其次，不要让双方的矛盾累积，积少成多，也不要让矛盾过夜，以免夜长梦多。一旦矛盾的解决时间向后拖延，就可能会遭遇并叠加更多不可控因素，使矛盾变得更加复杂且难以化解。因此，双方要秉持及时、尽快且妥善处理矛盾的速战速决原则，让矛盾在发生初期就得到有效处理和控制，避免其产生后期持续的负面影响。最后，在具体化解矛盾或解决问题时，双方不要一味只顾维护自身利益，仅从自己的单一视角看待问题。而要尝试从对方视角认知这些所谓的矛盾，从彼此的差异中探寻重要共识，初步形成大方向一致的总目标。在此大框架的基础上，探讨双方都能接受的问题解决路径。哪怕暂时制定出权宜之计也是可取的，这必将促进双方最终达成合作共赢的理想局面。当然，在这个过程中，可能需要双方都能顾全大局，勇敢站出来做出适当的妥协和让步，主动放弃或延迟满足自己的部分利益或短期利益。双方各退一步，正所谓"退一步海阔天空"，不被一己之见蒙蔽。经此调整，双方看问题的视角会更为全面和系统，在满足对方需要与达成自身愿望之间建立起相对平衡，也就更容易聚焦双方的共同目标与共同利益，以实现双方的和谐共生。当然，做出这样的让步是个体经过权衡利弊后主动做出选择，且需要控制在个体利益的边界范围内，避免某一方在这个过程中频繁或过度让步导致心态失衡，引发更大的矛盾，否则就得不偿失了。

第四，夫妻双方的沟通应当秉承积极、正向、未来为导向，以设定共同目标以及共同成长为核心理念，遵循平等互信、合作支持与尊重的重要原则，主动创造良好沟通渠道。对于双方不可避免形成的局部矛盾，处理时可以遵循"预防大于治疗"和"最小损失法"的基本应对原则。夫妻双方既然组建了新的家庭，孕育了子女，就要不断巩固和发展这个家庭联盟。应专门安排时间，深入商讨并制定共同的生活目标，规划未来的家庭发展方向，确保双方的努力方向始终同步。在认知、情感、行为与发展方面彼此相互激励、鞭策，主动关心对方的身体状况、情绪波动及生活期望，全力协助对方解决困难、应对挑战。通过寻找共同话题、培养共同爱好或者组织共同活动，增加互动机会与情感交流，建立家庭友好协商机制，定期研讨家庭重要事宜，同时留意保留二人的私密空间。在一些重要时刻，营造必要的仪式感,比如精心挑选鲜花、一起外出旅行放松、给对方购买称心的礼物,共度值得纪念的美好时光;邀约同看一场精彩的电影、一场艺术画展、一场球赛,或拍摄一组家庭艺术照等,以此增强双方情感的亲密度,着眼于共同成长与进步,携手迎接美好未来。如果家庭中某一成员前行速度过快,其他成员很可能跟不上这个节奏和强度;又或者该成员只专注于自身理想目标,而未考虑带动整个家庭发展,那另一方可能会心生犹豫,思量是否还要继续跟随。这都可能导致夫妻关系疏远甚至走向破裂。因此,夫妻在有了二孩之后,都要及时调整生活与工作节奏,建立家庭命运共同体意识,尽力相互扶持、携手共进,充分发挥各自的优势与资源,贡献各自的智慧与能量,实现最大程度的同频共振,维系并促进健康、长久的夫妻关系。在此基础上,为亲子关系、婆媳关系等其他人际关系的和谐发展提供可参考的现实范例。

二、情绪调控

在这个充满变化与不确定性的时代,知识爆炸、信息超载,外界总是制造和传递着令人焦虑不安的因素。这让为人父母者面临太多挑战和压力,引发家长们诸多消极情绪,其中,担心自己孩子发展不好或落后于他人就是一种普遍存在的焦虑情绪。这种焦虑时常让父母感觉像是错失了一个亿,即便根本就没有这"一个亿",甚至,穷尽一生也无法达到这样的财富高度。但是这种焦虑依然真实而持续地存在着,总是担心失去那些本不属于我们的东西,这其实是这个时代和社会带来的压力导致的。当然,也和父母对成功高标准的界定与理解息息相关。为人父母,往往会无意识地把自身期望和需求的达成转嫁到孩子身上。父母总是担心孩子输在起跑线上,担心有些事情做不好,让孩子错失宝贵的机会;担心自己的一次失误就耽误了孩子的大好前程;担心一步错步步错,以致孩子将来埋怨怪罪父母;更担心孩子培养得不优秀自己会被别人看不起。因此,父母会特别努力,用尽毕生所学与所能来抚育孩子。然而,面对子女教育错综复杂的现实情况,由于缺乏科学的教育理念与实施策略,父母仍然不时会感到迷茫、焦虑和无力。他们有时候会眉毛胡子一把抓,孩子的大事小情都要管,结果可能丢了西瓜捡芝麻;有的家长缺乏适合自己孩子的教育模式,只是照抄照搬别人的做法导致自乱阵脚;还有的家长对外在负面信息过于敏感,总想着替孩子早做一些或多做一些以避免孩子的落伍或耽误孩子大好前程。这种自我加压与过度忧虑也容易导致不理想的教育效果。其实很多时候,大家都有"越担心什么就越来什么"的生活体验,这种现象被称为"墨菲定律"。这种心理学效应可看作是"自我实现预言"效应,也就是当我们对某种情况抱有过于强烈的信念与预期时,比如特别担心某件事情发生,我们个人的态度、情绪和行为反而更容易受到干扰,就越容易犯错误,麻烦也会越严重,最终导致事情办得很糟糕。对于父母来说同样如此,为了更好地减轻这种教育焦虑,避免因过度关注而导致更差的教育效果,父母需要及时调整教育理念与方法,觉察并调控自身的负性情绪,建立更多积极的情绪情感体验,为孩子的顺利成长提供坚实的基础。

第一,为人父母要认识到每个孩子都是独一无二的,都有各自的生长周期与发展节奏。父母不应千篇一律地把一种抚育模式套用到所有孩子身上,更不要因为外在社会的期望和自己的虚荣心而过度干涉孩子的自然发展轨迹,不能用自己对成功的理解去定义孩子的发展优劣。父母应依据孩子不同的特点,协助孩子设定符合其自身发展需要的合理目标,充分给予孩子自主权,让孩子真正学会主导自己的生活,把实现目标的主导权交还给孩子,让孩子成为自己行为的第一责任人,父母只需为孩子兜底即可。没有不切实际的目标压力,没有盲目追求外界界定的成功标准,没有事事代劳的冲动,不将自己的成败与孩子的表现捆绑。这样的父母与孩子保持良好的边界,能够明确区分自己与孩子的责任范围,不被孩子的事情束缚,情绪也就更趋于稳定平和,生活状态也会变得更为松弛踏实。

第二,为人父母既要关注自身的情感体验,也要全面感知孩子的需求。父母与孩子朝夕相处,关联极为密切,情感相互交织。另外,父母还承担着众多社会角色,房贷、车贷、工作以及人情世故等各种压力层出不穷,导致父母疲于应对,情感日趋耗竭,生活难谈及幸福。因此,父母要学会认真倾听自己内心的声音,全面觉察并体验自己内心的感受,辨别自身情绪的来源与指向,厘清自己行为背后的动机,权衡利弊后有所取舍与规避。不要什么都想要,也不强求自己什么都要做到最好,过度苛求自我往往会让自己长时间处于高压状态。再加上缺乏有效的减压之法,父母很容易陷入负性情绪的低谷,这也会给孩子的成长带来负性影响。我们可以想象,在一个极度压抑的家庭环境中,一个过度焦虑的家长能教育出怎样的孩子呢?同时,父母要及时关注和理解孩子发出的各种言语信号和肢体信号,观察孩子具有典型性的行为表现,用深刻而质朴的情感、直觉与体验代替书本上固定刻板的知识,以此来感知和引导孩子。父母只有在充分了解孩子现实需要的基础上,进行适度引导,只有让自己更少地受到消极情绪困扰,才能为孩子创造良好的外部环境,让孩子自由且稳健地成长。

第三,父母要主动放下不必要且徒劳的担忧与焦虑,要明白每个孩子的成长都不是一蹴而就的。经历挫折和坎坷是成长必然的过程,这是一段漫长而艰难的旅程,其中充满各种变数和无数挑战。首先,父母要做的是接受孩子的不完美和平凡,允许他们犯错,包容他们的局限,不苛求孩子做能力范围之外的事。只有这样,孩子才会更接纳自我、悦纳自我,建立起最基础的自信。其次,父母不要每天将学习、考试或成绩挂在嘴边,营造紧张的学习氛围,不随意传递未经考证或未来不确定的信息给孩子增加无谓的焦虑情绪,不忽视孩子对父母的情感需求,不过度消耗自己的能量,不随意越界行事。当父母的情绪不再大幅波动,变得更可控、更稳定,情感空间更宽厚包容时,孩子的安全感就会更高,他们与父母的情感连接会更紧密,进而表现出更稳定的情绪与行事方式,应对困境以及解决问题也会更有效率。最后,父母要给予孩子充分的信任与支持,发现并挖掘孩子更多的内在资源与优势,保持对孩子良好而恰当的正向期待,鼓励他们放开手脚、打开思路去生活中实践闯荡。父母适时给予外在赋能,可以帮助孩子更自信、更成熟地应对未来的挑战。

第四,父母要全面客观地评估自身的特点,明确自身存在的优势与局限,设定适合自己的生活与工作目标。不要苛求用自己的上限去攀比别人的舒适区,懂得适时知足又不失进取之心,平衡好工作与生活,区分自己与孩子之间的边界。父母不应被工作角色完全束缚和牵扯,也不应过度受孩子发展状况的羁绊。要保留夫妻二人世界的相对独立性和持续性,相互提供情绪价值与支持,保持爱的稳定输出与有效输入,促使自身情绪成熟稳

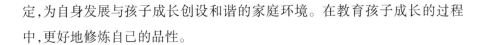

定,为自身发展与孩子成长创设和谐的家庭环境。在教育孩子成长的过程中,更好地修炼自己的品性。

三、寻求支持

很多时候,父母养育第一个孩子时并没有多少现成策略可供参考,大多是在不断摸索中积累了一些宝贵经验。但这些经验并不是万能的,子女的教育总会面临层出不穷的困境与挑战,可谓一波未平一波又起。等到第二个孩子出生,同时照顾两个孩子,更是让父母倍感吃力,二孩父母常常手忙脚乱、疲于奔命,闹得焦头烂额,最后可能落得一地鸡毛,狼狈不堪。试想,如果父母时刻处于精神崩溃的边缘,他们的孩子又怎么会好过呢?基于这种情况,父母需要学会主动寻求外界的各种支持,以获得更优质的资源和更好的状态来教育、引导孩子成长。

(一)二孩父母需要主动寻求二孩养育策略的信息支持

当代社会信息爆炸,家庭教育的知识通过书籍、报纸、杂志、影视媒体以及各种网络电子信息等多种方式广泛传播,信息量丰富,获取方式极为便捷,不受时间和空间限制。对于宝爸宝妈来讲,重点在于对繁杂信息进行科学筛选,留下更具针对性和时效性的内容,让其对自己带娃有所帮助。

第一,宝爸宝妈可以精心挑选一些家庭教育指导的专业书籍,无论再忙也要抽出固定时间细细品读,夫妻之间及时交流读后感,在认真阅读与良好沟通中逐步形成家庭教育共识。两人也可以参加线上或线下的家庭教育书籍的读书会,在视角多元、开放包容、理论联系实际且相互激励启发的团体环境中,借鉴他人长处,提升自己的家庭教育智慧。

第二,宝爸宝妈可以关注权威家庭教育专家的公众号或家庭教育专栏,系统收集、阅读相关文章或音视频资料,保持连续学习教育策略的习惯,并与自己过往的教育理念和实践进行对照,发现教育方面的偏差与问题,及时做出调整与改进,不断总结新的有效经验,切实提升二孩教育质量。

第三,宝爸宝妈可以从身边有二胎教育经验的家长寻求有效的二胎养育信息。他们的第一手经验尤为珍贵。与这些过来人直接交流可以为新晋二孩父母提供极具时效性的信息支持与帮助。另外,当下很多居民社区经常举办家庭教育沙龙和讲座,夫妻可以一起参加。正所谓"开卷有益""磨刀不误砍柴工",多花时间收集整理二孩家庭教育信息,并结合实际应用到自己家庭中,在实践中学习,在学习中实践,这样可以切实减少因教育方式不当引发的孩子的诸多问题,避免造成后期难以收拾的家庭局面。

(二)二孩父母要主动寻求获得外在的物质支持

生养二孩需要考虑物质成本,孩子成长所需的奶粉、尿不湿、婴幼儿读物、智力玩具、各种衣物和食物等,都需要大量费用支持,还有孩子未来的一系列教育费用。另外,有的家长会请保姆协助照看孩子,诸如此类都需要花费一定的人力物力。如果没有足够物质资源的支撑,就会造成二孩养育的困境。因此,父母可以尝试向外寻求一些物质支持。比如,其他二孩家庭孩子用过的小推车及一些衣物和生活用品等。小孩子身体发育快,很多衣服和鞋子实际穿用时间不长就要更新换代,所谓的旧衣物可能只穿了没几次,小推车可能还有八九成新。只要这些物品符合基本卫生要求和安全使用标准,重复利用这些二手资源一方面符合生态环保理念,另一方面也能在一定程度上减轻二孩家庭的物质负担。因此,父母可以大大方方地向周围人寻求这类物质支持,挑选更为合适的物品周转使用,充分提高资源的使用率,这实在是一举多得的事情。

(三)二孩父母需要主动寻求情感支持

养育二孩给父母带来了诸多压力,源于自我内在的高要求,以及多个孩子教育本身的复杂性与不确定性。即使他们能变出三头六臂,也难以应付养育孩子过程中"危机四伏"的状况,百般努力后仍收效甚微,这使得有些父母情绪变得敏感、忧虑重重、易激惹,成就感降低,甚至有的宝妈还会患产后抑郁症。凡此种种都表明,这些宝爸宝妈需要寻求充分的情感支持。

第一,宝爸宝妈之间需要彼此关注对方的情绪状态。越是在家庭环境复杂多变的情况下,越要沉得住气,及时察觉对方的情绪变化,并根据两人的有效沟通模式相互安抚疏导,缓解对方压力,重塑对生活的信心。尤其是宝妈更渴望得到宝爸的理解与包容,宝爸应成为宝妈的坚强后盾,主动采取行动,减缓宝妈担心抚养不好孩子的焦虑情绪。

第二,宝爸宝妈还可以跟自己的父母或者好朋友及时沟通交流,借助家庭聚会、朋友聚会或者其他适宜的场景,向关系亲近的人适当倾诉自己的压力、反映自身的感受,聊聊自己的努力与烦恼,从而获得家人与朋友的宽慰与支持,这种有人帮衬和托底的感受是一种很好的赋能与疗愈。这有利于宝爸宝妈获取一些应对策略,增强战胜当下困境的决心。

第三,二孩父母如果长时间受焦虑和抑郁等情绪困扰,即便自身付出很多努力仍难以调整好情绪,此时就可以求助专业的心理咨询机构。对近期心理状况做好评估,通过专业的心理辅导获得应对困境的内在动力,重构对家庭各类困境的认知,主动做出积极适应与改变。

当宝爸宝妈的情绪情感得到足够支持时,他们就更有应对家庭生活各类挑战的内在信心,无论是家庭二孩或多孩的教育难题,还是亲子关系的培养困扰,抑或是夫妻关系的维系短板。主动求助不仅可以帮助我们更好地看清自己,而且外部的视角和各种支持能为我们解决生活或工作困境提供新的思路,成为日常情绪的稳定器与积极情绪的助推器。一旦二孩父母的情绪积极稳定,他们就能够在生活与工作中充满力量,进而做到满血"全速"前行,更有能力、应对各种挑战。同时,孩子在父母营造的稳定而成熟的情绪环境中也能生活得更为自由、放松,更好地得到爱的滋养,并且他们在情绪方面的积极品质也能得到持续培养与提升。

第四节　合力拓展社会关系

一、同伴关系

同伴关系是儿童与年龄相同或相近的个体在共同活动中形成的一种特殊人际关系。在儿童早期生活中,同伴关系是除亲子关系之外最重要的人际关系,对儿童的社会性发展极为重要。尽管同胞在某种程度上可以承担同伴的部分角色和功能,但每个孩子总要走出家庭,走向更广阔的社会,接触更多同龄人和其他社会人群,学会与不同人群打交道,学会在社会大环境

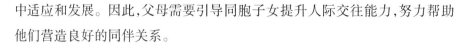

中适应和发展。因此,父母需要引导同胞子女提升人际交往能力,努力帮助他们营造良好的同伴关系。

(一)同伴关系的功能

儿童通过与同伴的互动,建立对他人、环境与自我的认知,确立与世界关联的运行规则。良好的同伴关系可以为儿童提供充足的信息与情感支持,营造温暖的人际关联,让儿童感受到被尊重、被接纳、被认可、被包容与被赋能。这种被支持感、安全感、责任感和归属感,可有效提升儿童的自尊和自信,完善儿童的知识架构,健全儿童的人格,促进儿童自我概念更好地形成。同时,在平等氛围中,儿童能认识不同的社会交往角色,更好地认识他人,了解自己在外在环境中表现出来的形象与所处地位。通过同伴间的经验分享、榜样示范、相互模仿以及共同协作完成某些任务等方式,儿童提升与其他人建立良好人际关系的能力,逐步学会处理与他人和团体的矛盾,学会抉择是坚持还是放弃个人的某些意见,从而推动自己更好地适应复杂的社会环境,勇敢迎接未来诸多不确定的挑战。可以说,一个好的同伴能陪伴儿童,促进其健康快乐地成长。相反,糟糕的同伴关系可能阻碍儿童多方面的健康发展,使其难以充分发展出实用的社会交往技能,营造安全稳定的心理环境,实现恰当准确的情感表达,培养缜密的逻辑思维以及科学解决问题的能力。一旦同伴之间出现被忽视、嘲讽、侮辱、恐吓、诽谤、欺侮以及霸凌等境况,可能给儿童带来巨大的身心伤害。他们会逐步变得敏感脆弱、退缩畏难、胆小焦虑、抑郁恐惧,甚至还会出现拒学、逃学、吸烟、攻击性、自我封闭、网络游戏成瘾等偏差行为,以及自伤与自杀等高风险行为。可以说遭遇不良同伴会给孩子带来挥之不去的心理阴影,甚至摧毁孩子一生的幸福。

(二)同伴关系发展的年龄特点

同伴关系发展有其内在的特点与规律,它跟儿童的年龄、外形、性别、生活环境以及个性特征都有很大关联。

处于0~2岁婴儿期的孩子,在同伴交往方面还停留在相对单一的固定模式。他们一般通过目光注视、肢体触摸同伴等初级方式,初步达成人际感知与互动。而后,会慢慢出现更多观察与模仿同伴动作与行为的情况,并通过微笑、发声、说话、打手势以及一起玩玩具等方式向对方传递信息,进行交流与情感连接,期待引发对方的积极关注与回应。也有的儿童会通过一些简单游戏与合作活动,建立与同伴更进一步的人际关联,此时双向交流更为频繁与常见。此阶段的同伴关系发展质量受儿童与父母依恋关系质量的影响较大,依恋关系发展良好,同伴关系往往也比较和谐。

随着年龄不断增长,幼儿期(2~6岁)的孩子在同伴关系发展上呈现出更多复杂的特征。一是幼儿早期同伴关系的随机性与境遇性。由于幼儿认知能力有限,表达自身需要与情感的方式不成熟,他们缺乏明确的交往目标,对同伴的选择也未形成明显偏好,只是碰到能一起玩的就玩一会儿。但因当下交往方法和手段单一、固化,同伴之间在交往过程中容易产生短暂冲突,往往难以形成稳定持久的同伴关系,因此同伴更换会比较频繁。二是幼儿中期同伴关系的主动性与冲突性。随着认知能力逐步提升,幼儿对于同伴的标准日益明确,并且会更主动地寻找符合标准的同伴交往,交往同伴的数量和类型有所增加。他们对同伴的喜恶表现得更为突出,一旦对方做出不友好、不尊重、不认可等行为,就容易引发较多冲突,同时会拒绝与之进一步交往。三是幼儿后期同伴关系的合作性与互惠性。尤其是随着道德认知的提升,幼儿道德品质不断改善,对好坏对错的评判能力有助于幼儿明确交往目标。而且合作意识与能力在稳定提高,双方在交往过程中表现出越发明显的互惠倾向,这都表明幼儿的交往更加复杂,相互之间的作用与影响也越发显著。

(三)同伴关系发展的性别特点

一般来讲,幼儿同伴关系的发展还受到性别的影响。在同伴交往认知上,女孩认为合作可以带来更好的同伴关系,因此她们的合作意识更强,表现为与同伴合作多于与同伴竞争;而男孩认为竞争更能在同伴关系中获得有利地位,因此他们独立意识更强,会更多选择与同伴竞争而非与同伴合作。在同伴交往方式上,女孩更多通过语言交流与协商沟通开展同伴交往;而男孩多以肢体动作和实际行动来实现同伴交往目的,语言应用相对较少。

从同伴交往目标上看,女孩对同伴的期望较高,希望从同伴那里获得更多的理解、关怀与亲密感,因此更注重同伴亲密关系的构建与维系;而男孩在同伴交往过程中更重视展现个性与自身逻辑性。在同伴交往倾向性上,不论是男孩还是女孩,都比较倾向于选择同性别同伴进行交往。但是女孩会优先选择外表形象更具吸引力的同性别同伴交往,对这类更为关注和肯定。然而,有外形吸引力的男孩却不一定能得到同性别同伴更多的认可和接纳。不过,随着年龄的增长与认知水平的提升,幼儿在结交同伴时会更注重对方的个性修养、品质等内在因素。当然,较好的身体素质与相貌所带来的魅力更容易让同伴赋予其内在优秀个性品质,这使得外形依然在同伴关系发展中发挥重要作用。

(四)同伴关系的主要类型

依据同伴交往的类型,研究者将同伴关系分为受欢迎型、被拒绝型、受忽视型与普通型等四类。受欢迎型幼儿的特征有:相貌较好,个人卫生习惯较好;行为积极向上,情绪稳定愉快,性格乐观开朗,与人为善,消极情绪与行为较少;交往主动性强,交往范围广,交往效能高,号召力强,能够比较合理评估自己在同伴交往中的角色与地位,比较在意同伴关系的维系与促进,如果同伴关系发展受阻会很不舒服;在同辈群体中广受欢迎。被拒绝型幼儿的特征有:身体强壮、力气大,各方面能力比较突出,性格外向、脾气急躁,活泼有余易冲动;乐于交往,但由于交往的策略与方式不够恰当和灵活,消极行为表现居多;对同伴的态度不够友好,经常夸大自己在同伴关系中的地位以压制对方,并表现出攻击性,容易引发同伴的拒绝、回避与疏离;不过他们对于不良同伴关系反应淡漠。受忽视型幼儿的特征有:体质偏弱,身材相对瘦小,性格内向,行动节奏较慢,情绪较少外露,胆小退缩,少言寡语,渴望同伴交往但又缺乏主动性与交往技巧,常感孤独;会因为同伴关系不佳而产生难过或焦虑情绪。普通型幼儿的特征有:社交表现均衡,无明显优劣势;具备基本交往技能,包容性强,愿意主动建立联系;拥有稳定的同伴关系,注重合作与互助,整体合群性良好。

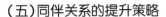

（五）同伴关系的提升策略

同伴关系的健康发展至关重要。父母应根据孩子的性别、年龄及所处环境特点，从多方面协助孩子建立并维持良好的同伴关系。

1. 父母要注重对孩子良好外在形象的塑造

孩子外貌虽主要由遗传决定，难以通过生理手段改变，但可通过培养良好的卫生习惯与健康的生活方式提升个人形象。比如，培养孩子勤洗澡、勤修剪头发与指甲、勤换洗衣服、日常按时洗脸刷牙等良好生活习惯；衣服鞋帽的穿戴得体大方，发型符合年龄与性别特点；培养孩子良好饮食习惯，不挑食、不贪食、不厌食，预防肥胖或营养不良；保持科学规律的作息，早睡早起，不熬夜，不贪睡。健康科学的生活方式及良好的形象管理能增强外在吸引力，使孩子更易获得同伴的亲近与接纳。

2. 父母要注重培养孩子良好的内在素养

如果说外表是吸引同伴的"敲门砖"，那么优秀的人格品质则是维系同伴关系的核心能力。正所谓与什么样的同伴交往远比在交往中做什么更重要，因此父母应耐心引导孩子塑造良好的个性素养。一是要注重对孩子进行品德教育（个人品德、家庭美德以及社会公德等），让孩子明晰对错、好坏与美丑，形成正确的道德认知与道德情感，并在实践中培养友善、诚信、同情心、助人为乐等品质。二是要注重对孩子进行心理健康教育，引导孩子自尊自爱、自信、自强，学会感恩与热爱生活，富于创新并善于合作，积极乐观而遇挫不屈，遇事冷静而敢于迎接挑战，与时俱进而不故步自封，提升孩子综合心理素养。三是要注重对孩子进行学识教育，让孩子尊重知识，乐学好学，关注人文，了解自然，积累古今中外知识，不断完善知识结构，提升学识广度与深度，增强孩子的学识素养。一个有趣的灵魂远比好看的外表更具吸引力；热爱生活的态度比消极抱怨更易赢得共鸣；有修养的智者比唯我独尊者更能散发人格魅力，从而为建立稳固的同伴关系奠定基础。

3. 父母要注重培养孩子娴熟的同伴交往技能

儿童在同伴交往中表现出的社会行为会直接影响其同伴接纳水平。比如，更多的亲社会行为而非攻击性行为更容易获得同伴的认可，增加同伴交往的频度;更多的主动性交往而非被动性交往更容易获得同伴的好感,增加同伴交往的机会;更全面和适切的交往技能而非单一和失当的交往策略更容易建立稳定与和谐的同伴关系。因此,父母一方面要帮助孩子了解影响同伴关系发展与维系的基本因素,让孩子在同伴交往中积极发挥优势,尽力规避局限。要注重培养孩子积极主动与同伴交往的意识,调整孩子在同伴交往方面的认知偏差(如晕轮效应、刻板印象、第一印象、近因效应、自我投射等),鼓励孩子积极打消内心顾虑,勇敢克服内心恐惧(如人言可畏、人心叵测、人性本恶、言多必失、一次做不好就是失败者等观念带来的恐惧)。通过创设游戏专题情境,激发孩子担任游戏角色的动机;通过适度的示范与指引,让孩子有更高的游戏参与度,打破孩子内心的交往误区,引导孩子坚定地走出去,结交更多新同伴。另一方面,父母要在同伴交往的具体原则、策略与方法等方面给予孩子悉心和全面的指导。引导孩子更多地了解受欢迎幼儿身上具备的性格优势以及自身存在的问题,协助他们学会在交往中深入了解和全面评估自己与同伴的言行品质,提高同伴选择的匹配性,形成良好的择友观;培养孩子在同伴交往过程中保持尊重、平等、热情、合作、信任与真诚的基本交往态度,让孩子学会运用多种方式灵活表达友好(如点头示意、面带微笑、轻轻握手或拥抱等)道歉、赞美、协商、申辩、建议、安慰、请求等,夯实同伴交往的基础,提升同伴接纳程度,创设愉悦而融洽的同伴交往氛围;注重培养孩子关注与塑造自身良好外在形象与内在修养,进一步提高孩子在同伴交往过程中的核心吸引力,让同伴看到孩子的积极面,建立孩子在同伴交往中的地位,增强孩子的自信心,促进孩子形成正向的同伴交往感受;注重培养孩子学会双向沟通与多元化沟通等高效沟通策略(倾听、专注、同理、积极反馈、主动分享、开放式提问、肯定性语言、聚焦目标与及时概述等),提升协商解决同伴交往问题(轮流有序做事、共同制定规则和寻求资源与帮助等)的效能,形成良好的团结合作意识与问题解决能力;注重培养孩子学会厘清与保持同伴关系的边界,明晰和确定同伴关系的发展方向与轨道,避免同伴关系的过度卷入或隔离,形成恰当的同伴交往距离,在乐于合作与保持独立之间找到相对的平衡。

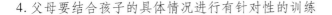

4.父母要结合孩子的具体情况进行有针对性的训练

比如孩子性格比较内向、害羞与孤僻,可以引导孩子跟比他年龄小一些的同伴先开展包括语言表达、情感表达以及其他沟通技能方面的练习,等逐步积累足够的同伴交往经验,同伴交往的信心得到较大提升后,寻找合适契机再引导其与年龄相仿的同伴进行交往。这种过渡性的交往训练对于他们非常重要,可以很好地缓解直接与同龄人交往的压力。对于曾经因为不当言行或者胆怯而遭到同伴拒绝的孩子,一方面要给予孩子理解和安慰,允许其表达自己的负性感受,让孩子更快接纳已经发生的境况,鼓励孩子更多指向未来而不停留在"失败"的过去;另一方面则要细心询问了解具体交往细节,并邀请孩子一起分析讨论发展良好同伴关系的改进策略,鼓励孩子用更积极、更有效的方式大胆跟同伴继续交往,让孩子从被同伴拒绝中找到改变自我的起点,并不断努力成为受同伴欢迎的人。

总之,为人父母要通过建立良好的夫妻关系与亲子关系给孩子做好人际沟通与交往的榜样示范,率先垂范为孩子创设良好的生长环境,结合社会现实要求与孩子实际情况给予孩子恰当的帮助,让孩子感受到关爱,并愿意将自己的爱意传递给更多人,提升孩子接受爱、表达爱与付出爱的能力,这有助于推进孩子建立良好的同伴关系,进而协助孩子更好地适应群体与社会。

二、异性关系

随着年龄增长,孩子们会逐渐进入萌动的青春期,伴随着性意识的觉醒和性冲动的出现,他们会普遍对异性表现出倾慕与向往,他们也会在与异性交往过程中出现紧张、单相思、退缩、注意力分散等各种状况,这本是非常正常的生理与心理发展特征,但是有的家长会对此表现出惶恐,将孩子这些表现看作是洪水猛兽,很担心异性交往会毁掉孩子的大好前程,往往采取高压控制的方式来生硬地掐断孩子们之间的交往,这通常会引发孩子们更大程度的逆反和对抗,甚至会导致孩子出现过激行为(离家出走、自伤与自杀等)。那作为父母该如何科学指导孩子们与异性交往呢?

(一)异性交往的重要意义

第一,与异性的正常交往可以让孩子扩大交往面,通过相互学习取长补短,进一步丰富和完善个性心理品质。男孩总体上性格开朗坚强,心胸更为宽广,做事果断机智,不拘泥于细节,不计较小事,但也有争强好胜、举止粗暴以及容易冲动等特点。而女孩往往性格文静内敛,情感丰富细腻,心思细腻敏感,但也有瞻前顾后、安于现状以及容易自我否定等局限。而异性交往可以使交往双方学到更多的知识和技能,更多接触和全面了解异性的个性、思想、观点与体验,促进跨性别的尊重与对性别差异的深刻理解,学会承担跟自己性别角色相匹配的责任,培养关心和爱护异性的心理品质,并学会从不同的角度看待和分析问题,拓展孩子们的思维与格局,接受对方的关注与审视,促进他们的自我觉察与反思,深刻理解对方与自身的优缺点,在现实生活中不断规范自己的言行,塑造自身良好的个性形象,提升个体心理成熟度,进而协助个体保持心理平衡,促进个体顺利成长和健康发展。

第二,通过与异性的正常交往可以有效提升个体的人际沟通技能,促进和谐人际关系的形成与维系。异性交往过程中,双方可以充分展示包容、谦让、热情以及真诚等积极心理品质,努力践行有效倾听、深度共情、尊重信赖、聚焦目标、求同存异、积极回应以及适度赞美等实用沟通技能,彼此提供情感支持、经验共享与各种帮助,带来更多相互的认同感、愉悦感与幸福感,有助于建立纯真深厚的情谊。双方在交往过程中提升了性别角色意识,也能让双方更为清楚异性交往中的礼仪要求与注意事项。另外,双方在学校教育以及其他各类社会活动中,异性间的密切合作在培养个体合作意识与能力的同时,更能实现双方智力与性格上的互补以最终达成共同目标,体验到成功的快乐。异性效应也表明异性之间的良好接触能够形成独特的吸引力,并能使双方从中体验到难以言表的情感所求,异性间心理接近的愿望得到较好的满足,进而激发出双方更多的积极性与创造性,提高解决问题的效果与效率,这就是人们常说的"男女搭配干活不累"的道理。

第三,正常的异性交往也可能成为发展亲密关系的起点。两个人从相识到相知,了解彼此更多个人背景信息,找到更多共同点与互补点,有更多欣赏与倾慕,进而从相知到相爱,建立良好的情感寄托关系,增加沟通密度与深度,两个人可能从相爱到深爱,逐步形成深厚稳定的情感连接,构建更为深厚的婚恋关系,并进一步建立承诺与信任,提升内在心理安全感,助力双方有效应对困难与挑战,减少负性情绪的干扰,促进心理健康发展。

总之,在双方相互尊重与自愿的异性交往过程中,每个人都保持良好的沟通态度与恰当的交往方式,不仅能在提升个体沟通合作能力、心理健康水平、性别角色意识、幸福感指数等方面发挥作用,还能在促进社会和谐方面凸显出重要的个人意义与社会意义。

(二)异性交往的发展特点

异性交往的第一个重要阶段始于青春期初期,女孩大致从9岁开始,男孩大致从10岁进入,这是个体的性意识和性冲动刚刚呈现的阶段。此阶段的孩子在性机能方面尚未发育成熟,但对自身的性别以及性别角色有了初步的理解和认同,对于性别的差异比较好奇和敏感,异性在一起时会有紧张、害羞与拘谨的表现,很多孩子会采取疏远和逃避的异性交往态度,但会在背后默默观察和了解异性,这个阶段是他们走出家庭圈步入社会结交异性的崭新阶段,但由于缺乏足够的沟通技能与成熟稳定的爱情观,可以视为"雾里看花"的"朦胧期"。

异性交往的第二个重要发展阶段始于青春期中前期,通常从女孩11岁、男孩12岁开始。这个阶段的男孩和女孩对异性的好感会持续增加,但通常还停留在对外表的欣赏。他们会有意观察异性的穿着打扮与言行举止,女孩对高大帅气的男生更感兴趣,男孩则对长相漂亮、身材好的女生更容易产生爱慕,并以各种方式对其进行评头论足,由此产生新鲜与刺激的感受。他们还会特别注重塑造与维系自身良好形象与行为举止,以吸引异性注意,而且关注目标会逐步缩小。尤其在那些年龄相仿、接触较多的异性中,个体内心有可能开始萌发初恋的"幼芽",会给予心仪对象特别的关注与期待,从情感上希望能有更多时间和空间与其接触。现实中他们会有打打闹闹和简单的言语交流,也期待有进一步亲密的举动,甚至幻想性的初体验,然而从理智上又有很多顾虑和担忧。这个阶段可视为"一见钟情"的"爱慕期"。

异性交往的第三个重要发展阶段始于青春期中期,通常从女孩 15 岁、男孩 16 岁开始。这个阶段的一些个体对于爱慕的异性会保持专一的态度,会在建立和发展关系过程中投入非常多的时间和精力,甚至会出现对异性的迷恋。由于涉世未深,他们对于人生和爱情的理解还比较浅显,但这种所谓的"倾心相爱"会使他们短时间失去理智,甚至可能陷入单纯追求性刺激的体验或对美好爱情的幻想中而难以自拔。还有一些个体会觉得理想的美好爱情在当下难以企及,于是会选择等待,等待自己变得成熟,因此会有意调控自己的性意识与性萌动,主动改变自己的人生发展轨迹,把时间和精力转投到学习等更重要的事务上来,这个异性交往阶段可看作是"一把双刃剑"的"分化期"。

(三)异性交往的科学指导

良好的异性交往有着诸多的现实意义,但如果异性交往出现偏差又容易引发棘手的教育困扰,家长要遵从异性交往的特点与规律,依据孩子的现实情况做出科学的指导,协助孩子更有效地进行异性交往。

第一,家长要全面理解青春期孩子的异性交往,并与孩子有充分探讨。家长要通过科学途径认识到青春期的孩子表现出对异性的好奇与爱慕并渴望交往实属正常,并明确跟孩子表达这种行为是符合个体身心发展规律的,不必感到羞耻,而要坦然面对;不必在内心谴责自己,而要顺其自然,鼓励孩子放下心理包袱轻松应对。同时可以通过比喻的方式给孩子在异性交往方面进行指引,比如丰硕甜美的果实需要经过岁月沉淀方可变得成熟,收获季尚未来到而过早采摘品尝到的更多是酸涩与遗憾,青春期不等同于恋爱期,要学会厘清友谊与爱情的边界,要学会平衡自我冲动与社会规范的要求,通过引导让孩子学会对青春期的异性交往有更为敏锐的自我觉察与全面理解,着重培养孩子的自爱自重与自尊自强。

第二,父母可以因势利导转移孩子的注意力,运用目标引导来激发孩子的发展动力。父母在日常生活中注意引导孩子树立远大志向,激励孩子把宝贵的青春时光用在更为重要的学业发展、素养提升与人格塑造方面,注重打好坚实的知识与素养基础,以在竞争激烈的未来社会有立足之地。远大目标的引导可以在客观上减少孩子在非正常异性交往过程中消磨时间,这就要求父母采用平等交流的方式与孩子探讨,激发和培养孩子的自制力,切不可一味说教唠叨引发孩子反感。另外,孩子处在青春期,身体能量比较充足,家长可以带领孩子多进行体育锻炼和户外活动,通过一定强度的运动消耗身体部分体力,充分感受运动带来的愉悦感,提升孩子对美好生活的向往度。

第三,父母要和孩子积极探讨与异性正常交往的基本原则。父母要注意对青春期孩子的异性交往进行及时指导与保护,躬下身来倾听孩子的声音,静下心来感知孩子的喜怒哀乐,用邀请的态度与孩子探讨解决现实问题的策略,并提供自身的经验供孩子参考。亲子之间的有效沟通能够唤醒孩子内在的自尊与自爱,也更能让孩子认识到好好学习是当下最紧迫和最重要的任务。父母不要把子女正常的异性交往看成洪水猛兽,进而横加指责,妄加干涉,强行压制孩子的性意识反而会使得孩子的情感出现畸形发展,甚至引发孩子的危险行为。父母要教育孩子在与异性交往过程中建立自己的基本原则,比如在交往中要保持大方、坦荡与宽广的心胸,不要扭扭捏捏、畏畏缩缩,但必须要注意保持好交往的边界与分寸,一方面不宜过于亲密黏在一起,影响到双方正常的生活学习秩序,也容易引起对方的误解或周围人的无端猜忌,给自己与对方都造成心理压力。另一方面也不要因为过多顾虑过于疏远异性而难以达成异性交往的目的。同时家长还要教育孩子在与异性交往中保持真诚一致的原则,不要厚此薄彼,而要一视同仁,这样可以与更多同学建立良好关系。父母还要注意提醒孩子与异性交往的时间与空间,避免长时间与异性单独相处,即使有单独交往的机会,也要保持光明磊落。如果有异性同学向孩子表白心意,家长首先要进一步了解孩子的感受与想法,肯定孩子是一个受关注和欢迎的人,跟孩子共同探讨可能的应对方法,父母可以跟孩子讲真正爱一个人就要对这个人负责,而当下对对方最负责的方式就是将爱慕之情化作学习动力,将爱慕的情感升华。父母可以适度引导孩子坚决而温和地拒绝,并注意言语上的诚恳与谦和,最大限度让对方容易接受而不感到难堪,更不要对外高调宣扬以致伤害对方自尊心,保留这份纯真的情谊、明确婉拒的态度以及把握交往的界限可以让双方都能在更广阔的天空翱翔。父母还可以通过法治节目与各类媒体报道的案例与孩子展开讨论,让孩子认识到社会环境的复杂性以及人性的多面性,逐步提高孩子的是非辨别能力、抵抗外在诱惑的能力、自我控制能力以及自我保护能力等,并从自身对待异性交往以及家庭婚姻的态度与行为方面给孩子做出示范,帮助孩子学会透过现象看本质,正确选择适合自己的成长之路。

第四,家长要理性妥善处理孩子的非正常异性交往。尽管家长做了很多指导工作,但少年的懵懂与青春的萌动还是会让一部分彼此倾慕与吸引的男孩女孩走到一起,这时候父母要保持理性,正确认识与科学辨别孩子在异性交往中的心理现象与行为表现是否正常,深入了解异性交往发展的可能路径并加以引导,使之能朝向积极健康的方向进一步发展。如果家长发现孩子与某一个异性的交往频次过密,经常借故外出,回家时间越来越晚,被父母询问时总是支支吾吾,而且表现出魂不守舍的样子,零花钱花得越来越快并会想方设法向父母索要更多,学习变得不专心,成绩出现显著下降,那么父母就要慎重并冷静地对待。要先及时通过温和的沟通摸清孩子与异性交往的具体情况,了解孩子对男女亲密交往的理解与设想,然后综合各方面的信息,科学判断孩子出现偏差异性交往行为的内外原因,做到心中有数,以防止事情恶化、将损失降到最小的思路来积极应对,谨防这种有偏差的异性交往走向早恋。一旦发现孩子有早恋行为,父母也千万不要惊慌失措,下意识百般阻挠,一定要了解孩子在这段关系中得到的是不是其现实中所缺失的。此刻,孩子的内心敏感而复杂,既有对感情痴迷热烈的表现,也有对未来惶恐焦虑的时刻。他们其实非常在意父母的态度,尤其在频繁外出与成绩显著下降时,时刻提防父母的戒备心及内心对父母的愧疚甚至负罪感会让他们陷入深深的矛盾挣扎之中。此时父母如果还能像往常一样在生活上体贴关怀孩子,在学习上理解支持孩子,打出这张"温情牌"很容易激发其内在的理智感和内疚感,在这样"动之以情"的铺垫下再跟孩子平等讨论恋爱的具体情况会更顺畅,"晓之以理"做一些教导就更容易被孩子所接受,避免事态进一步恶化给孩子带来后续的伤害。同时,父母要保持足够的耐心,不要指望一次谈话或一次感化就能起决定性作用,要知道,孩子们也在做着激烈的思想斗争,出现反复在所难免,因此父母要用足够的温暖与持续的支持来促成孩子的觉察与改变。

总之,异性交往是孩子内在的情感需要与现实的社会需要,父母应该尽量创造良好的条件,促进他们在广泛意义的异性交往过程中,建立与发展珍贵的异性友谊,让他们通过异性交往实现自我完善,推动社会化进程。

第六章 | 特殊二孩及多孩家庭的同胞养育

第一节　异姓同胞的养育

　　随着国家新生育政策的全面开放,更多二孩或多孩家庭应运而生,孩子的姓氏选择也成为一个关系到家庭运转秩序好坏的风向标。比如,当两个独生子女组建新的家庭后,尤其是养育两个孩子后,在确定孩子姓氏时,有一些家庭会采取其中一个孩子随父姓,另一个孩子随母姓的做法,或者约定男孩随父姓女孩随母姓。他们之所以这样选择,一方面是人们在姓氏文化上的习惯发生了改变,另一方面是越来越多的男性选择尊重女性和尊重孩子妈妈拥有孩子随母姓的平等权利,因此同胞孩子呈现出了异姓化的趋势。然而,源于中国传统文化的影响,孩子的祖辈通常对"同姓一家亲"的观念根深蒂固,他们认为"子随父姓"是理所当然的,对于有的孩子随母亲姓氏的决定往往持强烈的反对意见。就算年轻夫妻坚持这种家庭异姓模式,老人也通常认为同姓的孩子才真正是自己家的孩子。他们往往会对两个不同姓氏的孩子形成差别对待,对于随自己姓氏一方的孩子存在偏爱与资源分配的倾斜,给人造成一个孩子属于婆家,而另一个孩子属于娘家的感觉。

　　姓氏不同的同胞被家人以不同的态度认知与行为对待,这对每个孩子都会造成一些不良的影响,尤其是与母亲同姓的孩子心理落差可能会更大,他们往往会感受到更大的压力。同胞本是关系最为亲近的主体,却因为跟随父母不同姓氏被生生拆散为"最亲近的陌生人"。而且随着孩子年龄的增长,他们也会疑惑,为什么他们同属一个家庭而姓氏却有所不同,也会被周围人质疑所在家庭是否存在重男轻女的旧有观念?更有甚者还会被质疑父母是不是重组家庭等。姓氏的差异及不友好的舆论会使孩子变得敏感自卑，也会进一步影响到他们现实的人际交往，而且更让人担心的是两个同胞孩子可能因此而渐行渐远。两个孩子本是同根生，却最终形同陌路，实在让人唏嘘不已，这与父母和长辈的不当教育策略有关，异姓本身没有问题，问题在于因为异姓被区别对待，这既破坏了家庭代际与代内关系的构建与推进，也不利于两个孩子形成正确的价值观念和建立科学的生活方式。

　　基于以上认识，年轻的父母应把改变和完善家庭教育方式作为新时代的重要任务，为实现良好的家庭教育目标，需依据实际情况及时做出调整。家庭系统中的祖辈应对孩子的姓氏问题建立与时俱进的认知。老人可以对孩子姓氏问题提出自己的意见和建议，但孩子姓氏的最终决定权应交给孩子父母，祖辈不要随意越界干涉、指手画脚，使父母与孩子陷入两难境地。孩子父母也要认识到夫妻关系在现代婚姻家庭关系中的核心地位。一方面要尊重和理解老人的意见和想法，另一方面要以坚定的态度、温和的方式掌控孩子姓氏的决定权。孩子父母还需综合考量家庭实际情况以及各方利益平衡，协商做出适合的抉择，不要只为争取个人权益而做出有损家庭和谐的事情。尊重每个孩子独特的生命价值，对孩子的健康成长至关重要。心理学家皮亚杰曾指出："人作为主体都具有可塑性，青少年的可塑性尤其大。青少年时期受到的教育，特别是家庭教育等外界刺激，往往会形成相对稳定的行为模式。"异姓家庭的姓氏差异可能导致家庭成员间的情感连接纽带受阻，情感缝隙不断增大，影响孩子的身心健康发展。因此，新时代催生家庭中异姓同胞的出现，家庭中的祖辈对于与自己同姓的孩子应尽量做到均衡对待，在资源调配、情感支持以及教育引导等方面注重采用平衡合理的方式，不可偏心偏爱。父母要及时向孩子解释同胞异姓的缘由，争取得到孩子的理解与认同，更要尽量做到公平公正，给予两个孩子相近的疼爱与关照，不要厚此薄彼，避免对两个孩子进行带有伤害性和贬低性的对比，而是要学会发现与欣赏两个孩子各自的亮点，避免在无形之中让异姓同胞产生对立情绪，造成同胞之间不恰当的竞争。当然，作为异姓的孩子同胞，也要逐步学会辩证科学地看待同胞异姓这个问题。应清醒地意识到自己与同胞异姓的情况是父母与长辈协商后达成的共识，要学会主动坦然地接受异姓的事实,从认知上对异姓有合理正向的理解,不轻易给自己贴负面标签。面对周遭环境中不良舆论的干扰,或者受到他人有意或无意的言语中伤,异姓孩子要尽快调整自己的心态与情绪,寻求父母的支持,尽量减少外在困扰和内在消耗对自身的影响,保持内在充盈的自尊和自重,专注于对自身更有价值的事情,做出积极的情绪情感反应,保持良好心理状态。

异姓同胞是社会发展过程中应运而生的新现象,本不是什么大问题,并不必然带来消极影响。相反,合理看待姓氏差异,它反而可能成为家庭教育中成员关系的"调和剂"。只要家庭中的祖辈、父母以及孩子都能摆正对待"异姓"的态度,将家庭的重心聚焦于营造良好的家庭氛围、促进家庭成员间良好的关系,就能弱化"异姓"给家庭带来的潜在干扰,彰显男女平等的社会进步态势,进一步巩固家庭成员关系,这也有利于培养孩子们正确的价值观,推动同胞之间关系的良性发展。

第二节　双胞胎的养育

生育双胞胎对于很多家庭来说是一件非常值得期待且美好的事,甚至是让很多家庭羡慕的事。双胞胎的降生,一方面顺应了中国传统"好事成双"的美好愿望,另一方面,准妈妈在整个孕期以及生产前后都要做好充分准备,而且双胞胎后期的养育也极具独特性和挑战性,这真是一把让人欢喜让人忧的"双刃剑"。大多数双胞胎在容貌、身高、身材等外在形象上比较相似,但在个性特征、性别、心智成长以及身体素质等方面,有着独特而复杂的身心发展过程,因此又多有显著差异。实际上,将双胞胎分别作为独立个体对待,对很多父母而言并不容易。此外,社会普遍认为双胞胎彼此应该更为亲近与和谐,这种"合二为一"的完美期待给父母和双胞胎都带来了更大的压力与负担。因此,父母在对双胞胎进行教育引导时,要有更为谨慎且耐心的态度、精准且灵活的对策,还要给予细致且温暖的关怀,科学应对双胞胎教育难题,促进双胞胎健康成长以及他们之间关系的和谐发展。

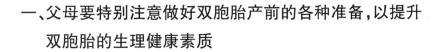

一、父母要特别注意做好双胞胎产前的各种准备，以提升双胞胎的生理健康素质

相较于单胞胎，双胞胎出生时体重通常偏轻，免疫力也更低，患病风险也更大，所以，对其身体发育成长的照料需求更高、更繁杂。准妈妈还要应对更强烈的生理反应、更重的身体负担与行动不便，这无疑给双胞胎准父母带来更大压力。因此，在双胞胎出生前父母要做好各种准备。准妈妈要树立信心，充分相信现代医学的成熟技术能够保障双胞胎顺利降生。同时，要调整好自身心态，加强身体锻炼以储备充足的体能，保持愉悦情绪，从而有效减缓孕期生理反应带来的不适感。注意规律饮食起居，多吃营养丰富、易消化且好吸收的食物，尤其是蛋白质含量高、矿物质丰富以及富含叶酸的食物，酌情增加新鲜蔬菜、应季水果、各种鱼类与豆制品等的摄入量，为双胞胎在胎儿期的健康成长提供充足的营养供给，避免暴饮暴食或其他导致营养失调的不良饮食习惯。准妈妈还要做好日常体检与检查，注意听取妇产科专业医生的生活建议与保健指导，提前确定安全的生产方式，确保双胞胎能够顺利健康地出生。双胞胎出生之后，父母要精心为他们准备合适的饮食。从食物品种的多样性到食物数量的充足性，从营养的合理搭配到营养的全面平衡，尽力按照营养金字塔模式制定宝宝食谱，力求做到膳食结构丰富且均衡。同时，培养孩子良好的饮食习惯，进行定点、定时、定量与定位的科学喂养，切莫随意打破孩子的进食规律，避免孩子出现挑食、边玩边吃、大人追着喂食等不良饮食行为，以此有效调节和改善孩子机体的生理功能。切实保障双胞胎孩子的良好睡眠质量，提升他们的免疫力。宝爸宝妈还要做好双胞胎孩子的日常身体监护与养护，定期为他们进行科学的健康体检，对孩子的异常表现能够及时察觉，尽早发现问题并尽早处理，减少孩子罹患各类生理疾病的隐患，将孩子患病风险降到最低。此外，还要注重加强孩子的身体锻炼，引导孩子参与适宜的活动项目，不断增强孩子体质，练就孩子强健体魄，提升孩子生理健康水平。

二、父母对双胞胎孩子的教育要保持相对一致性和公平性

在日常生活中,父母可以在生活作息时间安排上对孩子提出相对一致的要求,这样做能够避免父母精力过度分散,从而影响整体状态。另外,无论是基本行为规则、设定与日常活动的整体要求,还是对孩子为人处世的引导,以及对孩子犯错的处理方式,都要注意公平,尽量做到一视同仁,不偏袒任何一方。减少和避免因父母对行为评判规则不一致或问题解决尺度不同,给孩子带来内心冲突与无所适从的感觉,如此就可以更好地协助孩子们了解预期,进而建立稳定且积极的生活模式。双胞胎本身在个性发展、性别与生理素质等很多方面存在差异,父母很可能会因为一个孩子身体强壮,另一个相对孱弱,就偏爱身体较弱的孩子;也有可能会因为一个孩子更懂事乖巧,另一个相对内向保守,就偏爱前者而忽视后者。如果双胞胎父母长期表现出对某一个孩子的偏爱和重视,而对另一个孩子存在偏见和忽视,就容易让被偏爱的孩子形成唯我独尊的优越感和以自我为中心的不良个性,认为自己理所当然应该享受周围人更多的关注和优待,独占欲和控制欲更强。而另一个孩子则可能因为得到父母的照顾相对较少,容易产生孤独感和不公平感,还可能会误以为是自己不够优秀才被父母忽视,从而感到自卑,在生活中处处表现出退缩避让,不敢做出自主的评判和选择。因此,父母尽量要保持教育原则的一致性,尤其是在孩子犯错误的时候,父母更要把握好批评的统一原则和尺度。既要让孩子知道自己所犯的错误及改正的方法,也要让孩子明白"没有规矩,不成方圆"的道理,更要让孩子清楚父母解决问题的基本原则。父母这种注重公平与边界的做事原则,能够让双胞胎孩子同时感受到父母温暖、无私且不偏心的爱,双胞胎同胞之间也就不容易出现行为上的对抗和情感上的隔阂。而且这种平等对待也可以有效帮助孩子建立适度的自尊和自信,增强双胞胎之间的情感关联。

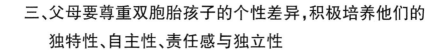

三、父母要尊重双胞胎孩子的个性差异，积极培养他们的
独特性、自主性、责任感与独立性

现实中，很多双胞胎父母，关注双胞胎相似的外形，因而会给孩子购置款式、大小、颜色一致的衣服、鞋帽等生活用品，让孩子留一致的发型，还会送两个孩子去同一所学校上学，甚至安排在同一个班级就读。诚然，两个孩子穿着相同的装束，单从外在感观来看，很能吸引周围人的目光，与家人一同外出时非常引人注目，而且从现实角度考虑，送两个孩子去同一所学校读书相对更为省时省力。这种家庭教育管理上的趋同性确实给家庭带来了一些便利和好处，但这样的做法在无形之中也可能给家人或孩子自身造成一些生活困扰，并且从长远来看，还有可能阻碍两个孩子的个性发展。比如，双胞胎穿同样的衣服可能会让家人尤其是那些"老眼昏花"的老年人，在某些时候产生混淆，导致一个宝宝被喂了两次饭，而另一个宝宝却还饿着，或者一个宝宝被洗了两次澡，而另一个却还苦苦等待。而且，当两个宝宝年龄较小、认知能力有限时，很可能会因为两人外形过于相似而把对方认成自己，把自己当成对方，造成自我认知上的偏差。因此，双胞胎父母为孩子选择日常生活物品时，不一定要给他们选择完全一样的。即便选择款式一致的，也可以在颜色、搭配或其他属性方面有所区别，以便更好地识别与区分两个孩子。日常生活中，父母要树立"每个孩子都是与众不同的"教育观念，即使是孪生兄弟姐妹，也不要按照同一个模式来培养双胞胎。两个孩子可以穿不同的衣服和鞋子，戴不同的帽子，听不同的歌，看不同的电视节目，读不同的书，发展不同的兴趣爱好，体验不同的生活经历。有条件的话，最好给孩子设置各自独立的生活空间，创造机会让他们发展并拥有属于自己的朋友，同时也要考虑让两个孩子结交共同的朋友，明确双方可以分享的部分，以及属于各自隐私需要保护而不可侵犯的部分。可以给孩子们买不同的生活物品，避免双方因争抢同样的物品而影响关系。父母还要学会主动观察两个孩子在各个方面的差异，这种差异有助于挖掘出每个孩子鲜明的个性特点。要保留与两个孩子一对一单独相处的时间与机会，可以是一起进行简单的书籍阅读、户外散步，或者参与孩子比较感兴趣的活动，这

都有利于父母给予孩子高质量的陪伴,同时帮助父母深入了解孩子们的特点与喜好。父母要尊重并依据孩子各自的个性和主观愿望来安排他们的学习和生活,而不是只按照自己的意志强制孩子接受父母的期待。当孩子长大一些、具备一定认知能力时,父母可以跟孩子深入探讨,与孩子建立起充满活力与独特的亲子关系,协助孩子逐步建立自己的评判标准,鼓励孩子能够根据社会、家庭与个人的需要综合做出独立的判断和选择,让孩子更好地了解和认同自己,并就此培养孩子的独特个性,将孩子未来人生方向的选择权交还给孩子自己,让孩子更自由、更自然地发展出独特的自我意识。

四、做好合理家庭规划,尽量不分开养育两个孩子

对于宝爸宝妈来说,双胞胎的养育相比单胎更为辛苦。尤其是在两个孩子年纪较小的时候,他们的吃喝拉撒睡以及早期教育等方面,处处都需要精心操持和用心经营,这会极大地消耗宝爸宝妈的时间和精力。因此,有的家庭会选择将两个孩子分开,在不同环境中养育,比如,将其中一个孩子交给双方老人中的一方抚养,另一个留在身边;或者同时把两个孩子分别交由双方老人抚养。这种做法有利有弊,但总体而言弊大于利。同时照顾两个年幼的孩子对每一对年轻的父母来讲确实都是巨大的挑战。如果有老人能帮忙带孩子,这在很大程度上会缓解宝爸宝妈的生活与工作压力,这是分开养育方式相对有利的一面。然而,从孩子的教育与长远发展角度来看,这种养育方式并不科学,存在不合理之处。由于宝爸宝妈与老人的教育理念与方法往往不同,在两种不同的教育环境下,两个孩子的发展会出现差异,养成不同的生活习惯,形成有差异的价值取向。而且,他们与父母的情感连接也会因空间隔离受到一定影响。等到孩子长大一些,到了上幼儿园或上小学的阶段,重新回到父母身边时,父母与两个孩子都需要重新适应新环境。那种空间的隔离与亲情的陌生感,会让每个家庭成员都感到不适应,备受煎熬。尤其是一开始不在父母身边生活的孩子,会觉得自己像个外来者,甚至认为父母是因为自己是累赘或者不爱自己才把自己"送走",往往会在内心深处抱怨父母为什么把自己送出去,而留下弟弟或妹妹在父母身边。父母也可能在无意之中偏向那个一开始就留在身边、较为熟悉的孩子,或者出于

"补偿"心理,对曾经送出去的孩子格外照顾,这些做法都容易引发孩子之间的嫉妒与怨恨。此外,两个孩子本身也容易因早期生活环境差异,会产生一些观点和行为习惯上的不同,再加上性格各异,对手足概念理解不深,在日常生活中容易产生口角和摩擦,甚至产生敌意,引发对抗与矛盾,这不利于同胞关系的健康发展。因此,由他人在外帮忙养育的孩子回到原生家庭后,需要更长时间才能真正融入。所以,父母需要尽量在事业早期发展与子女早期教育这两大人生任务中找到平衡点,做好合理的家庭规划,不在孩子最需要陪伴的时候缺席。尽量不要分开养育两个孩子,即便不得已这样做,也要尽量缩短分开抚养的时间。并且,要抽出相对固定的时间主动接触和陪伴交由他人抚养的孩子,通过多种方式保持与孩子的联络和沟通,让孩子感受到父母时刻的关爱与关注。同时,尽可能为双胞胎孩子营造相对一致且公平的教育氛围,让两个孩子都能够感受到父母无私包容的爱。当然,父母还要注重让两个孩子以不同方式参与承担家务和其他家庭责任,同时做好示范和指导,确保分配给孩子的家庭任务符合孩子的年龄和能力水平。这样做不仅能增强他们的家庭责任感,还能让孩子充分感受到自己对家庭的重要性。一旦孩子的责任感以及问题解决能力得到提升,很大程度上可以减轻父母的家庭负担,可谓是一举多得。

总之,双胞胎的养育需要父母花费大量时间与心思去思考和实践。养育双胞胎既没有放之四海而皆准的标准答案,也没有长期不变的万全策略。父母永远不要低估自己在子女心目中的价值,在与孩子共同成长的过程中,要努力贴近孩子,洞察他们内心的需求,及时觉察并反思自己的教育行为,摒弃低效和无效的教育策略,不断总结有效的教育方法,逐步构建适合自己孩子发展的家庭教育环境、框架,形成独特的教育特色。如此,才能促进双胞胎孩子全面塑造个性,让他们的情绪变得平衡成熟,人际关系变得和谐融洽,意志品质得以提升,社会适应性更强。

第三节　单亲家庭同胞的养育

如今,随着人们婚姻价值观朝着多元化方向发展,"嫁鸡随鸡嫁狗随狗"的传统婚姻理念与模式,已不再能束缚个人对自身价值的实现以及幸福生活的追求。一旦夫妻在婚姻中的问题到了无法调和解决的地步,他们可能不再像以前那样,以"抱残守缺"的方式"硬撑门面",或是在"貌合神离"的状态下"凑合过",而是会选择和平分手。此后,他们可能各自带着孩子组建新的家庭,也可能一个人独自担起整个家庭的责任,这就产生了许多单亲家庭、单亲父母以及单亲子女。总体来看,一个结构完整、成员关系和谐的家庭,对每个孩子来说都至关重要。双亲家庭相比单亲家庭具有先天优势,双亲的相互补充、支持与配合可以满足孩子多方面身心发展的需求,有利于孩子全面健康成长。不过,相较于夫妻性格不合、沟通不畅、矛盾重重、争吵不断且冲突频发,进而导致家庭运转秩序紊乱的家庭,父母适时而坚决地分开会对孩子的长远发展造成更少的干扰和更小的伤害。部分单亲父母因与另一半分开而对孩子心怀愧疚,往往会把过多的爱、情感与期待过度倾注在留在自己身边的孩子身上。然而,这种"过激"和"失衡"的做法可能引发孩子出现叛逆、依赖、自卑、退缩等一系列不良心理问题和行为偏差。因此,无论是单亲妈妈还是单亲爸爸,都要注重建立更为科学的教养方式,降低家庭结构不完整,或是某个家庭角色缺位给孩子成长带来的不利影响,努力推动单亲家庭孩子健康成长,做好他们的坚强后盾,让他们能够更好地融入社会、发展自我。

第一,作为单亲妈妈或单亲爸爸,他们对于孩子的爸爸或妈妈有着错综复杂的感情。但无论如何,请不要在孩子面前过分解读和强调父母婚姻解体的原因,不要贬低和诋毁孩子爸爸或妈妈的个人形象,不要让夫妻关系破裂带来的负面影响波及亲子关系的维系与发展。其实,在每个孩子稚嫩的心里,他们都非常渴望同时拥有一个好爸爸和一个好妈妈。即使因各种原因父母必须分开,自己只能跟父母中的一方长期生活,这种渴望依然存在。一旦单亲妈妈或爸爸过分强调关系破裂是另一半的问题或过错引发的,甚至夸大另一半的过失，极力让孩子讨厌和憎恶他们曾经深深爱过的爸爸或妈妈，这只会在孩子幼小心灵里埋下怨恨的种子。从爱到恨的巨大反差，会极大降低孩子对人与外在世界的信任感。这是非常残酷的，既不利于孩子将来与他人建立良好人际关系，还可能影响孩子的婚姻价值观，导致他们可能从此不再相信爱情。因此，父母要及时调整离婚后的负面情绪状态，主动构建与另一半新的关系模式，尽快适应新的生活方式，保持乐观向上的生活态度，为孩子创造一个相对平稳的家庭环境。

第二，单亲妈妈或爸爸在婚姻解体前和解体后，一定要及时与孩子进行思想和情感的沟通。孩子的世界其实非常简单，这种简单在年龄越小的时候表现得越明显。他们不懂父母为什么不再一起生活，甚至可能怀疑是不是因为自己不够乖巧听话才导致父母分开；孩子的需求也很单纯，仅仅是想要一个父母都在的完整家庭；孩子的情感十分脆弱，他们无法迅速排解父母不能同时陪伴在身边的失落与痛苦，还可能因周围一些人的异样眼光而潸然泪下。因此，在夫妻已经离婚的情况下，父母需要就离婚事实与孩子进行直接沟通，妥善处理孩子抚养权的分配以及探望孩子的相关安排，初步确定今后孩子教育和生活的主导模式，打下一剂"预防针"。父母一定要清晰明确地告诉孩子离婚的真相，不能因为担心孩子无法接受父母分开，或觉得告知会对孩子造成伤害，就掩盖离婚事实，编造谎言欺骗孩子，把孩子蒙在鼓里，甚至让他们心存不切实际的希望；也不能采用过激的负面言语来发泄自己的消极情绪，让孩子承受不该承受的挫折和痛苦。比如，有的单亲妈妈或爸爸会跟孩子说孩子的爸爸或妈妈到很远的地方出差不会回来了，或者跟孩子说其爸爸或妈妈已经离世了，还有的总是跟孩子絮絮叨叨另一半的种种不是，这些行为都会对孩子造成极大的心理冲击。很多孩子甚至会认为是自己做得不好导致父母分开，进而产生强烈的内疚感和负罪感。所以，更有效的沟通方式是父母一起向孩子说明离婚的情况，不把离婚归咎于某一方所谓的某些问题，也不必具体描述夫妻分手的详细原因，而是从夫妻关系的角度强调双方在一起不合适，勉强在一起只会给彼此带来更多的伤心和痛苦。同时，明确告诉孩子，他们的离婚与孩子本身毫无关系，开导孩子不要过分在意和纠结这件事情。另外，作为孩子的爸爸和妈妈，要跟孩子强调对孩子的爱不会因为父母的分开而改变,他们仍然会以新的方式关爱孩子,即便人不在同一个屋檐下,但爱永远不会缺席,空间距离虽远,但情感依旧深厚。通过这些方式,让孩子能够逐步平静地接受和理解父母分开的事实,顺利地从双亲家庭过渡到单亲家庭生活。

第三,从孩子个性发展的视角来看,无论是父爱的缺失还是母爱的不足,都可能会让孩子变得更加依赖或敏感。因此,单亲妈妈或爸爸无论工作有多忙碌,家务事有多琐碎,都一定要多抽出时间来陪伴孩子。如果有两个孩子,还要定期去探望不在身边的那个孩子,给予两个孩子悉心的关照与疼爱。不过,要注意把握爱的边界和平衡,避免过度溺爱孩子,甚至把孩子看成是自己生活的唯一希望,从而给孩子和自己带来巨大的压力;也不要总是竭尽全力满足孩子的所有需求,生怕孩子受一点点委屈,否则只会宠坏孩子,让孩子失去独立生活的能力。尽管单亲父母与孩子相依为命,但仍要注重培养孩子的独立意识和自理能力。引导孩子积极尝试做一些家务以及其他力所能及的事情,培养他们的家庭责任感与社会责任感,促使孩子学会自尊以及尊重他人。鼓励孩子不断积累生活经验,以便他们将来步入社会时,有足够的能力应对困难,勇于担当。

第四,单亲家庭的孩子很容易受到外在社会环境的不友好对待,遭受偏见,导致他们在个性发展上遇到阻碍,可能变得内向、自卑、孤僻,甚至出现抑郁情绪。因此,单亲家长要及时了解孩子的情感需求,弄清楚他们遇到的实际困难,感知他们的喜怒哀乐,为他们提供更多必要的精神支持,给予稳定的情绪价值。还要教育和引导孩子学会理性看待父母关系的破裂以及周围人对他们的不恰当评价,培养孩子的自尊、自强和自爱意识,鼓励他们积极参与各类有意义的社会活动,主动融入同伴群体,不断提升与他人有效沟通的能力,让他们更好地与周围环境相协调,塑造阳光、积极、自信的个性。

总之,父母关系破裂致使父母角色功能分散,在单亲家庭中成长的孩子缺少完整家庭中父母给予的平衡的爱,很容易给孩子带来伤害。父母关系的"错位"与父母角色的"失位",让孩子更为渴望获得父母的关注,需要父母给予更精心的呵护,更需要建立内心的安全感。当孩子通过生病、逃学、打架斗殴等制造麻烦的方式来吸引父母的关注,甚至不惜采取危害自身身体健康和威胁生命安全的极端方式来引起家长重视时,每一位单亲家长都必须保持高度警惕,切不可坐视不管,更不能误解孩子是在吓唬人,否则都可能造成无法挽回的后果。因此,单亲父母一定要及时察觉孩子生活中的诸多细节变化,建立良好的沟通机制,从自身出发给予孩子足够且恰当的爱,最大程度降低父爱和母爱的不完整给孩子带来的消极影响。

第四节　同胞的隔代养育

一、隔代养育的利与弊

二宝进入家庭后,父母因受到个人职业发展以及社会关系维护等因素的牵扯,投入到二宝教育上的时间、精力比较有限。因此,选择让双方家里的老人参与或接管两个孩子的养育过程是很合时宜且必要的。从过往经验来看,双方老人加入抚养教育孩子的行列,确实可以承担并履行家庭的部分功能,减轻宝爸宝妈的身心负担,助力家庭平稳度过二宝到来后引发的波动期。

具体来看,隔代老人养育孩子有诸多有利之处。首先,老人的生理运动机能虽明显下降,行动不如年轻人灵活,甚至显得有些迟缓,但他们能更敏锐地觉察周围环境,主动判断、识别并屏蔽一些潜在的活动风险,从而限制和避免孩子前往存在危险或安全隐患的区域玩耍,防止孩子因参与激烈刺激的活动而遭受肢体伤害,还有助于有效提升孩子的自我防护意识,实现更好的主动安全防护和被动安全保障。其次,老人在现实社会中历经岁月磨砺,走南闯北,见多识广,生活阅历丰富,无论是知识储备、生活经验还是教养孩子的经验,都有值得借鉴之处。这些经验能为孩子提供高效解决问题的策略参考,避免孩子走弯路、走错路,还能为孩子提供为人处世的核心准则指导等,为孩子的社会化发展提供充足的养分与有效的支持。再者,与父母相比,老人带娃的功利性目的较少,他们通常不会对孩子抱有过高甚至不切实际的期待和要求,而是更关注孩子当下物质需求的满足以及和谐亲子关系的构建。因此,在老人的养育环境下,孩子在时间与空间上都比较自由宽松,心态也更为平和放松,更容易与家人建立良好人际互动,增强孩子的安全感与归属感,有利于培养孩子良好的情绪与积极的个性心理品质。

但隔代养育也存在很多令年轻父母担忧的实际问题。首先从生理角度来看,由于年龄偏大,隔代老人的体力与精力都处于较低水平,很难全程陪伴孩子参与激烈刺激的互动游戏,不能保障孩子获得充分的体育锻炼机会。他们还可能为了保证孩子安全,将孩子限制在相对狭小封闭的空间里活动,这一方面阻碍了孩子身体运动协调能力与力量等方面的发展,另一方面也在客观上降低了孩子勇敢探索外部世界的主动性与好奇心,对孩子的性格塑造与兴趣培养产生一定的消极影响。其次从认知角度来看,老人丰富的各类生活经验虽然对一些问题的解决具有较强的参考价值,但这些经验终究缺乏时代的动态发展特性及创新性,甚至可能成为一种固执己见的束缚。他们不能与时俱进的思维可能成为限制孩子更好发展的阻碍,也可能成为与子女沟通协调、改进教育方式的障碍。再者从老人的个性发展角度看,随着年龄增长,老年人更有看淡人生、与世无争的倾向,性格更趋于平和内敛。在老人潜移默化的影响下,孩子可能会变得更为乖巧听话甚至偏于佛系,缺乏只争朝夕、奋发向上的斗志,导致孩子在年龄特征与心理特征发展方面出现不协调,这也给孩子的成长带来一定干扰。

因此,总体来看,隔代老人养育孩子既有一定优势和好处,也存在一定问题与难以弥补的不足。即使老人有较为开放的教育理念与适当的教育方法,也无法完全替代父母角色,完成教养孩子的重任。所以,父母不能以工作忙、应酬多、时间少等为由,不对孩子进行管教,而是需要充分考量并结合老人养育的特点,尽量扬长避短、取长补短,为孩子提供必要的高质量陪伴与充分的双向沟通,为孩子全面发展打下坚实的情感基础。

二、父母教育与隔代养育的差异及其影响

老人与年轻父母在教育观念、原则、方式与方法等方面存在一定差异,而孩子又缺乏对这种差异的良好感知与整合能力,这也必然会给孩子带来一系列焦虑情绪,引发心理冲突,阻碍孩子健康发展。因此,父母要注意觉察、识别、分析这些差异,并进行优化与融合。对于那些与老人不一致的

教育方式,父母要注意进行分类应对,既不能全盘否定,更不能听之任之。

如果双方在教育的原则性问题上存在不一致,比如,在尊重父母长辈、遵守日常社交礼仪、爱护公共资源、不侵害他人利益等大是大非,以及涉及伦理、道德、法律方面的问题上有分歧,那么父母就应及时主动地与老人沟通协商,寻求统一且正确的做法,为孩子制定相对一致的行为准则和要求,并做到"统一执法",让"家庭的约法三章"成为自觉维护良好家庭秩序的有力工具。因为当孩子面对父母与老人给出的不同要求时,比如在年轻父母"比较严格"与隔代老人"有点溺爱"这样的"双标"管理下,常常会感到左右为难,表现出不知所措或无所适从。而且随着孩子逐渐长大,他们有可能会选择对自己更为有利的(但不一定正确)方式行事,这很容易"造就"孩子"墙头草——风往哪里吹就往哪里倒"的不良心理倾向。

而对于那些非原则性教育问题的差异,比如,孩子究竟用哪只手拿筷子、早晨几点起床、今天穿哪件外套、挤牙膏的方式、玩手机游戏的时长、报什么类型的兴趣班,以及吃煮鸡蛋还是煎鸡蛋更有营养等非原则性教育问题,父母要保持充分的包容与理解,切不可因为这些细枝末节的事情与老人发生正面争执或言语冲突。因为相较于这些教育要求不一致给孩子带来的不良影响,一个充满焦虑、模糊、混乱与烦躁情绪氛围的家庭环境,更会让孩子感受到强烈的压力与不安,而这正是阻碍孩子健康成长的绊脚石。因此,父母要接纳老人的一些想法与做法,同时更要注意给予老人和孩子一定的空间与灵活性,让孩子自己逐步学会整合这些有差异的信息,在遵循基本原则的基础上,探索并形成自己的生活模式。

三、科学应对与隔代教育方式上的冲突

老人有着独特而丰富的人生阅历,形成了独具特色的教育理念与教育方式,但这些可能与年轻父母的观念有很多不同,甚至存在很大的分歧、冲突。这需要年轻父母运用智慧化解差异,达成初步共识,聚焦家庭总体发展目标,最终形成教育合力。

第一,年轻父母要明确认识到,老人隔代教育孩子的目标与自己其实是一致的。双方都希望通过自身的教育与引导,让孩子找到适合自己的发展

道路,变得更加优秀,也都是以自己认为正确有效且力所能及的方式关爱孩子。只是老人更多呈现出顺应和即时满足孩子需求的倾向,感性成分居多,情感支持意味较强,孩子更容易感受到宽松与自由,但老人对孩子遵守规则的教育有所欠缺,易造成孩子规则意识淡薄,出现一些偏差行为和风险。而年轻父母则更多给孩子设立规矩、讲道理,理性成分居多,规则意识较强,孩子更容易感受到限制和约束,但这对孩子未来的顺利发展更具警示意义和益处。总体说来,双方在教育方面各有优势与局限,年轻父母切不可因为这些教育表现出的不一致,就简单粗暴地制止老人,一味埋怨老人总是"不讲原则地娇惯纵容孩子",从而产生不必要的关系冲突,进而给整个家庭、老人、孩子以及自身带来极大的冲击,导致身心失衡。父母必须充分理解老人对孩子的疼爱怜惜之情,感恩老人愿意发挥余热帮忙带娃的辛苦付出,决不能当面指责和否定老人。可以选择恰当的时机,巧妙地直接接手需要解决的问题,并委婉告诉老人:"您带孩子辛苦了,我现在有时间,让我来带一会儿孩子,您先休息一下吧。"同时,要注意探寻、澄清、核实并理解孩子的真正需求,相信孩子可以在不同教养方式下形成自己独特的思维框架,提升孩子在现实冲突中发现问题、分析问题与解决问题的实践智慧。

第二,年轻父母要学会通过高效沟通来化解因冲突与教育策略差异带来的干扰。一旦由于教育理念与方式的差异引发了年轻父母与老人之间的争执,年轻父母一定要及时觉察并控制自己的情绪,迅速冷静下来,运用"问题解决思维"及时与老人进行有效沟通。不要带着劝服老人听从自己想法的目标去进行单向沟通,不要轻易用否定性的语言去评价老人的教育理念和方式,不要企图改变老人相对刻板的教育观念与习惯性做法,不要任意夸大这种教育差异给孩子带来的不良影响。尤其是不要当着孩子的面与老人争吵或使用指责性言语,避免引发孩子形成"钻空子"的不良行为,以及不尊重长辈的观念和行为,也要避免孩子可能将双方的争吵归咎于自己,从而引发其强烈的内疚和无助感,同时,还能避免造成孩子责任心缺失与主动性降低。心理学领域存在这样一种现象:当人们遇到跟自己的想法或观念不一致甚至相抵触的情况时,即使那些观点或证据看起来具有一定的说服力,他们往往还是会选择拒绝、反驳或是直接忽略,而且会更为固执地坚守自己原有的理念和做法,这被称之为"逆火效应"。这种效应在不同世代间的沟通中表现得更为明显,尤其体现在老年人很难被年轻人说服这一点上。因此,年轻父母在与父母出现教育分歧时,要注意避免激化矛盾和冲突,不要急于反驳和纠正老人的"偏差看法或做法",不以说服老人为目的,而是需要耐心倾听老人的解释与说明,感受老人对孩子的疼爱之情,理解并肯定老人的良苦用心,从而有效达成与老人的情感共鸣,进而缓解双方紧张对立的负面情绪。年轻父母还要注重并营造平等交流、协商解决矛盾的氛围,要细心且耐心地跟老人交流协商,用温和的态度向老人讲明过度溺爱或过度保护孩子所带来的消极影响,并抓住时机讨论交流如何发挥各自优势,采用更为科学有效的"合作思维与方法"对孩子进行教育,助力孩子健康成长。

第三,年轻父母需要努力成为孩子的"核心教养者",树立父母应有的威信。鉴于老人的隔代教育本身存在一定局限性,且老人不太容易改变自己的教育理念与方法,在与老人的关系不易缓和改善的现实情境下,年轻父母可以将视角聚焦到与孩子建立稳定良好的关系上,即努力成为影响孩子早期发展的核心角色。这个核心教养者不是花费大量时间整天陪伴孩子,与孩子过度亲昵,也不是事事极力满足孩子的种种需求,甚至替代孩子做很多事,而是凭借更为稳定平和的情绪特征、包容接纳的沟通策略、恰到好处的规范要求、系统且相对一致的教育方式等,为孩子营造温暖、支持、包容且有规则和边界的家庭环境,让孩子充分体会到父母的关爱、原则与付出,从而建立起对父母良好的信任感、认同感,甚至是崇拜感。这样一来即使与老人教养理念与方式存在种种差异,即使父母没有时刻陪伴在孩子身边,孩子依然会更听从父母的教育与引导,构建起自身相对完整独立的评估框架,减少因父母与老人教育差异带来的内心纠结与行动困扰。同时,年轻父母要通过合适的时机与老人正向沟通,让老人意识到父母才是孩子教育的主体和核心,长辈不妨轻松退居二线,扮演好家庭角色,主要做好家庭的后勤工作,这就是对孩子教育最大的支持,以此建立和维护年轻父母的威信。

第四,年轻父母要特别注意深刻觉察和厘清自己与老人在教育实施策略及具体行为方面发生冲突的内在原因。如果冲突仅仅是由教育理念与具体方法的差异引发的,那么只需在这方面与老人友好协商,尽量达成一致即可。但如果年轻父母本身与老人的关系就比较紧张,甚至存在对立状态,那就需要年轻父母更为坦诚地审视问题发生的内在根源,通过修复和改善与老人的亲子关系,进一步形成求同存异、融合发展的家庭教育态势,为创设孩子更好的教育环境奠定基础。建议采用家庭沙龙会议这种相对自由放松的方式,每周或每月抽出一个固定时段(比如每个月最后一个周六的晚上8点)。沙龙时间不需要太久,比如半个小时,让家庭成员坐在一起,聊一聊家庭生活中的诸多事情,尤其是孩子的早期教育,这一部分要作为重点内容,深入探讨如何从各自角色出发,采取行动以更有助于达成教育孩子的合理预期目标。

第五节　身心障碍儿童同胞的养育

大多数儿童的身心发展都是正常的,符合一般发展规律,但也有一些儿童出生时就不幸患有先天生理疾病或后期形成了某种身心障碍。比如有的孩子智力发育迟滞或出现学习障碍,有的孩子患有孤独症或多动症,还有一些孩子患有先天性的心脏病或其他疾病。他们的情况对于任何一个家庭来说,都是一种潜在的压力性生活事件,这无疑给家庭教育带来了巨大的挑战。

第一,有身心障碍的儿童会对父母产生很大影响,导致父母消耗更多精力,投入更多经济成本,也会给父母带来很大的压力和负面情绪。同时,这些儿童也会对家庭中健康的孩子产生不同程度的影响。比如,后出生的同胞可能很难理解比自己年长的哥哥或姐姐的身心健康问题。由于年龄小,认知能力和行动能力有限,他们可能会为了从父母那里争取更多的关注和照顾,而与年长的同胞产生直接且激烈的同胞竞争。而且,一旦家庭中有受身心障碍困扰的成员,家庭整体氛围通常会变得压抑,这会干扰健康孩子的同胞社会化进程。比如,患有孤独症的孩子难以与健康同胞进行正常沟通,无法主动开展互利互惠的有效互动,这会让后出生的同胞感到困惑、别扭和尴尬。他们很难从患病同胞那里获得适应社会所需的认知和情感能力。另外,他们还容易感受到父母的差别对待,这会对亲子关系的发展造成破坏。

　　第二,由于有身心困扰或患有疾病的同胞需要额外或特殊的护理和照顾,父母往往会对他们有所偏爱,耗费较多的时间和精力来照看,甚至可能用力过猛导致过度保护。这样一来,对健康同胞的关照程度就会减弱,健康同胞在家庭中获得的资源也会因此减少,他们的需求不能得到及时、良好的满足,甚至有些权益会被部分剥夺。这在某种程度上会影响健康同胞的社会适应能力及公平感的建立,他们的生活质量也会有所下降。当然,是否会产生负面效应还需要参照儿童所患身心疾病的核心特征,包括所患疾病对孩子生命的威胁程度、日常生活功能的受损程度、需要父母特殊照顾的程度以及需要健康同胞关注和照看的程度等因素。另外,如果健康同胞能从认知上把父母将更多资源投入到有身心障碍或患病的同胞身上看成是合理、公平且正常的现象,他们的不公平感和被剥夺感就会减弱很多。他们甚至还会主动承担起照顾比自己年长的患病同胞的责任,其共情能力也能得到进一步锻炼和提升,能更好地站在对方的视角思考问题并充分理解对方的需求以解决现实矛盾。因此,健康同胞与有身心障碍的同胞之间的关系也会变得更加积极,呈现出更具照顾和保护弱者的亲社会特征,同胞之间发生冲突的可能性也会降低。而且,健康同胞的这些积极认知与行为还会为患病孩子起到榜样示范作用,帮助患病孩子更好地恢复与成长。

　　第三,当家庭中有身心障碍或患病孩子时,父母需及时调整家庭教育策略,针对患病孩子与健康孩子的不同情况,进行科学且有差异的教育与引导。首先,父母要根据家庭实际经济承受能力,为患病孩子制定最适合的辅导或治疗方案,妥善安排其衣食住行,给予一如既往的情感支持与高质量陪伴,助力孩子最大限度地恢复身心健康和社会功能,从而有效减轻自身的负罪感与消极情绪。其次,父母应积极引导家庭中的健康孩子,使其以正向视角看待身心障碍或患病的同胞,努力消除他们对父母偏爱患病同胞的困惑和疑虑,真诚邀请他们量力而行地参与到照顾患病同胞的过程中。通过同胞间良好的互动,进一步增进患病孩子与健康孩子之间的积极关系。最后,如果健康同胞能够为患病同胞营造良好的外部人际环境,更主动地给予全面支持、照看与保护,患病同胞的社会互动水平将得到提升,认知、情感与社会技能也能得到一定程度的发展,进而提升总体社会功能。

总之,父母应主动接纳和包容家庭中患有身心障碍的孩子,调整好自身情绪状态,既不怨天尤人,也不苛责自己,有效缓解压力、内疚与痛苦情绪。主动挖掘更多科学养育资源给予孩子,帮助他们更好地感知和融入世界。同时,要合理分配家庭资源,在关注患病孩子的情况下,给予健康孩子充分关怀,平衡好家庭资源分配。在建立安全亲子依恋关系的基础上,特别要注重促进同胞间良好关系的建立与维系,营造长期稳定、温暖且系统的家庭环境,为患病孩子与健康孩子的顺利成长及和谐发展提供坚实支持。

第六节　留守孩童同胞的养育

随着经济社会的发展,大量农民进城长期务工。由于条件限制,他们无法将孩子带在身边,只能把孩子留在当地由老人照料抚养,这些孩子便成了留守儿童。尤其是当一个家庭的留守儿童不止一个,而是有两个或更多时,祖辈的隔代抚育就更显吃力和无奈。祖辈们能够尽量满足留守儿童的基本生活需要,却难以充实留守儿童的内心世界,更无法做到与时俱进地引领孩子成长。诸多关于留守儿童的研究表明,由于缺乏父母足够的亲身陪伴与恰当的教育引导,留守儿童出现学习状态下滑、人际交往不良、情绪情感控制失调、安全感缺失、行为偏差与危险行为以及过度使用电子产品等心理困扰的概率更大,甚至可能出现违法犯罪行为。这必须引起留守儿童父母的高度重视并积极应对。如何通过有效沟通方式与留守孩子建立稳定的良性亲子关系,让这些留守在家的孩子即便与父母相隔甚远,也能感受到无限牵挂与关爱,进而健康成长,已成为社会关注的重要议题。

一、父母要通过有效沟通向孩子表达关注与爱

很多父母进城务工的初衷是改善家庭生活条件,但不少孩子并不认同,他们可能觉得父母是因为自己"不重要""不听话""不可爱"才离开家的。长期留守的经历,可能让孩子面对外部世界时产生诸多恐惧心理,比如害怕亲子分离,害怕向父母表达亲密,甚至害怕取得成功。因此,外出打工的父母要多跟孩子说有"养分"、有"温度"的话。通过多倾听孩子表达、多向

孩子询问,及时深入了解孩子的动态,密切留意孩子说话的语气、语速与语调等细节,理解并贴近孩子的情绪,对孩子所言保持好奇与积极期待,及时回应并肯定孩子,让孩子感受到被尊重和被重视,减轻内心的孤独感。另外,父母与孩子沟通时一定要注意方式方法,尽可能让每句话都能让孩子感到愉悦和温暖。比如,尽管远在外地务工,父母仍关心孩子的学习状态,可以说:"你现在学习节奏是不是挺紧张啊?"或是"你现在学习是不是有点累啊?"这是在共情孩子的学习感受,接着可以说:"我们虽然在外面打工,其实心里还是挺惦念你的,也想看看有没有可以帮到你的地方。"如此向孩子表达关切,这样的情感互动,良好的沟通效果显而易见。同时,亲子沟通的另一个重要原则是"稳定"。这种稳定体现在沟通时间和方式的持续稳定,对孩子生活学习困扰的预测与应对准备,以及对孩子生活起居的合理安排上。比如,固定每周五晚上七点钟视频沟通一小时,定期两个月回家与孩子见面,或接孩子到务工所在地游玩;再如,孩子有任何问题都能随时联系父母,获得鼓励、支持和有效建议,这种"稳定"能让留守孩子感受到,尽管父母远在他乡,仍然爱他们,重视他们,能给予持续、可靠、值得信任的支持、理解与帮助。孩子会对与父母的联络有所期待,认为与父母的离别并不是多么糟糕的事,自己的日常生活有稳定保障,遇到困难也有人支持解决。这种稳定的可依靠感对孩子建立安全感极为重要。

二、父母要注重细节,实现对留守儿童的积极教育与引导

父母在与留守儿童相处过程中需注重很多细节,以便在受限的时间与空间内实现对他们的积极教育与引导。

第一,从时间节点来看,为保障孩子早期安全感的建立与发展,父母双方可以选择先由父亲一方外出打工,让母亲留下来陪伴、教育孩子一段时间,至少等孩子满3岁后,母亲再根据实际情况决定是否与父亲一同外出务工。父母同时外出务工时,需提前跟孩子详细说明并耐心解释,让孩子在心理上对父母的离开有所准备,避免因父母不辞而别或仓促离开而产生过度的分离焦虑和恐慌。另外,父母可在孩子生日或儿童节等重要时刻向孩子表达真挚祝福,送上精心定制或挑选的礼物,甚至暂时放下工作专程回家为

孩子过生日。这些举动极具仪式感,能让孩子切实感受到父母的关切和重视。

第二,从教育策略来看,父母对留守孩子提出教育要求时,不能一味强调让孩子听爸爸妈妈或长辈的话。尤其是在与孩子通过各种媒介联系时或会面时,要让孩子放下心理包袱,敞开心扉交流,允许他们展现出任性、自由的一面,表现出独有的孩子气,提出自己的想法与期待。那些过于懂事、顺从听话的孩子,背后可能隐藏着压抑的感受和难言的苦楚,深入了解他们的真实感受和需求,才是真正关心他们的开端。父母还要做好陪伴,人在心也在。在有限的会面时间里,不要只顾低头刷手机或忙于社会应酬而冷落孩子,而要全心全意关注孩子。要知道,很多孩子是站在父母这对"巨人"的肩膀上了解和感知世界的,父母的胸怀与格局会对孩子产生深远影响。父母温暖的陪伴最是长情,因此,不要做甩手掌柜,也不要以各种忙碌为借口忽略孩子的感受,不要让"留守"伤害孩子美好的童年,甚至束缚孩子一生的幸福。

第三,从生活技能训练上看,父母不能只关心孩子的学习,更要关注孩子的人际交往、情绪管理、价值观养成以及其他自理能力的发展情况。多与孩子聊聊他的朋友伙伴,沟通孩子感兴趣、开心的事,了解孩子是否遇到困难并探讨应对之策,谈谈孩子对未来的期待以及现在可做的准备,也可以给孩子讲讲自己在外务工的趣事和难事。不要把孩子仅仅看成是一个学习的机器,而要将其视为具有完整社会功能的个体,一个需要了解社会、接触社会、适应社会并与社会高度融合的人。因为每个孩子都是有情感、有思想、有需求的"小树苗",需要父母耐心呵护和精心培育,所以对孩子生活技能和优秀心理品质的训练,是在异地工作的父母需要特别关注的事。

三、父母在与留守孩子沟通过程中要发挥好榜样示范作用

尽管亲子相处的时间和空间因父母长期在外务工而受到很大的限制,但父母仍要抓住与孩子沟通的宝贵时机,尽可能在为人处世等各方面给孩子做出表率,尤其是在展现诚信、包容、友善、乐观、热情、坚韧等优秀心理品质时,给予孩子更多正向引导。比如,父母若在未充分了解实际情况时就

批评指责孩子,造成对孩子的误会和错怪,引发孩子极大的委屈与伤心,这时父母要勇于承认错误,及时向孩子表达歉意,而不是掩盖事实、避重就轻,淡化自身问题。做一个敢作敢当、知错就改、光明磊落、坚守原则的父母,反而会让孩子觉得父母更值得信赖,更愿意去效仿。另外,经过一段时间的分离,父母和孩子会形成不同的生活观念、方式和习惯,双方短暂会面时会产生一定的疏离感和陌生感,彼此都不太适应。这时,父母要先以孩子为中心,主动适应孩子。等孩子慢慢接受父母,真正把父母纳入自己的生活圈后,再让孩子接纳和适应父母的一些生活方式和习惯。父母这种从对方视角考虑解决问题的方式,能给孩子树立良好的示范,增强孩子的共情能力,有效提升他们的人际交往质量。还有,父母在外务工难免会遇到很多艰难险阻,此时,夫妻之间不要怨声载道、乱发脾气,更不要相互指责,把事情搞得越发不可收拾,而是要进行有效沟通、互相鼓励,积极探讨解决办法并勇于实践。这也可以为孩子提供面对困难勇于克服的范例,激发他们内在的勇气,提升付诸行动的执行力。父母要多觉察与反思,注重扬长避短,尽可能给予孩子积极的引领,为孩子的健康发展提供重要借鉴。

四、父母要注重留守儿童精神家园的建设与拓展

父母背井离乡进城工作,一方面可以增加家庭经济收入、改善物质条件,但另一方面更要注重留守孩子精神家园的建设与拓展。在孩子早期发展过程中,父母承担的多重角色无可替代,发挥的重要功能后期也无法完全弥补。孩子的成长只有一次,不容试错,无法逆行,没有彩排,全是现场直播。因此,父母在决定外出务工前,一定要多思考外出务工挣钱究竟是为了什么、孩子最需要什么,以及可以用何种方式协助孩子达成目标等问题。一旦决定外出,父母务必做好充分准备,从选择合适的孩子监护人,到与约定孩子沟通的方式与频次;从兼顾改善家庭经济条件与做好孩子的教育引导,到平衡两个或多个孩子的权益需求。正所谓"再苦不能苦孩子,再穷不能穷教育",父母一定要克服重重困难,多学习科学教育知识,树立科学的家庭教育理念。即使远在他乡,也要让留守在家的孩子感受到父母满满的爱与心灵关怀,力求做到人虽不在身边,但爱不缺席,距离隔不断爱意。努力

成为孩子健康成长路上的深情陪伴者,成为托举孩子走向未来的温暖力量,成为呵护孩子健康心灵的安全港湾。

第七节　异性同胞的教育

在社会观念里,儿女双全被视作凑成了一个"好"字,即家庭中有兄妹或姐弟的同胞组合。然而,在社会发展进程中,一些传统陈旧观念和做法,如重男轻女思想、"女孩无才便是德"等,仍存在负面影响。有些家庭会因孩子性别差异而予以不平等对待,这给男孩和女孩都带来诸多心理困扰。因此,对拥有异性同胞的家庭而言,科学地开展性别教育与引导刻不容缓。

一、父母要注重培养两个孩子正确的性别观念

首先,父母要注重培养两个孩子正确的性别观念,引导他们科学认识性别差异。父母必须以身作则,深刻认识到男女平等的重要性,在日常生活、家庭事务处理以及教育孩子的过程中,杜绝性别偏见与歧视,避免因孩子性别差异而区别对待,避免使用带有性别偏见的语言,比如"男孩儿就得更强壮""女孩儿就应该体贴温柔"等,防止孩子受到"性别刻板印象"的不良影响。应多让孩子接触体现性别平等与多样性的信息和平台,帮助他们在认知层面建立良好的性别观念。在与伴侣相处及各种社交场合中,父母也要展现出对异性的充分尊重,坚信"女性也能撑起半边天",摒弃"大男子主义",为孩子做好言行示范。同时,要科学引导孩子认识和理解男性和女性在生理和心理上的差异,让孩子明白这些差异是正常的,不同性别各有优势与局限,每个人都可以取得非凡成就,都应获得基本尊重和平等机会。此外,父母要鼓励孩子大胆提出性别相关问题,以开放、真诚的态度,结合孩子的年龄特征进行对话。当孩子有性别方面的疑问时,家长不应回避,而要大方正面回应,耐心解释,帮助他们更好地理解性别的多样性以及两性相互尊重的重要性,逐步培养孩子尊重异性的意识。

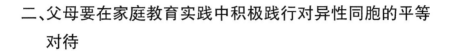

二、父母要在家庭教育实践中积极践行对异性同胞的平等对待

在学习习惯养成、家务分配、奖惩措施执行以及做人做事的原则要求等方面,父母都应让男宝和女宝感受到公平合理,给予他们均衡且适度的关注与资源,以此最大限度避免性别歧视,不让孩子因性别差异而产生自卑心理或心生抱怨。同时,父母要引导孩子尝试从对方视角审视问题,通过角色扮演活动,让孩子体验不同性别角色,理解不同性别个体可能面临的挑战与经历。借助讲故事、看电影或者列举古今中外人物日常生活中的正面实例,向孩子展示尊重异性和他人所带来的积极影响,积极引导孩子学会尊重每个人(不论同性还是异性)的特点、努力和坚持,不断加深孩子对异性和人性的理解,从而更好地学会与异性及他人和谐相处。

三、父母要教会异性同胞注意男女有别,把握彼此交往尺度

教会孩子尊重他人的个人空间,不侵犯他人隐私,是父母极为重要的一项教育内容,这里的"他人"无论同性还是异性都涵盖在内。这种尊重体现在不随意触碰他人身体,尤其是隐私部位;不做出让他人不适的言行;能用准确语言表达自身感受与需求,以确保对方真正理解自己等方面。当家中两个异性同胞年龄较小时,父母就要特别注意告知他们,在上厕所、换衣服或洗澡时需相互回避,不可混在一起。等孩子稍大些,还应考虑让他们分床睡觉。即使两个孩子感情深厚,也不应有过于亲密的肢体动作,更不能触碰对方的隐私部位。而且,即便是在家里,两个异性孩子在穿着上也要注意,不可过于暴露和随意,行为举止应文明得体,时刻保持对异性同胞的充分尊重。

四、父母要注意避免子女间的相互干涉与压制

父母在教育异性同胞子女时,要注意避免子女间的相互干涉与压制。从一些报道可知,部分年长的同胞(哥哥或姐姐)成年甚至组建独立家庭后,仍习惯"控制"和干涉年幼同胞的个人生活,比如哥哥干涉妹妹恋爱,或

姐姐干涉弟弟找工作,等等,这让二宝苦不堪言,大宝也可能力不从心。这种现象其实跟父母的早期教育失当密切相关。在原生家庭中,大宝可能被要求替代父母承担部分教育二宝的责任和义务,久而久之,形成了"管束"二宝的主观意识与行为惯性,即使成年离开原生家庭独立生活,依旧如此。但这种做法对大宝和二宝都不利。因此,在孩子早期教育中,父母要特别提醒异性同胞子女树立清晰的边界意识。无论年龄差距大小,都不要长时间、大范围地将教育抚养二宝的责任转交给大宝,防止大宝过度卷入二宝的生活。因为大宝干涉二宝越多,日后对双方的负面影响就越大。大宝也应厘清与二宝的关系边界,明确自身角色范围,将更多精力聚焦于自身生活与发展,降低因相互干涉引发冲突的可能性,使双方都能在不受对方制约和干扰的环境中积极发展自我,推动同胞关系健康发展。

总之,家长养育异性同胞子女时可以通过科学引导、榜样示范、明确边界、彰显尊重等教育方式,帮助不同性别的大宝和二宝树立科学的性别观念,培养尊重异性的意识,既能明晰男女有别,又能秉持男女平等理念;既能相互扶持,又能各自独立发展。进而促进异性同胞建立亲密有间、关爱有节与沟通有度的良性同胞关系,为他们未来在社会上构建健康稳定的人际关系打下坚实的根基。

第八节　重组家庭同胞的养育

随着社会快速发展,婚姻价值观日益多元化,人们对高品质精神契合的追求促使夫妻离婚情况增多,再加上疾病、意外等因素导致丧偶,于是,一方带有一个或多个孩子的单亲,与另一方同样带有孩子(也可能是再婚后共同生育的孩子)的单亲,通过再婚重新组建的新家庭数量不断增加。随之而来的是,这些重组家庭将面临一系列特有的、复杂程度高的挑战与困境,其中最大的难题莫过于"继父"或"继母"对重组家庭子女的教育。

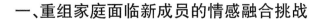

一、重组家庭面临新成员的情感融合挑战

（一）重组家庭成员之间的情感融合会比较困难

重组家庭中的成人以及来自不同原生家庭的孩子,因习惯原有的家庭运转模式,甚至产生依赖,往往会对新家庭成员的加入和新家庭环境表现出不同程度的不适应,甚至强烈抗拒,难以接受。尤其是继父母与继子女之间,在情感融合上挑战更大。他们天然会对彼此抱有一定的敌意和对抗,导致双方要么漠不关心,要么恶语相向。孩子还会因担心亲生父母的爱会减少而感到十分不安,或是担心继父、继母不公平对待自己而产生心理落差,进而引发在新家庭中的情绪与行为失调。

（二）重组家庭中的亲子关系难以维系与改善

重组家庭中的孩子,大多对"继父"或"继母"怀有强烈的不信任与抵触情绪。而"继父"和"继母"在照顾和教育这些孩子时也会感觉非常棘手:一方面担心过度介入孩子的教育会引发孩子亲生父母的不满或反感;另一方面又担心如果疏于管教会阻碍孩子的健康发展。简言之,无论对孩子管多管少,都存在潜在的问题和风险。如果把握不准家庭亲子教育的边界,极易引发重组家庭成员的负面情绪,致使亲子关系恶化。此外,一些离异或丧亲家庭的子女,因家庭变故心存遗憾和委屈,性格容易变得脆弱敏感。加之父母由于无法正视自身、对离异存在认知偏差、逃避现实或担心自身形象受损等复杂因素,并没有就离异的事向孩子坦诚说明,使得孩子始终被蒙在鼓里。不明真相的孩子因满心疑问无处求解,容易变得压抑,对亲人产生更多猜忌和不信任,主观上更容易认为继父(继母)不会真心、公平地对待自己。这种状况也增加了父母维系和改善亲子关系的难度。

（三）重组家庭成员的磨合期较长

重组家庭成员在价值观和文化习惯等方面存在差异这会引发一定冲突,致使磨合周期变长。在原生家庭环境中生活多年后,这些成员各自形成了与原生家庭背景相适应的生活模式和价值取向。当他们因家庭重组汇集到一个新家庭,各方面的变化与差异带来的冲突难以在短时间内迅速减弱

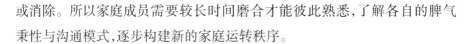

或消除。所以家庭成员需要较长时间磨合才能彼此熟悉,了解各自的脾气秉性与沟通模式,逐步构建新的家庭运转秩序。

(四)重组家庭中各成员的角色定位趋于模糊

首先,在重组家庭结构中,每个成员的角色和地位,会因为孩子数量、性别以及背景差异(亲生或继生、同胞排序变化、男孩或女孩、老大或老二等)而难以确定。其次,如何平衡关注多个孩子并合理分配资源,也成为重组家庭父母面临的一大难题。最后,重组家庭的孩子不可避免地会对家庭财产继承权和分配方式心存疑虑。一旦父母无法做到公正公平,就可能引发家庭成员间更激烈的矛盾和纷争。

二、重组家庭同胞养育的应对之道

(一)做好家庭重组前各成员的心理建设工作

重组家庭并非两个家庭的简单组合,每一个家庭成员在家庭重组前后都可能受到不同程度的心理冲击和情绪干扰。因此,在家庭重新组合前,每个家庭成员都需要进行一定的心理建设,以应对可能出现的应激反应。

从成人角度来看,他们可能此前经历过失败的婚姻,或是因各种原因意外丧偶,度过了一段痛苦不堪的时光。后来遇到愿意与自己共担未来风雨的新伴侣,便很有可能开始一段新的恋爱与婚姻生活。这段新恋情带来的甜蜜感能帮助他们更快走出过去的情感阴影,更坦然地面对孩子,并给予孩子恰当的解释。然而,这也可能使他们低估重构家庭所面临的困难和挑战,甚至在一定程度上忽视双方原有家庭孩子的心理变化、接受程度以及适应节奏等,从而导致孩子陷入生活困境。所以,重组新家庭前,双方家长要深思熟虑,在家庭总体发展规划与成员心理准备等条件都相对成熟时再实施重组,而且要制定好应对重组家庭可能面临困境的解决方案,切不可操之过急。

从孩子角度来讲,他们受到家庭重组的潜在冲击强度更大。原生父母离婚或一方因各种原因离开,都会给孩子带来现实冲击和一定的心理波动,他们所需的心理缓冲期与心理建设期更长。如果缺乏前期的心理铺垫,突然出现一个"新爸爸"或"新妈妈",换作任何人都难以接受,孩子甚至会表现出极度排斥。因此,准备重组家庭的父母要理解、包容孩子,接受孩子无法很快接受这一事实,切莫随意指责孩子不听话、不懂事。其实孩子很清楚爸爸妈妈照顾自己的不易,父母需要在生活中潜移默化地让孩子明白,自己需要另一个成熟的人相互扶持,分担忧愁、分享快乐,共同承担家庭重任,家庭需要新成员的加入才会更加完整、稳固。如果双方决定组成新家庭,可以找机会多带孩子提前接触、了解未来的新家庭成员,让孩子感受到这些新成员的可靠和安全,让他体会到会有更多人关爱自己,而不是减少对他们的爱,充分体验重组家庭带来的积极变化,而不是陷入更多冲突,同时也要让他们对重组家庭可能面临的挑战做好心理准备。当然,为人父母不应期待孩子能立刻全面接受家庭重组的变化,这就需要未雨绸缪,从早期与另一个家庭的成员进行良好互动开始,从生活中的点滴小事做起,耐心、细致、真诚、热情、周到地对待孩子,用时间和真情逐步感化孩子,为孩子能融入新家庭做好充分铺垫。

（二）家庭重组后父母要让孩子感受到持续稳定的爱

经历前期的初步接触,成人与孩子对新家庭成员有了一定了解,但真正进入重组家庭后,环境的各种变化还是会让他们有些始料未及,进而引发一定的心理困扰。这就需要父母及时调整,积极引导孩子高效融入新家庭。

1. 家长要把控好教育引导孩子的节奏

不同孩子在心理成熟度、环境适应能力以及个性特点等方面存在诸多差异。有些孩子天性开朗、思想开放、顾全大局,能较快融入新家庭环境,而有些孩子心思敏感细腻、性格内敛,面对这类情况则表现得较为慢热。当孩子还不愿意称呼新家庭成员为"爸爸"或"妈妈"时,父母一定要充分尊重和接纳孩子的真实感受,不可强制他们改变,毕竟"心急吃不了热豆腐",更不能因此乱发脾气指责孩子。相反,要给予孩子充足时间、足够包容与正向引导,把控好教育引导的节奏,抓住每一个关爱孩子的机会,以"路遥知马力,日久见人心"的平和心态,持续稳定地输出爱,让自己成为值得孩子信任的亲人。

2. 重组家庭要重新制定恰当、适用的家庭规则,并灵活执行

新家庭成员的加入,使家庭结构与家庭环境发生了重大改变,原有家庭规则可能不再完全适用,因此需要家庭成员共同协商制定新的家庭运转规则。家长要充分尊重孩子的需求,充分考虑他们的感受,总体平衡家长与孩子需求之间的差异,秉持全员参与、公平、公正与公开的原则来确定家庭规则,使其尽可能适用于每一个人及更多的家庭场景。重新修订并灵活执行家庭规则能有效减少重组家庭初始阶段秩序的混乱,让孩子们受到更为公平地对待,确保每个孩子都可以感受到"新任父母"的爱和关注。尤其是在奖惩方面和对孩子的重视程度上,要尽量做到公正,前后一致的教育策略和行为规范要求,可以避免给孩子造成认知上的混淆,让"亲生"和"继生"的孩子都能享有平等的待遇,都能得到父母充盈的爱。同时,要避免有的家长因为离婚对孩子心怀愧疚而在精神与物质上过度补偿孩子,导致孩子在发展上出现偏差。重新修订并坚决执行家庭规则能够帮助家庭建立开放而多元的沟通渠道,鼓励孩子们勇于表达自己的感受、期待与观点,提升孩子们的家庭参与感、归属感与自我价值感。同时也会督促父母主动给孩子们树立正向榜样,以更为理性和相互尊重的态度,通过高效有序的沟通来讨论、分析和应对家庭各项事务。比如,在解决跟孩子的一些冲突时,继父继母一定要讲求策略,不要动辄就向孩子的原生父母打小报告。如果孩子原生父母处理不当,不仅问题得不到解决,更有可能激化双方矛盾,引发孩子更强的敌视态度。因此,需要家长之间做好沟通协调,统一教育理念,把握好教育尺度,因势利导地做孩子的工作,让新家庭逐步走上良性运转的轨道。

3. 父母要善于提升家庭成员对重组家庭的认同感

父母可以在日常生活的点点滴滴中向孩子传递爱,比如晚上睡觉前主动跟孩子谈谈心,聊聊孩子身边的趣事或者当下遇到的困难,多倾听孩子的想法,也适当表达自己的感受,与孩子达成共鸣。抓住孩子心理防线较弱的时机,逐步引导孩子走出自我封闭的状态,推动他们顺利融入新家庭。父母还可以组织各类家庭集体活动或亲子活动,以此加强家庭成员间的情感联络。茶余饭后的闲暇时光,一家人可以一起看电视节目或共读一本书,也可

以外出散步、打球。主动了解并讨论彼此感兴趣的话题,这样就能逐渐深入交流,在锻炼身体的过程中实现优势互补,增进相互学习借鉴的默契。父母还可以充分利用双休日与各种节假日,组织一些户外活动或全家总动员式的外出旅游。从决定目的地、准备工作,到旅途中应对困难,父母与孩子可以充分商讨、交流。在活动或旅途中及时鼓励孩子勇于克服困难,传授给他们解决问题的具体方法与实用技巧,不断拉近与孩子的心理距离。另外,父母还可以主动甚至特意参与学校组织的亲子运动会、亲子阅读比赛以及特殊节日庆典等各类亲子活动。在活动中,父母积极主动的态度、全力以赴的劲头以及与孩子的团结协作都是提升亲子关系质量的催化剂,有助于增强家庭凝聚力,提升孩子对家庭的认同感。

4. 父母要尊重孩子们的差异,因材施教,培养孩子的优良品格

重组家庭的父母要尽快熟知并尊重家庭中每个孩子的个性特征和独特需求,为他们提供有针对性甚至定制化的关照与培养,摒弃千篇一律的教育方式,鼓励孩子们发展适合自己的个人兴趣爱好,安排一些符合其年龄与性别特征的家庭事务给他们,以提升他们的家庭责任感、参与度及独立自主的生活技能,培养他们的同理心、包容心和对生活的希望感。引导他们学会从他人角度、积极角度和发展角度看问题,接纳并尊重不同个体的想法与观念,通过有效沟通与真诚合作建立良好的人际关系,不断增强自信心与自我价值感。当孩子犯错时,不要直接严厉批评,而是要给孩子一定的时间和空间来解释自己的行为。在此基础上,再跟孩子共同探讨其行为的利弊,让孩子更全面地认识自己行为的得失,最终帮助孩子建立是非观念。南风效应也称温暖法则,这个效应源于法国作家拉封丹编写的一则寓言。寓言中提到,北风和南风打赌,看谁能先把行人身上的大衣给脱掉。北风铆足了劲猛吹,然而行人为了抵御寒冷,把大衣裹得更紧;南风则另辟蹊径,它徐徐吹动,带来温暖的阳光,风和日丽让行人感觉暖和,便主动解开衣扣脱掉了大衣,南风也就取得了压倒性的胜利。南风效应给父母的启示是,在教育孩子的过程中,不要一味采用压制、指责、谩骂甚至殴打等蛮横粗暴的强硬手段逼迫孩子"就范"。冰冷的态度和生硬的沟通方式只会让孩子心生反感,与

父母产生距离感。反过来,如果父母能够对孩子保持足够的耐心,始终以平和温暖的态度跟孩子交流,孩子就容易敞开心扉,真诚表达自己,父母也就能更好地理解孩子的真实需求,消除潜在的对立情绪与冲突行为,从而实现更好的教育效果。

对于儿子来说,继父一定要通过更多主动的日常接触来增加彼此的熟悉度,同时为孩子树立有责任担当、颇具阳刚之气的形象,先尝试与孩子建立稳定的朋友关系,之后再通过更多方法与努力晋级为良好的父子关系;继母则要张弛有度,将对孩子的慈爱与严格要求有效融合并保持平衡,既能照顾好孩子的饮食起居,又能把握好孩子发展的大方向,协助孩子明确为人处世的边界。对于女儿,继父要多一些温和与耐心,给予更细致的心灵关怀,比如精心为孩子挑选一件小礼物,全心准备一顿美食,真心跟孩子聊聊天,诚恳向孩子展现自己作为男性(或父亲)的担当,这些都有助于帮助孩子建立充足的安全感和信任感,进而逐步接受新的家庭成员。而继母则可以更多地扮演倾听者的角色,充分尊重并深入理解孩子的行为,对孩子秉持宽容与大度的态度,逐步消除彼此间的隔阂,改变孩子对自己的偏见以及自己在孩子心中的负面印象。

总之,重组家庭面临诸多生活挑战,子女教育的难度也与日俱增,因此需要每个家庭成员齐心协力去应对。就像家庭室内情景剧《家有儿女》中呈现的那样,既有能用慈爱抚慰孩子心灵的宝妈,也有能用妙趣横生的教育方式积极引导孩子的宝爸;既有父母换位思考理解孩子的情绪情感,也有孩子感同身受体谅父母的艰辛不易。尽管家庭成员偶尔会犯错,但在这种平衡包容的教育模式下,大家都可以在彼此的帮助与激励下及时调整和改正,让家庭生活充满温暖、快乐,变得丰富多彩。

参考文献

[1]袁媛.家庭系统理论视角下亲子低头行为和亲子关系的追踪研究[D].
    上海:上海师范大学,2023.

[2]刘小寒,冯帮.生态系统理论视角下的家庭教育实施途径探析[J].湖北
    师范学院学报(哲学社会科学版),2016,36(5):138-141.

[3]刘俊,张红艳,朱允华,等.基于生态系统理论的和谐家庭经营与建设方
    法创新[J].南华大学学报(社会科学版),2018,19(5):59-63.

[4]冷海州,杨爽,于文雪.小学生父母教养方式与问题行为、一般信任倾向、
    生活满意度的相关性研究[J].心理月刊,2024,19(5):44-47.

[5]王莹.浅析家庭教养方式对儿童社会化影响[J].江苏教育学院学报(社
    会科学),2010,26(7):42-44,139.

[6]关颖,刘春芬.父母教育方式与儿童社会性发展[J].心理发展与教育,
    1994(4):47-51.

[7]张文新,林崇德.青少年的自尊与父母教育方式的关系:不同群体间的一
    致性与差异性[J].心理科学,1998(6):489-493,574.

[8]于凡.家庭教养方式对儿童社会化影响的研究[J].教育教学论坛,
    2014,141(8):3-4.

[9]谢雨怡,石娟,钟国龙.父母教养方式对幼儿社交焦虑发展的影响:情绪
    社会化的中介作用[J].成都师范学院学报,2024,40(2):104-115.

[10]林细英,林炜.父母教养方式对青少年交往焦虑的影响:家庭适应性的
    调节作用[J].中小学心理健康教育,2024,571(8):14-18.

[11]程新颖,宋彩虹,李露.父母教养方式对大学生社交退缩的影响:反刍思
    维的中介作用[J].济宁医学院学报,2024,47(3):188-191.

[12]白洁琼,郭力平.儿童焦虑与父母教养方式的关系:现状、不足与展望

[J].河北师范大学学报(教育科学版),2024,26(1):137-140.

[13]侯艳天.父母教养方式对大学生社交焦虑的影响:羞怯与核心自我评价的中介作用[D].石河子:石河子大学,2022.

[14]孔灿.关爱与控制:改善专制型家庭教养方式的行动研究[D].上海:华东师范大学,2014.

[15]刘才睿.专制型教养方式与青少年非自杀性自伤的关系:内外化问题的中介作用[D].济南:山东大学,2023.

[16]黎晓娜,刘华山.专制教养方式与青少年坚毅品质:一个有调节的中介模型[J].教育研究与实验,2021,202(5):84-90.

[17]车翰博,马倩,刘文,等.父母情绪调节策略与专制型教养方式对幼儿消极情绪调节策略的影响[J].幼儿教育,2021,889(33):43-48.

[18]边玉芳.权威型父母最有利于儿童个性发展:鲍姆令德父母教养方式的实验[J].中小学心理健康教育,2012,213(22):28-29.

[19]苏永荣.权威民主型教养方式:学理分析、价值探赜及实践策略[J].平顶山学院学报,2016,31(4):108-111.

[20]凌春燕,陈毅文.父母权威教养方式:社会规范匹配对青少年亲环境行为的作用机制:基于响应面分析[J].中国临床心理学杂志,2023,31(6):1346-1352,1358.

[21]芦玥.忽视型家庭教养方式下儿童同伴关系研究:以Q区七所托管班为例[D].武汉:华中师范大学,2017.

[22]陈敬弟.忽视型家庭教养方式对学生心理健康状况的影响及对策:以东莞市长安镇某公办小学学生为例[D].南昌:南昌大学,2021.

[23]刘明珠."忽视型教养方式"对幼儿性格发展的影响[J].当代学前教育,2017,61(3):13-17.

[24]孙玉杰.父母放任型教养方式对儿童性格的影响[J].亚太教育,2022(20):23-25.

[25]徐慧,张建新,张梅玲.家庭教养方式对儿童社会化发展影响的研究综述[J].心理科学,2008,31(4):940-942.

[26]陈淑莹.全面"三孩"政策下女性职业发展与家庭关系协调的探究[J].

家庭生活指南,2023,39(4):99-101.

[27]雷雨."多孩"家庭同胞关系对小学生社会情感能力的影响研究[D].杭州:浙江师范大学,2023.

[28]查小青,杨丹,查曼,等."二胎政策"下的同胞关系及相关影响因素分析[J].广西教育学院学报,2021,173(3):18-21.

[29]杨佳伶,于泳稼,吴霓雯,等.二孩家庭幼儿的同胞关系及其对幼儿同伴接纳水平的影响[J].教育导刊(下半月),2020,690(9):34-40.

[30]朱立昌.新时代多子女家庭教育存在的问题与对策研究[J].学周刊,2020,456(36):189-190.

[31]贾鑫.我国独生子女家庭与多子女家庭养老观念及养老风险意识比较研究:以陕西省为例[J].新西部,2022,557(10):71-73,76.

[32]江维国,陈子琪.同胞数量、性别失衡对多子女家庭子代生育意愿的影响:基于CSS2019数据的实证分析[J].统计与管理,2023,38(12):50-57.

[33]冯钰.多子女家庭中同胞互动对幼儿社会性发展影响研究[D].哈尔滨:哈尔滨师范大学,2022.

[34]周耀东,郑善强.多子女家庭和独生子女家庭消费影响因素的差异研究[J].西北人口,2021,42(6):61-72.

[35]徐云亮.独生子女家庭儿童与多子女家庭儿童参与体育活动对比研究:以苏北五市为例[J].体育科技,2020,41(3):40-41.

[36]杨其森."三孩"政策背景下促进多子女家庭生育意愿的社区支持体系研究:以CN社区为例[D].上海:华东师范大学,2023.

[37]王美萍,张文新.父母教养方式、青少年的父母权威观/行为自主期望与亲子关系的研究[C].中国心理学会,第九届全国心理学学术会议,2001:36-37.

[38]毕馨文,王美萍,张文新,等.父母教养方式与亲子关系:行为自主期望与父母权威认同的中介作用以及青少年性别的调节作用[C].中国心理学会,第二十届全国心理学学术会议——心理学与国民心理健康,2017.1276-1277.

[39]张佳贺,严芷璇,蔡丹.专制型教养方式对儿童执行控制的影响:基于静息态脑电的研究[C].中国心理学会,第二十三届全国心理学学术会议,2021:627-628.

[40]梁璐璐,杨文博,郭玲玲.生态系统理论视角下家庭教育期望、个体差异对青少年体育参与的影响[C].中国体育科学学会,第十三届全国体育科学大会,2023:712-714.

[41]张晓青,黄彩虹,张强,等."单独二孩"与"全面二孩"政策家庭生育意愿比较及启示[J].社会科学文摘,2016(3):2.

后　记

　　新时代的发展日新月异,我国核心家庭结构也发生着巨大变化,二孩及多孩家庭数量增多,给父母带来极大的教育挑战。家庭是子女成长的摇篮,对子女发展有着深远的影响。同胞关系与亲子关系是家庭教养的结果。有怎样的家庭教养,就会产生怎样的同胞关系和亲子关系。我们希望通过良好的父母教养,建立并维护良好的同胞关系与亲子关系。

　　为人父母应与时俱进,不断修身养性,加强学习与实践,树立科学教养理念,遵循科学教养原则,营造良好家庭氛围,积极探索同胞关系的内在特点与发展规律,用心教养子女,注重子女身心协调发展,推动子女良好社会功能的实现及积极同胞关系的构建,进而助力子女建立多层次的和谐人际关系,让多子女家庭充满爱与理性,实现家庭有序发展与个人健康成长的动态平衡。

　　没有人天生就是称职的父母,我们需要不断反思家庭教育实践,及时梳理、总结经验,努力改进、修正过失,用心创建学习型与创新型家庭,为子女的幸福成长助力。

　　本书源于作者王秀希承担的 2020—2021 年度河北省社会科学基金项目,项目编号为 HB20JY041。